国家出版基金项目
NATIONAL PUBLICATION FOUNDATION

任继愈 著

本书编委会 编

任继愈文集 8

国家图书馆出版社

目　录

儒教研究

论儒教的形成 ………………………………………………… 3

儒家与儒教 ………………………………………………… 26

儒教的再评价 ………………………………………………… 39

朱熹与宗教 ………………………………………………… 52

明清理学评议 ………………………………………………… 72

儒教 ………………………………………………… 78

论白鹿洞书院学规 ………………………………………………… 80

论朱熹的《四书集注》
　　——儒家经学的一大变革 ………………………………… 86

具有中国民族形式的宗教——儒教 ………………………… 96

从程门立雪看儒教 ………………………………………… 101

朱熹的宗教感情 …………………………………………… 105

中国的宗教与传统文化 …………………………………… 108

中国的国教 ………………………………………………… 111

"'儒家德治思想与现代社会'国际学术研讨会"开幕式
　　致辞 …………………………………………………… 117

《论医中儒佛道》序 …………………………………… 119

璀璨中华文化之花的母树——《十三经》 ………… 121

《中国儒教论》序 …………………………………… 124

中国封建社会忠孝规范的历史贡献 ………………… 130

说忠孝:儒学的回顾与前瞻

　　——在"纪念孔子诞辰2555周年国际学术研讨会"上的发言

　　　………………………………………………… 135

继承传统文化精华,迎接文化建设新高潮

　　——在"儒学、儒教与宗教学学术研讨会"上的讲话 …… 144

道教研究

道家与道教 …………………………………………… 151

《中国道教史》序 …………………………………… 157

《中国道教史》分编序和结束语 …………………… 165

《道藏提要》序 ……………………………………… 182

《道藏提要》第三次修订本序 ……………………… 193

《中国的道教》日译本序 …………………………… 195

金正耀《道教与科学》序 …………………………… 197

重印《道藏辑要》的意义 …………………………… 200

要重视道经研究

　　——《阴符经素书释义》序 …………………… 202

《道教图册》序 ……………………………………… 204

《老子绎读》前言 …………………………………… 206

《老子绎读》后记 …………………………………… 218

论古籍整理

整理古籍也要走现代化的道路 ……………………… 223

第三次全国古籍整理出版规划会议发言摘要 …………… 226

与时俱进的古籍整理工作 ……………………………… 228

以往古籍整理成绩很大,今后古籍整理困难不少 ……… 235

拥有与利用 ……………………………………………… 238

国强兴文化　盛世修巨典 ……………………………… 239

关于中文古籍的保存保护 ……………………………… 241

变废为宝 ………………………………………………… 244

关于影印汉文大藏经的设想 …………………………… 247

我与《中华大藏经》 …………………………………… 254

《中华大藏经总目》序 ………………………………… 274

《中华大藏经》编纂记 ………………………………… 295

《国家图书馆藏敦煌遗书》序 ………………………… 300

20 世纪的文化国耻 …………………………………… 305

修订本《二十四史》及《清史稿》的现实意义

　　——接受《光明日报》记者采访谈话 …………… 310

创时代辉煌　对后代负责

　　——介绍《中华大典》 …………………………… 313

任继愈同志在《中华大典》工作、编纂会议上的讲话稿 …… 317

任继愈同志在《中华大典》工作、编纂会议开幕式上的讲话

　………………………………………………………… 321

任继愈同志在《中华大典》工作、编纂会议闭幕式上的讲话

　………………………………………………………… 324

任继愈先生在《中华大典》工作会议上的讲话 ………… 327

任继愈先生在《史学理论及史学史分典》付印样稿评审

　会上的总结讲话(摘要) ……………………………… 333

任继愈先生在《中华大典》编纂工作经验交流会开幕式

　上的讲话 ……………………………………………… 335

任继愈先生在《中华大典》编纂工作经验交流会闭幕式
　　上的讲话 ………………………………………………… 339
任继愈先生在《中华大典》工作会议上的总结讲话（摘要）
　　…………………………………………………………… 343
任继愈先生在《中华大典》编纂出版工作会议上的讲话
　　…………………………………………………………… 345
哲学社会科学关系国家和民族命脉
　　——《续修四库全书》出版的重大意义 ………………… 348
为《四库全书》正名 ………………………………………… 351
《四库全书研究文集》序 …………………………………… 355
评马学良等彝文《〈劝善经〉译注》 ……………………… 357
彝族文化研究的重要资料《爨文丛刻》（增订版）………… 359
古籍流失的反思 ……………………………………………… 367
《五台山古诗选注》序 ……………………………………… 371
小题目，大手笔
　　——怀念陈云同志 ……………………………………… 373
李一氓同志与《中华大藏经》（汉文部分）………………… 378
祝贺和希望 …………………………………………………… 383

第四编

儒教研究

繁榮人文科學

促進海內外學

術交流

文史哲創刊
五十周年慶

任繼愈

论儒教的形成*

中国哲学史是在中国这块土地上生长、发展的,中国社会历史的特点,决定了中国哲学史的面貌和性质,正像欧洲的社会历史决定欧洲哲学史的面貌和性质一样。

中国有文字记载的历史绝大部分是封建社会的历史,中国哲学史的发展主要是在中国封建社会历史时期进行的。研究中国哲学史,如果把中国封建社会的哲学史研究清楚了,找到它的基本规律,中国哲学史的主要任务也接近完成了。中国封建社会历史有哪些特点,大家的意见还不一致,剔除其分歧的部分,总还有些基本上被人们公认的部分。简略地说,中国的封建社会历史约有以下几个特点:

(1)中国封建社会维持的时间长久而稳定;

(2)封建宗法制度发展得比较完备;

(3)中央集权下的多民族的大一统国家结构形成得早,分裂不能持久;

(4)农民起义次数多,规模大;

---

　　* 据《任继愈学术论著自选集》。原载《中国社会科学》1980 年第 1 期,曾先后收入《儒教问题争论集》等。

（5）在中国的封建制度下，资本主义没有得到很好的发展。

如果把中国封建社会发展的阶段再进一步划分，可以分为以下的六个时期：

（1）分散割据的封建诸侯统治时期（春秋战国到秦统一前）；

（2）中央集权的封建专制制度建立时期（秦汉）；

（3）门阀士族封建专制时期（魏晋南北朝）；

（4）统一的封建国家重建、兴盛与地方割据时期（隋唐五代）；

（5）封建国家中央集权制完备与社会停滞时期（宋元明）；

（6）封建社会僵化没落时期（清）。

以上六个时期，隋唐以前封建社会在发展、在前进，宋元明以后封建社会制度则开始停滞以至僵化。在上述经济、政治形势变动的同时，代表统治阶级利益的思想体系也相应地发生着变化。

封建社会的上述历史特点和历史过程，造成了以儒教为中心的封建意识形态，这种同封建宗法制度和君主专制的统一政权相适应的意识形态，对劳动人民起着极大的麻醉欺骗作用，因而它有效地稳定着封建社会秩序。为了使儒家更好地发挥巩固封建经济和政治制度的作用，历代封建统治者及其思想家们不断地对它加工改造，逐渐使它完备细密，并在一个很长时间内，进行了儒学的造神活动：把孔子偶像化，把儒家经典神圣化，又吸收佛教、道教的思想，将儒家搞成了神学。这种神学化了的儒家，把政治、哲学和伦理三者融合为一体，形成了一个庞大的儒教体系，一直在意识形态领域占据着正统地位，对于巩固封建制度和延长其寿命，起了十分巨大的作用。

春秋时期孔子创立的儒家学说本来就是直接继承了殷周奴隶制时期的天命神学和祖宗崇拜的宗教思想发展而来的，这种学说的核心就是强调尊尊、亲亲，维护君父的绝对统治地位，巩固专制宗法的等级制度。所以这种学说稍加改造就可以适应封建统治者的需要，本身就具有再进一步发展成为宗教的可能。但是在先秦它还不是宗教，只是作为一种政治伦理学说与其他各家进行争鸣。由儒学发展为儒教是伴随着封建统一大帝国的建立和巩固逐渐进行的，曾经历了千余年的过程。孔子的学说共经历了两次大的改造。第一次改造在汉代，它是由汉武帝支持，由董仲舒推行的，这就是中国历史上所谓"罢黜百家，独尊儒术"的措施。汉代大一统的中央集权封建宗法专制国家需要一套在意识形态上和它紧密配合的宗教、哲学体系。孔子被推到了前台，董仲舒《白虎通》借孔子的口，宣传适合汉代统治者要求的宗教思想。第二次改造在宋代，宋统治者集团利用机会从唐末五代分散割据的混乱局面中捞到了政权。他们鉴于前朝覆亡的教训，把政治、军事、财政、用人的权力全部集中在中央。宋朝对外宁可退让，对内则强化中央集权的封建宗法专制制度；思想文化领域里也要有与它相适应的意识形态相配合。汉唐与宋明都是中央集权的封建宗法专制制度的国家，但中央权力却是越来越集中，思想文化方面的统治方法也越来越周密。为了适应宋朝统治者的需要，产生了宋明理学，即儒教。儒家的第二次改造，虽说完成于宋代，追溯上去，可以上溯到唐代。韩愈推崇《大学》，用儒家的道统对抗佛教的法统。李翱用《中庸》来对抗佛教的宗教神秘主义。到宋代朱熹则把《论语》《孟子》《大学》《中庸》定为"四书"，用一生精力为它作注解。朱熹的《四书集注》被宋以后的历代封建统治者，定为全国通用的教科书。"四书"从十三经中突出出来，受到特殊的重视。

下面，我们就从汉代起回溯这个历史过程。

封建大一统的局面形成之后，必然要求与它相适应的哲学作为指导思想。秦王朝不加掩饰地实行严刑峻法,结果很快覆亡了。贾谊《过秦论》就总结了这一教训。汉初的黄老之术,虽有一时的作用,也不是封建国家长治久安之策。统一的封建帝国需要这样一种思想体系:它能够用统一的神权来维护至上的君权,它能够用祖先崇拜来巩固宗法等级制度,它又能够用仁义道德的说教来掩饰统治者对劳动人民的压迫和剥削。为了寻求合适的思想体系,西汉王朝探索了六七十年之久,终于选中儒家,出现了儒家的代表人物董仲舒。董仲舒为了巩固政治的统一,主张思想统一,提出"罢黜百家,独尊儒术"。从董仲舒起,孔子被抬上了宗教教主的地位。春秋时期的孔子是一位政治家、思想家、教育家和儒家学术团体的领袖,但常常被嘲弄、被冷遇;汉代的孔子就成了儒教的庄严、神圣的教主,他被塑造成神,成了永恒真理的化身。汉代封建统治者希望人民去做的许多事,都假借孔子的名义来推广,封建宗法制度进一步得到巩固、加强。"三纲"说在荀子、韩非的著作中已开始提出,但那时只是一家之言,表达一种政治伦理思想。汉代董仲舒以后,通过政府把它推广到社会生活中去。东汉的地方察举制度曾规定了许多道德品目,如"孝廉",既是一种道德品质,同时又是一种做官进仕的条件。儒家的封建伦理和社会政治的制度结合得更紧了。西汉和东汉统治者为了巩固中央集权,他们使王权与神权进一步合流,为王权神授制造理论根据。但在实际政治生活中,他们把神权限制在王权之下,而不允许平起平坐,更不用说神权凌驾王权之上了。

中国封建统治者,由于和农民起义打交道的经验多,日益感到利用宗教化的儒学来麻痹人民的反抗意志十分必要。因此,汉代开始采用儒家的经典来为他们的政治、法律的措施作说明。汉武帝时,张汤决狱,要从《春秋》中找根据(其实是捕风捉影,与

《春秋》没有关系）。东汉以皇帝名义召开的白虎观的会议,更是用政权来推行神权、用神权维护政权的典型例子。这时的儒家的面貌已经不同于先秦的儒家,孔子地位被抬高了。

汉代的儒家,先按照地上王国的模特儿塑造了天上王国,然后又假借天上王国的神意来对地上王国的一切活动发指示。这就是汉代从董仲舒到白虎观会议的神学目的论的实质。天为阳、为君、为父、为夫;地为阴、为臣、为子、为妇。天地自然界的秩序被说成像地上汉王朝那样的社会秩序。自然界也被赋予封建伦理道德的属性。虽然没有西方上帝造人类那样的创世说,但也有类似的地方。儒家定于一尊,儒家的经典成为宗教、哲学、政治、法律、道德、社会生活、家庭生活以及风俗习惯的理论依据。哲学虽不像欧洲中世纪那样都成为神学的婢女,但成了六经的脚注,非圣等于犯法。所谓圣人就是尧、舜、禹、汤、文、武、周公、孔子等儒家所崇拜的偶像。

东汉末年的黄巾大起义,动摇了汉王朝的政治统治基础。王权与神权紧密配合的汉王朝崩溃,代之而起的是分散割据的地方封建势力。政治上出现了三国分立的局面。三国时,商业交换基本停止,不再铸造货币,出现了更典型的自然经济。以王权、神权相结合的儒家正统思想——神学目的论也受到了致命的冲击。这时出现了魏晋玄学,在民间和社会上层相继发展了佛教、道教。这时,我国北方、南方少数民族也纷纷武装起义来反抗汉族的政治压迫。他们的领袖人物中有的是被卖的奴隶,后来起义成功,建立了王朝[①]。在思想领域,他们首先冲击的是儒家内中华而外夷狄的思想。少数民族统治者信奉佛教。汉族

---

① 如以刘聪、石勒等人(《晋书》卷一○二及卷一○四)为代表的北方少数民族的起义。

群众信奉佛教和道教。五斗米道、太平道在农民中间广泛流行。

由于中国广大地区已具有高度的封建经济、政治和文化，少数民族掌握政权后，由奴隶制社会很快被带进了封建社会。封建社会的统治和被统治的关系，也很快被他们接受。具有中国特点的封建宗法专制主义也还得被重视。因为这一套统治人民的经验行之有效，而这一套封建伦理道德规范在儒家有深远传统。当然，起决定作用的是中国封建的经济结构和社会结构。中国封建社会的宗法制度是与中国封建社会相终始的，"三纲""五常"被儒家说成是万世不变的规范。说"万世不变"，这是古人的局限性，因为古人不知道封建社会以外还有其他生产方式。仅就中国的社会情况而论，说它是封建社会"万世不变"的秩序也未尝不可。

在魏晋南北朝时期，佛教、道教广泛流行，儒家失去独尊的地位，但统治者并未抛弃它，它仍然是封建思想的正统。梁武帝崇奉佛教，但梁武帝的《敕答臣下神灭论》的主导思想仍是儒教而不是佛教。当时的统治者用佛、道作为儒教的补充，三者并用或交替使用。三教之间有斗争，有妥协，也互相吸收。既然封建宗法制度未变，维护封建宗法制度的伦理纲常就不会被抛弃，"三纲""五常"的秩序非维持不可。因此，佛教、道教也要适应封建宗法制度的要求，才能得到地主阶级的支持。佛教五戒十善，采用的善恶道德标准仍然不能超出三纲五常的规定范围，违反了就是十恶不赦。封建地主以造反为罪大恶极，佛教也认为无君无父是构成入地狱的罪行。难怪宋文帝发自肺腑地说，佛教虽主张出世，但有助于王化①。魏晋玄学否定了神学目的论，但

---

① 宋文帝："若使率土之滨，皆敦此化，则朕坐致太平矣，夫复何事？"（见《广弘明集·宋文帝集朝宰论佛教》）

未对儒家的封建宗法制度、三纲五常触动一根毫毛。当时名教与自然的争论,反映了玄学家们如何对待三纲五常的根本态度。不论哪一派,都不敢说不要名教。玄学最大的代表人物之一如王弼,还是认为孔子比老子高明①。农民不是先进的生产关系的体现者。农民的思想随着生产资料、政治权力的被剥夺,也被迫接受统治阶级的王权神授、天命决定论,也被封建宗法制度所束缚②。

虽然政治上南北处于分裂状态,中国历史这一时期在某些方面仍有所发展。北方和南方在各自的统治范围内有相对安定的政治局面,于是北方和南方各民族在经济、文化的交流中有了进一步的融合。许多落后的氏族部落和奴隶制初期的民族,由于同汉族不断交往,相互了解、通婚、学习,很快赶上来,进入封建社会,这就给以后隋唐建立的多民族繁荣昌盛的封建统一王朝准备了条件。

隋唐时期由于封建经济的进一步繁荣、发展,对世界经济文化交流有过贡献。南北朝时期分裂割据的影响逐步泯除。佛教结束了南北朝各宗派长期分裂的局面,形成了统一的各宗各派;道教也混合南北,形成了统一的唐代道教。佛教、道教各自发展自己的寺院经济并建立宗派传法世系。儒家的经学也兼采南北

---

① [裴徽]问弼曰:"夫无者,诚万物之所资也,然圣人莫肯致言,而老子申之无已者何?"王弼回答说:"圣人体无,无又不可以训,故不说也。"(何劭《王弼传》引)

② "统治阶级的思想在每一时代都是占统治地位的思想。这就是说,一个阶级是社会上占统治地位的物质力量,同时也是社会上占统治地位的精神力量。支配着物质生产资料的阶级,同时也支配着精神生产的资料,因此,那些没有精神生产资料的人的思想,一般地是受统治阶级支配的。"(《德意志意识形态》,《马克思恩格斯选集》第1卷第52页)

经学流派,形成具有唐代特点的经学。儒、释、道三家鼎立,都得到封建王朝的大力支持①。三家学说有异,服务的对象却是一家②。朝廷遇有大典,经常让三教中的代表人物在殿上公开宣讲。儒家讲儒家的经典,佛教、道教也各自讲各自的经典,时称儒、释、道三教。儒、释、道所讲论的内容,也逐渐由互相诋毁而变得互相补充。政府命令禁止道教攻击佛教和佛教攻击道教的文字宣传。唐初朝廷举行公开仪式中,有时规定佛教徒在先,有时规定道教徒在先,中唐以后规定齐行并进,不分先后。儒家对佛、道有所攻击,主要说他们不生产、不当兵、不纳税、不负担政府的义务、不符合中国传统的风俗习惯等等。但儒家在哲学观点上,则大量吸收佛、道的东西。

久为人们熟悉的宋代理学的开创者周敦颐的代表著作是他的《太极图说》和《通书》。周敦颐的学术渊源,来自道士(陈抟—种放—穆修—周敦颐),他们的传授关系是有案可查的。维护周敦颐的朱熹一派,极力否认周氏与道教的关系,给以新的解释;也有一派如陆九渊弟兄,认为"无极"之说源出老子(道教),为了维护儒家的正统,他们提出这不是周氏的主张,不然就是他早年思想体系不成熟的作品。又据记载,周敦颐与僧寿涯也有学术上的交往③。宋代的朱熹与道教的牵连更深,对道教的经典

---

① 唐大足元年(701),武则天当政时,已明白宣示,三教有共同的任务,并令人撰写《三教珠英》(《唐会要》卷三六)。

② 文宗诞日,召秘书监白居易,安国寺沙门义林,上清宫道士杨弘元入麟德殿内道场谈论三教。居易对语中有谓"儒门释教虽名数则有异同,约义立宗,彼此亦无差别,所谓同出而异名,殊途而同归者也"(《白氏长庆集》卷六七)。

③ 僧寿涯赠诗有:"有物先天地,无形本寂寥。能为万象主,不逐四时凋。"

《阴符经》《参同契》曾大力钻研。儒道合流的代表人物，由北宋上溯，如唐朝司马承祯，由此再上推，到南朝的陶弘景，北朝的寇谦之，都是结合封建伦理学说来宣传道教的。宋以后的道教更是公开宣扬三教合一，如假托吕洞宾的名义的一些宋明道教著作，都在宣扬忠孝仁义等封建宗法世俗观点。

儒佛互相渗透的情形更普遍，如唐代的柳宗元、刘禹锡、梁肃、白居易，这是人所共知的。过去人们对柳宗元、刘禹锡以唯物主义而信佛，觉得不好理解，有的哲学史工作者出于爱护唯物主义哲学家的感情，对这个现象也进行过解释，对他们的信佛表示遗憾。宋代的唯物主义者王安石，同时又是佛教的信奉者，晚年还舍宅为寺。这些唯物主义者都受儒教的熏陶，并且认为儒佛并不矛盾，可以相通①。以佛教徒和尚而公开主张儒教的，如宋代的孤山智圆，自号"中庸子"，他自称：

> 中庸子智圆名也，无外字也，既学西圣之教，故姓则随乎师也。尝砥砺言行以庶乎中庸，虑造次颠沛忽忘之，因以中庸自号，故人亦从而称之。或曰："中庸之义其出于儒家者流，子浮图子也，安剽窃而称之耶？"对曰："夫儒释者言异而理贯也，莫不化民俾迁善远恶也。儒者饰身之教，故谓之外典也；释者修心之教，故谓之内典也。唯身与心则内外别矣，蠢蠢生民岂越于身心哉？非吾二教何以化之乎？嘻！儒乎，释乎，其共为表里乎！"（《闲居编·中庸子传上》，第19页）

> 故吾修身以儒，治心以释，拳拳服膺，罔敢懈慢犹恐不至于道也，况弃之乎？呜呼！好儒以恶释，贵释以贱儒，岂

---

① （唐）柳宗元："浮图诚有不可斥者，往往与《易》《论语》合，诚乐之，其于性情奭然，不与孔子并道。"（《柳河东集》卷二五）

11

能庶中庸乎?（同上）

自然现象不同于社会现象,它不具有人类社会的道德属性,但智圆用儒家的仁义观点,加以自然生物以道德属性①,与朱熹等以仁义礼智释元亨利贞的思想方式是一个路数。

至于佛教与道教的合流,交互影响,也是随着隋唐在政治上的大一统而形成的。道教经典很多取自佛经,这已是公认的事实②。天台宗的创始人慧思,既是佛教徒,又信奉道教长生求仙的方术,要做"长寿仙人"③,史传有明文,并不避讳。

从唐代的儒、释、道三教鼎立发展为宋代的三教合一,这个长期的历史过程,也就是儒教在封建政权的支持下逐渐酝酿成熟的过程。

从汉武帝独尊儒术起,儒家已具有宗教雏形。但是,宗教的某些特征,尚有待于完善。经历了隋唐佛教和道教的不断交融、互相影响,又加上封建帝王的有意识地推动,三教合一的条件已经成熟,以儒家封建伦理为中心,吸取了佛教、道教一些宗教修行方法,宋明理学的建立,标志着中国儒教的完成。它信奉的是"天地君亲师",把封建宗法制度与神秘的宗教世界观有机地结合起来。其中君亲是中国封建宗法制的核心。天是君权神授的神学依据,地是作为天的陪衬,师是代天地君亲立言的神职人

---

① "钱唐县西北水行十八里,有村曰'义犬'者。昔人养犬甚训,行迈于是,醉卧草间,野火四至,将焚焉。犬能亟至河岸,以身濡水,湿其草,主遂免祸。睡觉,犬力殚毙矣。感其义,因葬之。乡人命其地曰'狗葬'。后刺史以'义犬'之名,易'狗葬'之名,予舟行过其地,遂为文以感之:'浩浩动物,唯人为贵。立人之道,曰仁以义。二者不行,与畜同类。畜能行是,与人曷异。懿矣斯犬,立功斯地。救主免焚,濡草以智。其身虽毙,其名不坠。'"(《闲居编·感义犬》第二七)

② (南朝梁)陶弘景的《真诰》有数十处抄自《四十二章经》。

③ 见(南朝陈)慧思:《南岳誓愿文》。

员,拥有最高的解释权,正如佛教奉佛、法、僧为三宝,离开了僧,佛与法就无从传播。宋朝理学兴起的时候,恰恰是释道两教衰微的时候。风靡全国,远播海外的佛教,形式上衰微了,实际上并没有消亡,因为儒教成功地吸收了佛教。看起来中国没有像欧洲中世纪那样宗教独霸绝对权威,但中国中世纪独霸的支配力量是不具宗教之名而有宗教之实的儒教。

儒教这个宗教,看起来不同于其他宗教,如基督教、伊斯兰教、佛教等,甚至打出反对上述宗教的幌子。清代学者颜元早已指出,程颐的思想"非佛之近理",乃程颐之理"近佛"(见《存学编》)。还指出:

> 其(朱熹)辟佛老,皆所自犯不觉。如半日静坐,观喜怒哀乐未发气象是也,好议人非,而不自反如此。(《存学编》)

进入高级阶段的宗教都有他们不同的"原罪"说。宣传人生下来就有罪,必须靠宗教的精神训练来拯救人们的灵魂。程颐说:

> 大抵人有身,便有自私之理。宜其与道难一。

儒教宣传禁欲主义:

> 甚矣,欲之害人也。人之为不善,欲诱之也。诱之而弗知,则至于天理灭而不知反。故目则欲色,耳则欲声,以至鼻则欲臭,口则欲味,体则欲安。此则有以使之也。然则何以窒其欲?曰:思而已矣。学莫贵于思,惟思为能窒欲。曾子之三省,窒欲之道也。(《宋元学案·伊川学案》)

这种禁欲主义,一直成为宋以后儒教修养的中心思想。他们甚至连五欲排列的次序也按佛教的眼、耳、鼻、舌、身五欲排列。

宗教都要树立一个至高无上的神(名称各有不同)。儒教亦宣传敬天、畏天,称国君是天的儿子。君权与神权紧密结合起来,国君被赋予神性。儒教还有祭天、祀孔的仪式。

宣传"以贫为荣""以贫为乐",也是儒教的一个重要内容。儒教著作中称赞有道之士"虽箪瓢屡空,宴如也"。穷了,就避免了声、色的物质诱惑。儒教认为生活水平越低,道德品质越高,他们把物质生活的改善看作罪恶的源泉,把生活欲望与道德修养摆在势不两立的地位。"不是天理,便是私欲","无人欲即是天理"(《宋元学案·伊川学案》)。

儒教把一切学问都归结为宗教修养之学。儒教不去改造客观世界,而是纯洁内心;不向外观察,而是向内反省;不去认识世界的规律,而是去正心诚意当圣贤。圣贤的规格就是儒教规格的人的神化,即典型的僧侣主义的"人"。他们说:

> 颜所好者何学也,学以至圣人之道也……喜怒哀乐爱恶欲,情既炽而益荡,其性凿矣。是故觉者约其情,始合于中,正其心,养其性,故曰:"性其情。"愚者则不知制之,纵其情以至于邪僻,梏其性而亡之,故曰:"情其性。"(《颜子所好何学论》)

> 伊川见人静坐,便叹其善学。(《宋元学案·伊川学案》)

宗教都主张有一个精神世界或称为天国、西方净土,宗教都有教主、教义、教规、经典,随着宗教的发展形成教派。在宗教内部还会产生横逸旁出的邪说,谓之"异端"。儒家则不讲出世,不主张有一个来世的天国。这是人们通常指出的儒家不同于宗教的根据。

但是我们应当指出,宗教所宣扬的彼岸世界,只是人世间的幻想和歪曲的反映。有些宗教把彼岸世界说成仅只是一种主观精神状态。在中国的历史上,隋唐以后的佛教、道教,都有这种倾向。以影响最大的禅宗为例。中国出现过许多宗派,禅宗受中国封建文化影响最多,他们宣称"菩提只向心觅,何劳向外求玄？听说依此修行，西方只在眼前"(《坛经》)。禅宗主张极乐世界不在彼岸而在此岸，不在现实生活之外，就在现实生活之中，所谓出家、解脱，并不意味着离开这个世界到另一个西天。在日常生活之中，只要接受了宗教的世界观，当前的尘世就是西天，每一个接受佛教宗教观的众生即是佛，佛不在尘世之外，而在尘世之中。

宋明理学吸收了禅宗的这种观点。虽然它不讲出世，不主张有一个来世的天国，但是却把圣人的主观精神状态当作彼岸世界来追求，这和禅宗主张在尘世之中成佛是完全相同的。

程颢的《定性书》被宋明理学家公认为经典性的权威著作，这种"定性"与佛教禅宗的宗教修养方法一脉相承，所谓"动亦定，静亦定，无将迎，无内外"(《定性书》)，即是禅宗的"运水搬柴，无非妙道"。把人性区别为"义理之性"与"气质之性"，"人欲"又是挟"气质"以具来的罪恶，实质上是宗教的"原罪"观念。程颐的《颜子所好何学论》是一篇典型的宗教修养方法论，是一篇宗教禁欲主义的宣言书。张载的《西铭》也是一篇歌颂"天地君亲师"的儒教宣言，他认为人生的一切遭遇天地早安排定了，享受富贵福泽是天地对你的关怀，遭受贫贱忧戚，是天地对你的考验。天地与君亲本是一家人。二程教人主敬，程颐终日"端坐如泥塑人"。"存天理，去人欲"更是一切唯心主义理学家全力以赴的修养目标。他们所谓"天理"，无非是封建宗法制度所允许的行为准则，内容不出"三纲""五常"这些儒教教条。儒教追求的精神境界更偏重于封建道德修养，巩固宗法制度。儒教的孝道除了伦理意义外，还有宗教性质①。儒教没有入教的仪式，没有精确的教徒数目，但在中国社会的各阶层都有大量信徒。儒

---

① 见《孝经》。

教的信奉者绝不限于读书识字的文化人,不识字的渔人、樵夫、农民都逃不脱儒教的无形控制。专横的族权,高压的夫权,普遍存在的家长统治,简直像毒雾一样,弥漫于每一个家庭,每一个社会角落。它像天罗地网,使人无法摆脱。

宋明理学所普遍关心并反复辨明的几个中心问题有"定性"问题、"义理之性"与"气质之性"的问题、"孔颜乐处"问题、"主敬"与"主静"问题、"存天理,去人欲"问题、"理一分殊"问题、"致良知"问题,等等。这些问题虽以哲学的面貌出现,却具有中世纪经院神学的实质和修养方法。看起来问题虽多,最后都要归结到"存天理,去人欲"这个中心题目上来。

宋明理学各家各派,不论是政治上进步的、保守的、唯心的、唯物的,都围绕一个中心问题阐述自己的观点:如何正确处理(对待)"天理"与"人欲"的关系,它不是一个哲学问题而是一个神学问题,即如何拯救灵魂,消灭"罪恶",进入"天国"(理想的精神境界)的问题。中国哲学史涉及社会伦理思想的特别多,而涉及自然的比较少,这也是被中世纪封建社会的特点所决定的。欧洲中世纪的哲学是神学的奴婢,它的注意力也不在认识自然界而在拯救人类的灵魂。恩格斯指出,特别在近代才突出思维与存在、精神与物质的关系问题①。古代不是这样,那时是靠天吃饭,是自然的奴隶,也就没有能力摆脱神学的束缚。西方中世纪神学的中心观念是"原罪",中国中世纪神学的中心观念是"存天理,去人欲"。这不是谁抄袭谁的,而是封建社会的共性决定了的。只要是中世纪封建社会,必讲天理人欲之辨。只是欧洲有欧洲的讲法,印度有印度的讲法,中国有中国的讲法。

---

① "全部哲学,特别是近代哲学的重大的基本问题,是思维和存在的关系问题。"《马克思恩格斯选集》第4卷,第219页。

在资本主义出世以前,人们都受神的统治,神学笼罩一切。因为中外中世纪的经济是封建经济、小生产的自然经济,靠天吃饭。物质生产要靠天,精神上就不能不靠天。人们不能摆脱宗教这个异己的力量。统治者则充分利用牧师这一职能来维持其统治。由于这个原因,封建社会里的唯物主义阵营在实力上无法与唯心主义阵营旗鼓相当,唯物主义者总不能摆脱宗教和唯心主义的巨大影响。欧洲中世纪宗教和教会具有垄断一切的势力,曾经发生过唯名论与唯实论的争论,唯名论属于唯物主义阵营,但要披上宗教的外衣。后来18世纪法国唯物主义者则是踢开上帝,抛开神学的外衣,大讲无神论。像斯宾诺莎实质是唯物主义者,还保留着"神"这个外壳。中国哲学史上提出唯物主义观点的思想家,如宋代的陈亮、明代的王廷相、清代的王夫之、颜元、戴震等人都在不同的领域对儒教的某一方面的问题有所抨击①。与正统的儒教——程朱陆王的理学在哲学路线上相对立,但他们都抛不开孔子,摆脱不了六经,他们都自称得到孔子的正统真传,假借孔子、孟子的衣冠来扮演革新儒教的角色。他们对孔子这位教主则不敢怀疑。明代的李贽曾提出过"不以孔子之是非为是非",这是他敢于突破藩篱的地方,他怀疑的限度只限于孔子的个别结论,而不是怀疑孔子这个教主,更不是要打倒孔子。他竭力抨击那些口诵圣人之言、败坏封建纲常的假道学假圣人之徒,他提倡忠孝仁义,维持封建宗法制,他是爱护这个制度的孤臣孽子。李贽对佛教五体投地,他是儒教异端,而不是反封建的英雄。

宋明理学体系的建立,也就是中国的儒学造神运动的完成,

---

①　他们给"人欲"以合法的地位,主张唯物论,反对唯心论,这都不符合儒教的原则。

它中间经过了漫长的过程。儒教的教主是孔子,其教义和崇奉的对象为"天地君亲师",其经典为儒家六经,教派及传法世系即儒家的道统论,有所谓十六字真传①。儒教虽然缺少一般宗教的外在特征,却具有宗教的一切本质属性。僧侣主义、禁欲主义、"原罪"观念、蒙昧主义、偶像崇拜,注重心内反省的宗教修养方法,敌视科学、轻视生产,这些中世纪经院哲学所具备的落后宗教内容,儒教应有尽有。

佛教禅宗曾把僧侣变成俗人,以求得与中国的封建宗法制度配合;儒教则把俗人变成僧侣,进一步把宗教社会化,使宗教生活、僧侣主义渗透到每一个家庭。有人认为中国不同于欧洲,没有专横独断的宗教;我们应当看到中国有自己的独特的宗教,它的宗教势力表面上比欧洲松散,而它的宗教势力影响的深度和广度、控制群众的牢固性更甚于欧洲中世纪的教会。欧洲中世纪设有异教裁判所,中国的儒教对待叛道者使用的教条教规也是十分严酷的。凡是触犯了封建宗法规范,被认定为大逆不道、逆伦灭理的,可以在祠堂里当众处置,直到死刑。更重要的一个手段是"以理杀人"。被儒教残害的群众,连一点呻吟的权利也被剥夺干净,丝毫同情、怜悯也得不到。千百年来,千千万万男男女女无声无息地被儒教的"天理"判了死刑。儒教"视人之饥寒号呼、男女哀怨,以至垂死冀生,无非人欲"(戴震:《孟子字义疏证》),必尽除之而后快。真是"杀人如草不闻声",精神的镣铐比物质的镣铐不知道严酷多少倍。

董仲舒对孔子的改造,已经使孔子的面目不同于春秋时期的孔丘。汉代中国封建社会正在上升时期,统一的封建王朝继秦朝以后,富有生命力,配合当时的政治要求而形成的儒教虽有

① "人心惟危,道心唯微,唯精惟一,允执厥中(《尚书·虞书》)。"

其保守的一方面,但也有积极因素。宋明以后,中国的封建社会已进入后期,出现的资本主义萌芽都不幸没有得到正常发展的机会。宋明封建王朝的统治者推动儒教的发展,朱熹对孔子的改造,与孔子本人的思想面貌相去更远。如果说汉代第一次对孔子的改造,其积极作用大于消极作用,那么宋代第二次对孔子的改造,其消极作用则是主要的。

儒教限制了新思想的萌芽,限制了中国的生产技术、科学发明。明代(16世纪)以后,中国科技成就在世界行列中开始从先进趋于落后。造成这种落后,主要原因在于封建的生产关系日趋腐朽,使社会经济停滞不前,中国的资本主义没有得到发展的机会,而儒教体系对人们探索精神的窒息,也使得科学的步伐迟滞。上层建筑对它的基础绝不是漠不关心的,它要积极维护其基础。中国封建社会特别顽固,儒教的作梗应当是原因之一。

自从五四运动开始提出"打倒孔家店"的口号,当时进步的革新派指出孔子是中国保守势力的精神支柱,必须"打倒孔家店",中国才能得救。当时人们还不懂得历史地看待历史事件和历史人物,不善于用发展变化的眼光看待事物,因而把春秋时期从事政治活动和教育文化事业的孔子和汉以后历经宋元明清封建统治者捧为教主的孔子混为一谈。孔子只能对他自己的行动承担他的历史功过,孔子无法对后世塑造的儒教教主的偶像负责。作为一个教育家、政治思想家、先秦儒家流派的创始人,我们应当给以全面的恰当的评价,历史事实不容抹掉,而且也是抹不掉的。孔子这个人在历史上的功过,现在学术界还没有一致的意见,这是一个学术争论的问题,不可能短期取得一致的意见。儒教的建立标志着儒家的消亡,这是两笔账,不能混在一起。说孔子必须打倒,这是不对的;如果说儒教应当废除,这是应该的,它已成为阻碍我国现代化的极大思想障碍。

　　有人认为中国历史上不曾出现过像欧洲中世纪那样的政教合一的黑暗统治时期,是得力于孔子的儒家学说。儒家起了抵制宗教的作用,儒家不迷信,所以抑制了神学的统治。

　　中国没有出现欧洲中世纪那样的基督教,这是中国社会的特点所决定的;说中国有了儒家从而避免了一场宗教神权统治的灾难,是不对的。因为儒教本身就是宗教,它给中国历史带来了具有中国封建宗法社会的特点的宗教神权统治的灾难。

　　宗教、迷信、神权是人类历史上不可避免的现象,迄今还没有发现过有哪一个民族、国家有过对宗教的免疫能力。不过在不同国家和不同地区,宗教具有不同的表现形式罢了。中国儒教顽强地控制着中国,它与中国封建社会相始终,甚至封建社会终结,它的幽灵还在游荡。

　　还应当看到宗教有它的形式和内容。形式上可以有信奉的偶像不同、教义教规的不同,但寻求彼岸世界的宗教世界观是一切宗教的共同的特点。教权与王权的关系,西方与东方形式上有所差异,西方是教权高于王权,中国除从前西藏地区外,则是王权高于教权。但王权与教权的紧密配合,及其禁锢人们的思想的程度,东方与西方没有两样。

　　有人认为中华民族屹立于世界民族之林,经历了多少次风雨,儒家提倡的气节,起了重要作用。所以历史上出现了临危不惧、见义勇为的英雄人物。当民族面临严重危机的关头,我国出现过不少英雄,他们是民族的脊梁。应看到,临危不惧、以身殉其理想,历史上屡见不鲜,如墨子的门徒们为维护墨家的利益、理想,赴汤蹈火,死不旋踵;田横有五百壮士同日自杀以殉齐国;董狐秉笔直书,视死如归。他们都不是孔子或儒家的信徒。还有一些为宗教狂热的驱使到西方取经的佛教徒,也能不避死亡,策杖孤征。可见把曾子所说的"可以托六尺之孤,可以寄百里之命,临大节而不可夺"的坚强品德记在孔子或儒家名下,是不符合事实的。像曾子所标榜的这个要求,儒家创始人孔子就没有做到。孔子周游列国,遭到蒲人的围困,孔子对天发了假誓,作了保证,才逃脱包围。一旦脱离险区,发的誓就不算数了,还自己解嘲说"要盟不信"①。孔子还看不起那些"言必信,行必果"②的人们,他在气节这一点上偏偏表现得不好。一个民族,不论大小,都有它的长处。世界大门已经敞开,可不能再抱着"辽东白豕"那种自我欣赏、自我锢蔽的态度。欧洲人的书里也曾讲由于有了基督教的好传统使他们保持了宽忍、忍让、慈爱为怀的高尚情操。事实果真如此么? 我们中华民族早就有过深刻体会——当年大炮、军舰、《圣经》、鸦片同时莅临,这就是他们所宣扬的高尚情操。所谓宽容、忍让的美德是有的,它出自劳动人民,而不是《圣经》的教训的结果。

有人认为儒家有爱国主义的好传统,儒家保存了中华民族的文化,形成一种团结的向心力。

爱国主义,不是抽象的名词,它有实际的内容。春秋战国时期诸侯国林立。许多学有专长的人,有政治抱负的人,到处游说,想依靠一个国家的国君支持他们的主张,推行他们的政治理想。孔子就是其中的一个。孔子离开了他的祖国鲁国,到处游说,他到过齐国、卫国、楚国等大国。哪一个国君用他,他就在哪一个国家当官。后来孔子的弟子们、诸子百家的领袖们都是这样做的。当时没有人议论他们背离祖国,或不爱国。战国末期,李斯的《谏逐客书》不但没有想到要好好为祖国效力,而是举出种种理由,规劝外国君主重用有才学的外国人,而不必管他们来

---

① "要盟也,神不听。"(《孔子世家》)
② 《论语·子路》:"言必信,行必果,硁硁然,小人哉。"

自哪个国家。当时各民族之间经济、文化、婚姻的联系频繁,视为当然,诸侯贵族曾与邻近的少数民族通婚①。春秋战国时期,民族之间,国与国之间的关系是正常的,开放的,不是封闭的。

到了秦汉以后,中国创立了多民族的统一的宗法封建专制主义的大一统的国家。这时的国内各民族的关系也是平等和睦的。只是来自北方游牧地区,尚处在奴隶制前期的匈奴部落对农业地区经常掠夺,把早已进入封建社会的内地居民掠为奴隶,这就遭到进入封建社会的全体人民的反抗。掠夺与反掠夺的斗争,加深了民族的限隔。长期的战争和经济交流(战争也是一种代价很高的文化交流),使多民族的封建大一统国家在安定的政治局面下不断得到发展。隋唐皇室就不是纯汉族。唐代任用朝廷和地方官吏,对蕃汉各族一视同仁,这对于封建的发展繁荣起着促进作用。民族融合,和平相处,这是历史发展的主流。

但也应当看到,由于地理形势的局限,我国与东南海外的往来关系远不如西北陆上的密切。我国历史上不断地一批一批把西北民族从部落社会、奴隶制社会带进了封建制社会,同时又不断接触一些新的部落民族。长期以来,形成了汉族的自大优越感,以"天朝"自居。宋以后,历代统治者致力于控制内部、防止造反,再加上儒教的长期灌输,从而形成一种极不健康的民族思

---

① 《史记·晋世家》:晋献公娶狄女,娶骊姬,晋文公娶季隗。

想意识。对外来的东西,又怕又恨,产生一种儒教变态心理①。

有人认为有了以儒教为中心的文化共同体,团结了中华民族。华侨中多半相信儒家思想,他们的爱国主义精神,多得力于儒家传统。

这是用思想去说明社会历史,而不是用社会历史去说明思想,而且这个说明也是不正确的。华人海外谋生,很不容易,他们多半是冒着生命危险去的。明清以前出国谋生的华侨得不到政府的支持和保护,近代中国又处在半殖民地的地位,政府无力保护,在海外受尽了凌辱和种族歧视。华侨如不团结,不互相帮助,就难以生存,更不用说发展了。华侨渴望祖国繁荣、昌盛,他们的处境决定了他们热爱祖国的思想感情。

中国是一个封建宗法制度占统治地位的国家,华侨离乡背井,往往依靠封建宗法关系、同乡邻里关系、行会关系。以这些关系为纽带,加上语言、习惯、经济的联系,自然结成了自己的相互依存的共同体。他们可能把"天地君亲师"的神位一齐带出国,但团结他们的主要力量是现实的生活而不是什么儒教的遗泽。多少世纪以来,世界上失去祖国的犹太人,顽强地生存着,他们都不信儒教。流浪的吉卜赛人,也顽强地生活着,他们也不知道什么是儒教。

有人说,儒教集中体现了中华民族优良的文化传统,它培育

---

① "宋的文艺,现在似的国粹气味就熏人。然而辽金元陆续进来了,这消息很耐寻味。汉唐虽然也有边患,但魄力究竟雄大,人民具有不至于为异族奴隶的自信心,或者竟毫未想到,凡取用外来事物的时候,就如将彼俘来一样,自由驱使,绝不介怀。一到衰敝陵夷之际,神经可就衰弱过敏了,每遇外国东西,便觉得仿佛彼来俘我一样,推拒,惶恐,退缩,逃避,抖成一团,又必想一篇道理来掩饰,而国粹遂成为屠王屠奴的宝贝。"(《看镜有感》,《鲁迅全集》第1卷,第300—301页)

了许多"取义"、"成仁"、可歌可泣的民族英雄。不错，中华民族是有优良的传统，在它的历史上也涌现出许许多多伟大的民族英雄，但不能把功劳记在儒家或儒教的账上。中华民族的优秀文化传统和自强精神是在同民族压迫和阶级压迫的斗争中，在同自然界的斗争中形成的，主要是指反抗精神、牺牲精神、科学精神和民主精神。这些优良传统首先体现在广大劳动人民身上，也体现在代表人民利益的一些先进的人物身上。历来反抗黑暗的专制统治、反抗暴政、反抗民族压迫，最终把封建制度推翻的并不是正统的儒家人物，而是农民的革命力量。创造了中国灿烂的古代文明，在农业、手工业和建筑、绘画、雕塑等方面创造出高度的技艺和举世闻名的伟大作品的作者们甚至连名字也没有留下，他们是农民、手工工人和各种巧匠艺师，却不是儒教信徒。否定天命鬼神，高举无神论和唯物论旗帜的并不是儒教正统学者，而是敢于冲破儒教传统的先进人物。宋元及明清优秀的文学作品，其领导思想多半是发不平之鸣、离经叛道之作。近百年来，在民族危亡、社会昏暗的时刻，从伟大的太平天国运动、辛亥革命，直到五四运动，这些斗争唤醒了沉睡的中国，为在中国共产党领导下使中国重立于世界各国之林开辟了道路。这些伟大的运动，一个重要的斗争目标，就是反封建制度，反儒教思想。

宋明以后的儒教，提倡忠君孝亲、尊孔读经、复古守旧，都是文化遗产中的糟粕，是民族的精神赘疣。像岳飞这个民族英雄，由于儒教灌输给他的忠君思想，使他违背了民族利益，放弃已经到手的胜利，自己冤死，国家受难。文天祥在《正气歌》里说的"成仁""取义"的名句，虽出自儒教圣训，但推动他行动的根本动力，还是他面临的民族压迫的现实。我们同样应当指出，外来侵略者也提倡儒教，内部的投降派也提倡儒教。抗战时期日本帝

24

国主义者也修过孔庙,大小维持会的头目,多为儒教信徒,而抗日根据地的军民群众并没有靠"成仁""取义"的口号来作为抗战的动力的。

中国文化确实有好传统,像奋发有为、刚毅顽强、吃苦耐劳、不畏强暴,这都是劳动人民的优秀品质。这些优秀品质并非来自儒教,甚至是反儒教的产物。如果我们的广大群众和海外侨胞都照儒教的规范行事,那就要脱离生产,轻视劳动,"畏天命,畏大人,畏圣人之言",他们神龛里供奉着"天地君亲师"的神位,忠诚礼拜,终日静坐,"如泥塑人",天天在"存天理,去人欲",将是什么样的精神面貌,又怎能立足于世界呢?

总之,历史事实已经告诉人们,儒教带给我们的是灾难、是桎梏、是毒瘤,而不是优良传统。它是封建宗法专制主义的精神支柱,它是使中国人民长期愚昧落后、思想僵化的总根源。有了儒教的地位,就没有现代化的地位。为了中华民族的生存,就要让儒教早日消亡。我们只能沿着"五四"时代早已提出的科学与民主的道路,向更高的目标——社会主义前进,而不危机能退回到五四以前老路上去。倒退是没有出路的。

儒家与儒教*

　　儒这个称号不自孔子始。孔子以前社会上已有一批帮助贵族办丧事或帮助贵族执行相礼以谋生的人,这些人靠专门的知识混饭吃。孔子开始也是靠儒来谋生的,但是他比当时的儒博学,有政治主张,并参与当时的一些政治活动①。孔子开创的儒家是一个学术团体,又是政治团体。由于孔子一生为恢复周代的奴隶制而奔波,他的主张与历史发展方向背道而驰,所以他的活动没有成功,遭到社会和时代的冷遇。社会发展表明,孔子当时所极力主张的事物,后来都被历史所淘汰了;孔子当时极力反对的事物,后来都得到了发展、壮大。历史实践表明孔子是个反历史潮流的人物,他的思想是保守的,他的学说在当时所起的作用也是保守的。春秋时期是奴隶制崩溃、封建制形成的过渡时期②。孔子的社会地位并不十分显赫,他的学说也没有得到广泛的重视。孔子晚年不得已退而著书,整理典籍。他又是一个博

---

　　* 据《任继愈学术论著自选集》。原载《中国哲学》(三联书店 1980 年第 3 辑),曾收入《儒教问题争论集》等。

　　① 如《论语》中记载,孔子告诫他的弟子,"汝为君子儒,无为小人儒"。

　　② 这个问题在中国学术界有几派的说法,并没有一致的意见。大体上可分为四种说法。我主张春秋时期奴隶制向封建制过渡.战国时封建制确立。

学的学者、历史家、教育家,对古典文化的整理保存有贡献。孔子一生活动最大的成功处,就是他教育了不少有才干的学生,先后共计达三千人之多①。由于孔子的门徒多,势力大,他们又大部掌握文化知识,与被雇佣只会给贵族打仗守卫的武士不同,影响也较大。战国时期,儒家已成为社会上的显学,只有墨家这一派可以与之相抗衡,并先后分为八派②。这些不同的派别各有哪些特点,现在不可详考。从哲学的观点来划分,主要有两派,一派是唯心主义的孟子学派,另一派是唯物主义的荀子学派。

战国时期,各国已走着共同的道路,即由分散割据封建国家,走向统一的中央集权的封建国家。各阶级和阶层都为自己的利益而斗争。反映在思想上,即百家争鸣。百家争鸣的实质,即对当时面临行将统一的中央集权封建国家采取什么态度,由哪个阶级和阶层来执行这一历史任务。墨家代表"农与工肆之人"的利益,反对儒家亲亲的宗法制度,儒家骂墨家是"无父"。法家代表军功贵族和官僚阶层的利益,反对孝悌仁义,主张绝对君权的官僚制度。儒家虽然分为八派,有唯心主义和唯物主义的重大区别,但他们对封建制的宗法、等级制度,孟子和荀子没有两样。孟子主张"父子有亲,君臣有义,夫妇有别,长幼有序,朋友有信"(《滕文公上》)。其中最重要的是孝悌,"尧舜之道孝弟而已矣"(《告子下》)。以孝道为中心的宗法伦理思想是这种

---

① 这个数目后来的人没有提出过怀疑,可能接近真实。在社会大变革时,士这一阶层的人数逐渐扩大,后来战国中期以后,好几个国家的贵族和孟尝君、平原君、春申君,养士风气盛行,甚至一个贵族同时养士二三千人,孔子时代虽较早,一生共收纳弟子三千人,是可能的。

② 《韩非子·显学》称儒分为八,与墨家并称显学。这八派是:有子张之儒,子思之儒,有颜氏之儒,有孟氏之儒,有漆雕氏之儒,有仲良氏之儒,有孙氏之儒,有乐正氏之儒。

社会政治结构的指导思想。孟子还认为这种社会伦理观念是天赋的本性,从而构造了他的性善说。荀子与孟子处在理论尖锐对立的地位,但他在社会伦理上也主张社会离不开孝悌、忠信、仁义等道德规范。主张维护君臣、上下的等级制。他一再强调维持这封建宗法等级制的必要性,他认为要用人为的手段,即教化的灌输,而不相信这些道德出于人的本性。这是他的性恶论的结论。其他儒家介乎孟、荀之间,其封建伦理思想则是一致的。正因为这一点有它的一致性,所以虽分为八派,毕竟还是儒家。

孔子这个奴隶主的保守派,后来成了封建社会的圣人,这是不难理解的。因为奴隶制和封建制都是贵族等级制,西周以来宗法制度被保留下来。孔子的孝悌忠信的规范略加改造,即可用于封建制。

秦汉统一是中国社会历史上的一大变革。这个变革基本上奠定了中国封建王朝两千多年的格局——即中央集权的封建统一王朝是中国封建社会被中华民族所接受并认为这是正常的状态。遇到暂时的分裂割据政治局面出现,则认为是天下分崩不正常的乱世,一定把它纠正过来,才算拨乱反正,天下大治。

政治的统一,必然伴随着思想上的统一,这是历史所要求的,也是经中外历史所证明了的。秦汉统一后,封建统治者经历了七十多年的探索,终于找到了,也可以说建成了思想统一的精神工具,即儒家。我们要特别指出的是,这时的儒家已不同于先秦时期作为一个学派参与百家争鸣的儒家,而是封建大一统的王权与神权紧密结合的儒家。这个儒家尊奉的代表人物是孔子。但这已不同于先秦时期被人们重视的学者,同时又被人们嘲笑、讽刺、打击的失意政客,而是具有高度尊严的教主。孔子既是高贵的素王,又是任人摆布的偶像,他成了神和人的复合体。封建统治者的意志，无不需要加上孔子的经典中的一言半句来支撑，才显得有权威。

奴隶制社会在欧洲发展得比较完备而典型，欧洲的封建社会则不如中国的完备而典型。中国封建社会的生产力在世界封建社会的历史上发展得很充分。作为统治这个社会的封建地主阶级不断总结统治经验，不断完善它的上层建筑，使它形成一个相当完整的体系，包括哲学、宗教、文学、艺术、法律……各个方面。

西汉和东汉统治者为了进一步巩固中央集权，他们把王权与神权进一步合流，为王权神授制造理论根据。但他们又小心翼翼地使神权限制在王权之下，而不允许平起平坐，更不用说教权凌驾王权之上了。

中国封建统治者，由于和农民起义打交道的经验多①，他们更懂得自觉地利用宗教来麻痹人民的反抗意志。因此汉代开始采用儒家的经典为政治、法律的措施进行说明。汉武帝时，张汤决狱，要从《春秋》中找根据，其实是捕风捉影，与《春秋》没有关系。东汉以皇帝名义召开的白虎观的会议，更是用政权来推行神权，用神权维护政权的典型例子。这时的儒家的地位已经与先秦的儒家相去更远，孔子地位被抬得更高了。

汉代儒家，先是按照地上王国的模型塑造了天上王国，然后又用天上王国的神意来对地上王国的一切措施发指示。这就是汉代从董仲舒到白虎观会议的神学目的论的实质。天为阳、为君、为父、为夫；地为阴、为臣、为子、为妇。天地自然界的秩序被说成像地上汉王朝那样的社会秩序。自然界也被赋予封建伦理道德的属性。虽然没有西方上帝造人类那样的创

---

① 中国农民起义规模大、次数多，为世界历史所仅见。

世说,但也有类似的地方。儒家定于一尊,儒家的经典成为宗教、哲学、政治、法律、道德,社会生活、家庭生活以及风俗习惯的理论依据。哲学及所有科学虽不像欧洲中世纪那样都成为神学的婢女,但成了六经的脚注,则是事实。非圣等于犯法。所谓圣的标准,则不能离开儒家所规定的范围。东汉末年的黄巾大起义,动摇了汉王朝的政治统治基础。王权与神权紧密配合的汉王朝崩溃,代之而起的是分散割据的地方封建势力。政治上出现了三国分立的局面。三国时,商业交换基本停止。停止铸造货币,经济上出现了更典型的自然经济。思想上以王权、神权相结合的儒家正统思想神学目的论也受到致命的冲击。这时已出现了魏晋玄学,在民间和社会上层相继出现佛教、道教。这时,我国北方、南方少数民族也纷纷起来反抗汉族的政治压迫,起来造反。他们有时是被卖的奴隶,后来起义成功,建立了王朝①。他们首先冲击的是孔子儒家内中华而外夷狄的思想。他们信奉佛教。汉族农民则信奉道教。五斗米道,太平道在农民中间广泛流行。

由于中国广大地区已具有高度的封建经济、政治和文化,少数民族掌权以后,也由奴隶制社会很快被带进了封建社会。封建社会的统治和被统治的关系,也很快被接受。具有中国特点的封建宗法专制主义也还得被重视。因为这一套统治人民的经验行之有效,而这一套封建伦理道德规范在儒家有深远传统。当然,起决定作用的是中国封建的经济结构和社会结构。中国封建社会的宗法制度是与中国封建社会相终始的,"三纲""五常"被儒家说成为万古不变的规范。说"万世不变",这是古人的局限性,因为古人不知道封建社会以外还有其他生产方式。仅

———————

① 如刘聪、石勒等人北方民族的起义。

就中国的情况而论,说它是封建社会"万世不变"的秩序也未尝不可。

在魏晋南北朝时期,佛教、道教广泛流行,儒家失去独尊的地位,但统治者并未抛弃它,它仍然是封建思想的正统,梁武帝崇奉佛教,但梁武帝的《敕下答神灭论》的主导思想仍是儒教而不是佛教。当时的统治者用佛、道为儒教的补充,三者并用,或交替使用。三教之间有斗争,有妥协,也互相吸收。既然封建宗法制度未变,维护封建宗法制度的伦理纲常就不会被抛弃,"三纲"、"五常"的秩序非维持不可。因此,佛教、道教既然为这个制度服务,它也要适应封建宗法制度的要求,才能得到地主阶级的支持。农民不是先进的生产关系的体现者。农民的思想随着生产资料、政治权利的被剥夺,也被迫接受统治阶级的王权神授、天命决定论,也被封建宗法制度所束缚。佛教"五戒十善",采用的善恶道德标准仍然不能超出三纲五常的规定范围,否则为十恶不赦。封建地主以造反为罪大恶极,无父无君也是佛教公认的构成入地狱受精神惩罚的罪行。难怪宋文帝发自肺腑地说佛教虽主张出世,但有助于王化。魏晋玄学否定了神学目的论,但未对儒家的宗法制度、三纲五常触动一根毫毛。当时名教与自然的争论,反映了玄学家们如何对待三纲、五常的根本态度。不论哪一派,都不敢说不要名教。玄学最大的代表人物如王弼,还是认为孔子比老子高明①。

由于政治上南北的分裂割据,中国历史这一时期从另一方面有所发展。北方和南方在各自的统治范围内有相对安定的政

---

①　[裴徽]问弼曰:"夫无者,诚万物之所资也,然圣人莫肯致言,而老子申之无已者何?"正弼回答说:"圣人体无,无又不可以训,故不说也。"(何劭《王弼传》引)

治局面,于是北方和南方各民族在经济、文化的交流中有了进一步的融合。许多落后的氏族部落和奴隶制初期的少数兄弟民族之间,不断交往、了解、通婚、学习,很快赶上来进入封建社会,这就给以后隋唐建立的多民族繁荣昌盛的封建统一王朝准备了条件。

隋唐时期由于封建经济的进一步繁荣、发展,对世界经济文化交流有过贡献。经济、政治的繁荣发展也带动了哲学、宗教的繁荣发展。南北朝时期分裂割据的影响逐步泯除。佛教结束了南北朝长期分裂的局面,形成了统一的各宗各派;道教也混合南北,形成了统一的唐代道教。佛教、道教各自发展自己的寺院经济和宗派传法世系。儒家的经学也兼采南北经学流派,形成具有唐代特点的经学。儒、释、道三家鼎立,都得到封建王朝的大力支持①。三家服务的对象却是一家②。朝廷遇有大典,经常让三教中的代表人物在殿上公开宣讲。儒家讲儒家的经典,佛教、道教也各自讲各自的经典,时称儒、释、道三教③。儒、释、道所讲论的内容,也逐渐由互相诋毁而变成互相补充。由政府明令禁止道教攻击佛教和佛教攻击道教的文字宣传。唐初朝廷举行公

---

① 唐大足元年(701),武则天当政时,已明白宣示,三教有共同的任务。并令人撰写《三教珠英》(《唐会要》卷三六)。

② 文宗诞日,召秘书监白居易、安国寺沙门义林、上清宫道士杨弘元入麟德殿内道场谈论三教。居易对语中有谓"儒门释教虽名数则有异同,约义立宗,彼此亦无差别,所谓同出而异名,殊途而同归也"(《白氏长庆集》卷六七)。

③ 元魏、后周、隋世多召名行广学僧与儒、道对论,悦视王道。唐高宗召贾公彦于御前与道士、沙门讲说经义。德宗诞日,御麟德殿,命许孟容等登座与释老之徒讲论。贞元十二年四月诞日,御麟德殿,诏给事中徐岱,兵部郎中赵需及许孟容、韦渠牟与道士葛参成、沙门谈筵等等二十人讲论三教。文宗九月诞日召白居易与僧惟澄、道士赵常盈于麟德殿谈论。居易论难锋起,辞辩泉注.上疑宿构,深嗟揖之(《僧史略》卷下)。

开仪式中,有时规定佛教徒在先,有时规定道教徒在先,中唐以后规定佛、道两教徒齐行并进,不分先后。儒家对佛、道有所攻击,主要说他们不生产、不当兵、不纳税、不负担政府的义务,不符合中国传统的风俗习惯等等。

封建地主阶级的总头目唐朝的皇帝,把三教都看作宗教,而三教的信徒们也自居为宗教。佛教、道教是宗教自然不成问题。宗教都主张有一个精神世界或称为天国、西方净土;宗教都有教主、教义、教规、经典,随着宗教发展形成教派。在宗教内部还会产生横逸旁出的邪说,谓之"异端"。这种状况,佛教、道教都具备。儒家则不讲出世,不主张有一个来世的天国。这是人们通常指出的儒家不同于宗教的根据。

但是我们应当指出,宗教所宣扬的彼岸世界,只是人世间的幻想和歪曲的反映。有些宗教把彼岸世界说成是一种精神境界。在中国的历史上,隋唐以后的佛教、道教,都有这种倾向。以影响最大的禅宗为例,禅宗宣称"菩提只向心觅,何劳向外求玄?听说依此修行.西方只在眼前"(《坛经》)。禅宗主张极乐世界不在彼岸而在此岸,不在现实生活之外,就在现实生活之中,所谓出家、解脱,并不意味着离开这个世界到另一个西天。在当前日常生活之中,只要接受了宗教的世界观,当前的尘世就是西天,每一个接受佛教宗教观的众生即是佛,佛不在尘世之外,而在尘世之中。

这种观点给中国的佛教带来了独特的面貌,它也使中国的儒家逐渐成为具有中国特点的宗教——儒教。

从汉武帝独尊儒术起,儒家已具有宗教雏形。但是,宗教的某些特征,尚有待于完善。经历了隋唐佛教、道教的不断交融,互相影响,又加上封建帝王的有意识地推动,三教合一的条件已经成熟,以儒家封建伦理为中心,吸取了佛教、道教一些宗教修行方法,宋明理学的建立,标志着中国儒教的完成。它信奉的是"天地君亲师",把封建宗法制度与出世的宗教世界观有机地结合起来。其中君亲是中国封建宗法制的核心。天是君权神授的神学依据,地作为天的陪衬,师是代天地君亲立言的神职人员,拥有最高的解释权,正如佛教奉佛、法、僧为三宝,离开了僧,佛与法就无从传播。宋朝理学兴起的时候,恰恰是释道两教衰弱的时候。佛教,为什么衰微了?因为儒教成功地吸收了佛教。为什么中国没有像欧洲中世纪那样宗教独霸绝对权威?因为中国中世纪宗教独霸的支配力量是儒教。

宗教世界观要求人们过着禁欲的生活,物质欲望是罪恶之源。安于贫困、以贫为乐的人,才算道德高尚、人品卓越。宋明理学所普遍关心并反复辩明的几个中心问题有"定性"问题、义理之性与气质之性的问题、孔颜乐处问题、主敬与主静问题,存天理去人欲问题、理一分殊问题、致良知问题等等。这些问题虽以哲学的面貌出现,却具有中世纪经院神学的实质和修养方法。

程颢的《定性书》被宋明理学家公认为经典性的权威著作。这种"定性"与佛教禅宗的宗教修养方法一脉相承,所谓"动亦定,静亦定,无将迎,无内外"[①],即是禅宗的"运水搬柴,无非妙道"。把人性区别为义理之性与气质之性,人欲又是挟气质以具来的罪恶。实质上是宗教的原罪观念。程颐的《颜子所好何学论》是一篇典型的宗教修养方法论,是一篇宗教禁欲主义的宣言书。张载的《西铭》也是一篇歌颂"天地君亲师"的儒教宣言,他认为人生的一切遭遇天地早安排定了,享受富贵福泽是天地对你的关怀,遭受贫贱忧戚,是天地对

---

① (宋)程颢:《定性书》。

你的考验。天地与君亲本是一家人。二程教人主敬,程颐终日"端坐如泥塑人","存天理,去人欲"更是一切唯心主义理学家全力以赴的修养目标。他们所谓"天理",无非是封建宗法制度所允许的行为准则,内容不出"三纲""五常"这些儒教教条。儒教除了有一般宗教的共同性,又有它的特点。孔子被奉为教主,具有半人半神的地位。它追求的精神境界更偏重于封建道德修养,巩固宗法制度。比如儒教孝道除了伦理义外,还有宗教性质①。儒教没有入教的仪式,没有明确的教徒数目,但在中国社会的各阶层都有大量信徒。儒教的信奉者绝不限于读书识字的文化人,不识字的渔人、樵夫、农民都逃不脱儒教的无形控制。专横的族权,高压的夫权,普遍存在的家长统治,简直像毒雾一样,弥漫于每一个家庭,每一个社会角落。它简直像天罗地网,使人无法摆脱。

宋明理学体系的建立,也就是中国的儒教的完成,它中间经过了漫长的过程。宗教的教主是孔子,其教义和崇奉的对象为"天地君亲师",其宗教组织即中央的国学及地方的州学、府学、县学,学官即儒教的专职神职人员。僧侣主义、禁欲主义、蒙昧主义,注重心内反省的宗教修养方法,敌视科学、轻视生产,这些中世纪经院哲学所具备的落后东西,儒教(唯心主义理学)也应有尽有。在内部也有个别思想家力图摆脱枷锁、正视现实,提出唯物主义观点的思想家,如宋代的陈亮、明代的王廷相、清代的王夫之、颜元、戴震等人都在不同的领域对儒教的某一方面的问题有所抨击②,他们可称为

---

① 见《孝经》。

② 他们给"人欲"以合法的地位,主张唯物论,反对唯心论,这都不符合儒教的原则。

儒教的异端。这些进步的思想家,都自称得到孔子的正统真传,假借孔子、孟子的衣冠来扮演革新的角色。他们对孔子这样的教主则不敢怀疑。明代的李贽曾提出过不以孔子之是非为是非,这是他敢于突破藩篱的地方。但他竭力抨击那些口诵圣人之言,败坏封建纲常的假道学,他提倡忠孝仁义,维持封建宗法制,他是爱护这个制度的孤臣孽子。他对佛教五体投地。他是儒教异端,而不是反封建的英雄。

儒教限制了新思想的萌芽,限制了中国的生产技术、科学发明。明以后中国科技成就在世界行列中开始从先进趋于落后。造成这种落后,主要原因在于中国的资本主义没有得到发展的机会,而儒教体系的完善和它对人们探索精神的窒息,也使得科学的步伐迟滞。上层建筑对它的基础绝不是漠不关心的,它要积极维护其基础。中国封建社会特别顽固,儒教的作梗应当是原因之一。

自从五四运动开始提出"打倒孔家店"的口号,当时进步的革新派指出孔子是中国保守势力的精神支柱,必须"打倒孔家店",中国才能得救。当时人们还不懂得历史地看待历史人物和历史事件,形而上学比较严重,认为好就全好,坏就全坏。由于他们不善于探索事物发展的规律,因而把春秋时期从事政治活动和教育文化事业的孔子和汉以后历代封建统治者抬出来作为教主的孔子混为一谈。孔子只能对他自己的行动承担他的历史功过,孔子无法对后世塑造的儒教教主的偶像负责。作为一个博学的学者、伟大的教育家、政治思想家、先秦儒家流派的创始人,孔子是打不倒的,历史事实不容抹掉,而且也是抹不掉的。孔子这个人在历史上的功过,现在学术界还没有一致的意见,这是一个学术争论的问题,不可能短期取得一致的意见。

　　儒教的形成曾经历了上千年的过程,孔子的学说共经历了两次大的改造。第一次改造在汉代。它是由汉武帝支持,由董仲舒推行的,这就是中国历史上所谓"罢黜百家,独尊儒术"①的措施。汉代大一统的中央集权封建宗法专制国家需要一套意识形态和它紧密配合的宗教、哲学体系。孔子被推到了前台,董仲舒、《白虎通》借孔子的口,宣传适合汉代统治者要求的宗教思想。第二次改造在宋代。宋统治者集团利用机会从唐末五代分散割据的混乱局面中捞到了政权。他们鉴于前朝覆亡的教训,把政治、军事、财政、用人的权力全部集中到中央,宋朝对外可以退让,对内则强化中央集权的封建宗法专制制度,思想文化领域里也要有与它相适应的意识形态相配合。汉唐与宋明都是中央集权的封建宗法专制制度的国家,但中央权力却是越来越集中,思想文化方面的统治方法也越来越周密。为了适应宋朝统治者的需要,产生了宋明理学,即儒教。儒家的第二次改造,虽说从宋代开始,追溯上去,可以溯到唐代。韩愈推重《大学》,用儒教的道统代替佛教的法统。李翱用《中庸》来对抗佛教的宗教神秘主义。到宋代朱熹则把《论语》《孟子》《大学》《中庸》定为"四书",用一生精力为它作注解。朱熹的《四书集注》被历代封建统治者定为全国通用的教科书。"四书"从十三经中突出出来,受到特殊的重视。

　　朱熹制造了一个庞大的儒教体系,佛教禅宗曾把僧侣变成俗人,以求得与封建宗法制度配合;儒教则把俗人变成僧侣,进一步把宗教社会化,使宗教生活,僧侣主义渗透到每一个家庭。

----

　　① 这个看法是否成立,还有待于进一步探讨。有人不承认宋明理学是宗教,不承认董仲舒的天人感应的神学目的论是宗教,认为儒家有功,因为它抵制了宗教,事实上它本身就是一种宗教。

有人认为中国不同于欧洲,没有专横独断的宗教;我们应当看到中国有自己的独特的宗教,它的宗教势力表面上比欧洲松散,而它的宗教势力影响的深度和广度、控制群众的牢固性更甚于欧洲中世纪的教会。欧洲中世纪设有异教裁判所。中国的儒教不用火烧,不用肉刑,它"以理杀人"。被儒教残害的群众,连一点呻吟的权利也被剥夺干净,丝毫同情、怜悯也得不到。千百年来,千千万万男男女女无声无息地被儒教的"天理"判了死刑,"视人之饥寒号呼,男女哀怨,以至垂死冀生,无非人欲"①。"杀人如草不闻声"。精神的镣铐比物质的镣铐不知道严酷多少倍。

董仲舒对孔子的改造,已经使孔子的面目不同于春秋时期的孔丘。汉代中国封建社会正在上升时期,统一的封建王朝继秦朝以后,富有生命力、配合当时的政治要求而形成的儒教虽有其保守的一方面,但它有积极因素。宋朝以后,中国的封建社会已进入后期,有几次资本主义萌芽都不幸没有得到正常发展的机会。宋明封建王朝的统治者推动儒教的发展,朱熹对孔子的改造,与孔子本人的思想面貌相去更远。如果说汉代第一次对孔子的改造,其积极作用大于消极作用,那末宋代第二次对孔子的改造,其消极作用则是主要的,儒教的建立标志着儒家的消亡,这是两笔账,不能混在一起。说孔子必须打倒,这是不对的;如果说儒教应当废除,这是应该的,它已成为阻碍我国现代化的极大思想障碍。

① (清)戴震:《孟子字义疏证》。

儒教的再评价*

　　1980 年拙作《论儒教的形成》（载于《中国社会科学》1980 年第 1 期），从历史的角度论述了儒家逐渐演变为儒教的过程。指出孔子的学说共经历了两次大的改造：第一次改造在汉代，产生了董仲舒的神学目的论，儒家已具有宗教雏形；第二次改造在宋代，产生了三教合一的宋明理学，也是儒教的完成。这个演变过程是伴随着封建统一大帝国的建立和巩固逐渐进行的，曾经历了千余年的时间。宋明以后，中国的封建社会制度停滞以至僵化，儒教起了积极维护的作用。现在再从另一角度来考察一下，儒教形成于中国的封建社会，是否具有世界史的共性？和佛教、基督教、伊斯兰教普遍兴盛繁荣于中世纪世界的原因有无关联？同时，儒教之所以为儒教，它的独特的个性是什么？对中国的社会和文化究竟起了什么影响？这些问题都是承接着前一篇文章的意思而来的，故曰再评价。

　　世界三大宗教成为国际性宗教，分别在不同的国家成为统治思想，都发生在中世纪时代，中世纪的封建社会离不开宗教，

---

　　*　据《任继愈学术论著自选集》。原载《社会科学战线》1982 年第 2 期，曾收入《儒教问题争论集》等。

也为宗教的滋生蔓延提供了良好的土壤。封建制度不同于奴隶制。奴隶制下的奴隶不具有人格,奴隶主主要靠暴力与刑罚统治奴隶,没有必要对他们进行虚伪的说教,为他们许诺一个来世的天国。虽然奴隶制也有宗教,但是这种宗教刚由原始宗教蜕化而来,比较粗糙,不像封建制下的人为宗教那样,有一套神道设教的丰富的思想体系。封建制下的农民和奴隶不同,他们有自己的小块份地,有相对的人身自由,属于个体经营的劳动者,封建的剥削方式改为租税和劳役,因此,封建统治者除了使用暴力和刑罚的手段,还需要从思想上、精神上加强对他们的统治。由于农民无力摆脱受奴役的地位,加上他们没有文化,愚昧落后,不了解人间苦难的真实原因,也很容易接受宗教所宣传的一套蒙昧主义。封建社会实行严格的等级制度,君臣上下之间的身份地位成了不可逾越的界限,为了稳定这种等级秩序,使得不同身份地位的人各安其位,也需要用宗教来为这种等级秩序涂上一层神圣的油彩。这些都是中世纪世界史的共性,中国也不能例外。世界三大宗教在中世纪普遍兴盛繁荣,不是一个偶然的现象。

中世纪的宗教不同于原始宗教。据近来我们在国内边远地区兄弟民族社会调查表明,原始宗教大致是阶级出现以前的宗教形式。当时宗教活动即生活的组成部分,如祈祷丰年,禳除疫病,消灭水旱灾害等活动,都有宗教仪式。据云南等边远地区保留的原始资料看,他们的宗教活动如驱鬼、祭祖,都是全民族参加的活动,宗教生活就是他们的社会生活,宗教活动同时又是他们的生产活动,部落之间的战争,也是在宗教仪式引导下进行的。我国古书记载的古代氏族部落的活动,多属于原始宗教的活动,其中没有什么宗教理论,而宗教实践、宗教仪式即是行动的根据。原始宗教带有更多的自发性,人与自然、人与神的关系比较接近。原始宗教仪式与民族习俗关系密切,我国《仪礼》所载的一套冠、婚、丧、祭等仪式,带有许多原始宗教的痕迹。

进入封建社会之后,一部分原始宗教发展为成熟的人为宗教(奴隶制社会的宗教是从原始宗教到人为宗教的过渡形态)。人为宗教的普遍特点.一般说来具有理论性、系统性、与社会伦理道德密切配合,而使宗教的善恶标准打上统治阶级道德的烙印。如果说原始宗教主要是对自然界的异己力量的反映,那么人为宗教则主要是反映了社会的异己力量,人为宗教为中世纪普遍存在的特权、压迫和社会不公正的现象作辩护。为蒙受不幸的人们描绘一个彼岸世界,要求他们忍受现实世界的苦难,去企求精神的解脱。同时,这种人为宗教培养了一大批与民众脱离的神职人员,按照封建制的等级结构形成了一套严密的教会组织,有自己的寺院经济。于是宗教势力就和封建社会的政治经济密切结合,成了一股强大的有组织的封建势力。随着宗教势力的发展,必然导致宗教组织与世俗政权之间的关系不断发展。这种发展一方面表现为双方目标一致。紧密配合;另一方面也表现为互争领导权的矛盾。人为宗教也分裂为不同的教派,各教派有不同的教义、教规和传法世系。从人为宗教的社会内容和历史作用来看,它既是封建制的精神支柱,也是和世俗地主阶级并列的封建性的社会阶级力量。这些特点是中世纪的宗教共同具有的,尽管它们各有不同的个性,矛盾分歧很大,甚至发生流血的宗教战争,但却都有这种一般的共性。

值得注意的是,佛教虽然诞生在印度,但是中世纪却被印度教排挤出来迁徙到其他各国流传,这是因为印度教更适合于印度社会的需要,得到统治阶级的支持。印度教在思辨哲理方面大大落后于佛教,它能够战胜佛教,靠的不是宗教教义和宗教理论,而是在中世纪的印度所起的作用。这种现象说明,宗教的传播流行和兴旺发达,是为特定的历史条件所规定的。

儒教是在中国封建社会形成的一种宗教,它既有中世纪世界的一般宗教的共性,也有自己独特的个性。这种共性和个性的统一,充分反映了中国封建社会的历史条件。中国的封建社会没有种姓制,但是有宗法制。我在《论儒教的形成》中,曾经提到中国封建社会约有五个特点,其中一个就是封建宗法制度发展得比较完备。这种封建宗法制度造成了儒家的以三纲五常为基本内容的宗法思想。当然,宗法思想本身不是宗教,比如先秦时期孔子、孟子和荀子的宗法思想就只是一种社会政治伦理思想,不带有宗教性质。但是,当它宗教化之后,变成一种神圣的教条,人们就不能怀疑,更不能反对。董仲舒说的"道之大原出于天,天不变,道亦不变",就是借天神的权威来论证宗法思想的绝对合理性。董仲舒的神学目的论其实就是一种宗教化了的宗法思想。它战胜了当时流行的其他一些学派,成为汉代封建统一大帝国的精神支柱,如果联想到中世纪世界史的进程来看,这是一种历史的必然。

董仲舒的神学目的论给封建的国家政权罩上神的灵光,天(上帝)成了最高权威,政府的行政命令都假借天意来推行,皇帝"奉天承运",代天立言,诏书名曰"圣旨",即具有神学的意义。为了给予宗教神学以理论的解释,儒家的经书便被捧上神圣的地位。其中所包含的上古宗教神秘内容,被用来引申发挥以解释"天命""圣意"。在西方中世纪,神学顽固地反对科学,不允许有违背圣经的言论,敢于以科学对抗宗教者的要处死刑。在中国,情况也差不多,敢于发表违背儒家经典的言论,便被指为非圣无法。一些进步思想家、革新派,为了逃避迫害,当他们提出一些新的改革主张,也是力求从圣人的经书中找论据,标榜自己的主张符合圣训。这些和西方中世纪神学统治时期是相同的。

在整个封建社会,统治者都要求把"三纲五常"奉为天经地义,因为这种宗法思想最适合于维护封建宗法制度,稳定封建秩序。因此,把宗法思想宗教化,可以说是统治者的一种内在的要求。至于采取什么形式来宗教化,用什么理论来论证,这是为各个不同时期的科学技术和思维发展的水平所决定的。董仲舒的神学只是儒教的雏形,宋明理学才是儒教的完成。在这一千余年的历史过程中,不管论证的形式和手段有什么改变,但是万变不离其宗,总的目的都是为了把"三纲五常"变为神圣的教条。

汉末到三国,中国出现了道教。在此以前,佛教已传入中国,只是影响不大。魏晋之后,佛教迅速发展,社会上儒、释、道三教并行。佛教与道教都用出世的教条教化群众。道教是中国土生土长的宗教,它以炼形、养神、养气作为宗教修炼方法,宣传使人长生不死,修炼成仙。佛教则教人厌弃现实世界,厌弃躯体,追求一种超脱尘世的绝对安静的精神境界。佛教和道教都是用出世的办法为信教者寻求个人解脱的途径,他们的主张具有摒弃暴力、反对造反、逃避现实斗争的特点,这是投合封建统治者的口味的,因而得到统治者的支持。但这两种宗教的教义号召出家,弃绝人伦,这就不能不和维护封建宗法制度形成一定程度的矛盾。佛教和道教都力图缓和这种矛盾,部分修改自己的教义,以迎合统治者的意志,适应封建宗法制度的要求。比如北魏时期高僧法果吹捧拓跋珪是"明睿好道,即是当今如来,沙门宜应尽礼"。还说:"能鸿道者人主也,我非拜天子,乃是礼佛耳"(见《魏书·释老志》)。释僧导对宋孝武帝说:"护法弘道,莫先帝王,陛下若能运四等心,矜危劝善,则此沙土瓦砾,便为自在天宫"(见《高僧传》卷八)。道教的经典《太平经》也认为封建皇帝是天帝在人世的代表,"帝王,天之子也;皇后,地之子也"。

因此,辅助帝王也就是顺从天帝,忠于君,孝于父母,也就是按"天心""地意"行动,虽然如此,这两种宗教出世的基本教义却不能改变,否则就不成其为佛教和道教了。佛道二教的发展,特别是佛教的发展,引起了寺院经济的恶性膨胀。它使直接纳税的人口减少,影响了统治阶级的利益,加剧了世俗地主阶级和僧侣地主阶级的矛盾。我国历史上几次大的排佛运动,就是佛教势力的发展与封建国家利益相冲突的最激烈的表现。

隋唐时期,封建统治者虽对儒、释、道三教都加以支持,而贯彻封建宗法制度最有力、最方便的仍为儒教。政府仍以五经为经典,以"三纲五常"为指导思想,以此教育人民和培养知识分子、士大夫,佛、道二教则起辅助配合作用。

儒教在中国适应了中国的社会历史条件和统治者的需要,发挥了维护封建宗法制度的作用,同时也适应了思想斗争的形势、吸收了其他宗教和学派的某些有用的内容。董仲舒的神学目的论,宣扬天人感应,神能赏善罚恶,上天直接干预人事,对君主的过失进行谴告。这种神学比较粗糙,经过唯物主义哲学家王充的元气自然论所做的理论批判之后,在理论上已很难成立。宋明儒教扬弃了这种粗糙的神学形式,不宣扬有意志的人格神,吸收了佛教的宗教理论,用作为世界本身的"理"或"天理"来论证"三纲五常"的合理性。人为宗教实质上是人们社会关系的异化。是否信仰有意志的人格神,是否举行祈祷献祭,并不是判别宗教和非宗教的标准。佛教的禅宗,禅堂中不立佛像,也没有宗教仪式,它确是一种不折不扣的宗教。章太炎称佛教为无神论的宗教,这种说法可以商榷,但也概括了佛教特别是中国的佛教的某些特征。宋明儒教的"天理",就是"三纲五常"的异化,它把只存在于封建社会中的人与人的关系和价值标准异化为绝对永恒的神圣秩序,压制人们的理性,使人们温驯、顺从,宋明儒教和董仲舒的神学虽然在理论形态上有精粗之分,从目的和作用方面来看,并无不同。由于二程、朱熹把天、天命、上帝这些神学概念都解释为"理",当作哲学概念来宣传,看起来好像脱掉了神学的外貌,实际上却是一种具有深刻意义的神学。

儒教不重视个人的生死问题,却十分重视家族的延续。所谓"不孝有三,无后为大",就是把断子绝孙,不能传宗接代看作极端可怕的事。在封建宗法制度中,个人依附于家族,以断绝"宗祖血食"为大罪,个人生存的目的和意义,就是承继祖宗的余绪,维系家族的延续。在儒教所崇拜的"天、地、君、亲、师"中,"亲"虽居第四位,从上古氏族社会沿袭下来的祖宗崇拜,是一种古老的宗教形式。所以儒教尽管不像佛教那样多的谈论个人的生死,但是"奉天法祖"的观念本身就是一种宗教观念。

儒教不主张出家,而注重现实的人伦日用之常,带有很强的世俗性。宗教的世俗化是宗教发展的一般趋势。马丁·路德的宗教改革就是把僧侣变成了俗人,但又把俗人变成了僧侣。中国的禅宗也是如此,它把西方极乐世界转化为人们所体验的一种精神境界。《坛经》说:"东方人造罪,念佛求生西方;西方人造罪,念佛求生何国?"所谓彼岸世界并不在这个现实世界之外,而就在人们的心中。"运水搬柴,无非妙道",解脱的道路就体现于日常的生活之中。宗教的世俗化是宗教适应现实生活的一种表现,是否具有这种适应性,是判定宗教生命力强弱的主要标准。儒教和其他的宗教不同,它不是先虚构出一个彼岸世界,然后逐渐挪到现实世界中来,而是把现实世界中的"三纲五常"进行宗教的加工,使之转化成为一个彼岸世界。宋明儒教反复讨论所谓"下学上达""极高明而道中庸"和禅宗从"运水搬柴"中去体验妙道一样,这是主张从下学人事去上达天理,在人伦日用之常中去追求所谓高明的精神境界。这种精神境界实质上就是一种彼岸世界。我曾讲到,董仲舒的神学,宗教的某些特征尚有待于完善,理由之一就是在他的神学体系中,彼岸世界的思想不够成熟。宋明儒教吸收了佛教的思想,按照维护宗法制度的要求进行改造,把天理说成是人们应该毕生追求的目标,是唯一的精神出路,并且设计出了一套完备的主敬、静坐、"存天理,灭人欲"的修养方法,儒教的宗教体系也就发展成熟了。

宋明儒教,是儒、释、道三教合一的产物。它以儒家的封建伦理纲常名教为中心,吸取了佛教、道教的一些宗教修行方法,加上烦琐的思辨形式的论证,形成了一个体系严密、规模宏大的宗教神学结构。它既是宗教又是哲学,既是政治准则又是道德规范。这四者的结合,完整地构成了中国中世纪经院神学的基本因素。

社会是一个有机体,当它的各部分机构发展得比较完备时,它自身会产生一种自我调节的作用,使不利于这个有机体生存的因素受到遏制,使有利于生存的因素得到加强。儒教作为中国封建社会上层建筑的一个有机组成部分,对于巩固封建社会的结构起了相当大的作用。它和中国中世纪后期的整个历史进程密切结合,一方面加强了中央集权的封建大一统的政治格局,另一方面也压制了资本主义因素的萌芽,延缓了封建社会向资本主义社会的转变。

儒教把维护封建宗法制度的"三纲五常"纳入神学体系,将君、师的地位奉为至高无上,皇帝要礼拜孔子,而儒教中人都要拜皇帝,皇帝代表上帝(天)发号施令,这样以神权强化王权,客观上避免了欧洲中世纪教权与王权长期争夺的局面。在欧洲,由于教权与王权的分立,僧侣和世俗两大贵族阶级的争夺,无法形成统一的封建统治,使欧洲处于长期封建割据状态,列国林立,互争雄大,一直影响到近代。中国的儒教则积极地配合王权,用思想上的统一来加强政治上的统一。

儒教取得统治地位之后,得到历代中央政府的支持,《四书》《五经》作为封建教育的教材,用以宣传"三纲五常"思想,强化封建宗法制度,并通过科举制度,依据对儒教经典的领会程度选拔符合要求的知识分子做官。儒教成为统治思想,它的信仰精神深入人心,那种不利于中央集权的封建割据,以及所谓异姓"篡位"的政变发动,都被视为大逆不道,受到社会的谴责,而曹操、司马懿一流人物竟至为后期封建社会所不容。

中国是一个多民族的国家,我国北方许多少数民族,原先处在氏族部落社会,进而发展到奴隶制社会。由于接触了中原地区的儒教文化和儒教思想,促使他们很快地跨进封建社会,如辽、西夏、金、元、清这些朝代,都得力于儒教的文化思想,在社会发展中缩短了封建化的过程。在这些民族中宣传儒教的一些重要人物,如许衡、耶律楚材等,对于促进各兄弟民族思想文化的融合,是起了积极作用的。

中国的封建制发展得十分完备、典型,在当时世界经济文化之林名列前茅。儒教代表了中国封建社会发达的文化,是一个包罗万象的体系,它不仅综合了自先秦以来的儒家思想,也广泛吸收了佛教、道教和其他一些学术流派的精神成果。它尊天命而又重人事,讲求治国平天下的道理以及处世为人的准则,教导人们如何自觉地克制情欲和物质生活要求,即宋儒所说的用"天理之正"去克服"人欲之私"。同当时欧洲的基督教神学相比,这种儒教的世俗性较强。随着中外文化的交流,儒教也传播到邻国如朝鲜、日本、越南、俄国,直至西欧。这些国家通过儒教接触到并了解了中华民族的精神文化,同时儒教思想也在他们本国的具体历史条件下,发生了不同程度的影响。

儒教是在宋代正式形成的,这时中国的封建社会开始走下坡路,因而儒教的主导作用就是为处于停滞僵化状态的封建社会注射强心剂,禁锢人们的思想。中国封建社会的文化,以唐宋划界,可以明显地区分为两个不同的时期。汉唐时期,文化是开放的,外向的;宋明以后,则是封闭的,内向的。汉唐时期,中国封建社会处于上升阶段,文化生活丰富多彩,而且善于吸收外来的艺术,人民能歌善舞,体力充沛,健美开朗。这可以从敦煌壁画和唐代贵族陵墓发掘的绘画人俑艺术中看得出来。但是自从儒教占了绝对统治地位以后,文化教育着重于"惩忿窒欲",加强人们道德上的"主敬"、"慎独"的功夫,将古代具有认识客观世界意义的"格物致知"完全变成"诚意""正心"向内修养的手段。有的学者虽也认为"格物"有认识外物的意思,但也只是为了达到一种神秘境界,即所谓"豁然贯通"的程序。这就严重阻碍了认识自然、改造自然的科学思维的发展。本来,哲学的职能在于推动人们思维能力的发展,开拓人们对自然和社会的视野。但是儒教却和中世纪一切宗教一样,注重自我的宗教训练,加强内心的忏悔和涵养,把反观内省的修养功夫作为人类追求的最高境界。结果将人们引向"晬面盎背"的僧侣苦行主义,将俗人僧侣化,人们的言谈举止都必须符合宗教规范。这样长期训练的结果,使知识分子变得迂腐顽固,在思想界便不复有生机蓬勃的闳阔气象了。

儒教中无论是程朱派或陆王派,都吸收了佛教的禅定方法,他们提倡的"主敬""慎独",均无异于坐禅。像朱熹即教人半日静坐,半日读书。清代反程朱理学的学者颜元曾讥讽说:"半日静坐是半日达摩也,半日读书是半日汉儒也。试问十二个时辰,那一刻是尧舜周孔乎"(《朱子语类评》)。他还指出儒教熏陶下培养出来的读书人,终日静坐、读书、不劳动、无所事事,以致"天下无不弱之书生,无不病之书生,生民之祸未有甚于此者也"(同上）。颜元向往"尧舜周孔"之道，不过是他的空想，但他批评宋儒的弊端则是事实。这种弊端和毒害亦非颜元首次发现，朱熹在世时，就遭到过当时关心社会的进步人士的反对，像陈亮和叶适等人即曾提出批评。陈亮说："自道德性命之说一兴，而寻常烂熟无所能解之人自托于其间，以端悫静深为体，以徐行缓语为用，务为不可穷测以盖其所无，一艺一能皆以为不足自通于圣人之道也，于是天下之士丧其所有，而不知适从矣。为士者耻言文章行义而曰'尽心知性'，居官者耻言政事书判而曰'学道爱人'，相蒙相欺以尽废天下之实，则亦终于百事不理而已。"（《陈亮集·送吴允成运干序》）叶适也说："为文不能关教事，虽工无益也……立志不存于忧世，虽仁无益也；"（《叶适集·赠薛子长》）

当中国的封建社会走下坡路时，儒教所起的作用总的说来是保守的以至消极的。在这一时期曾出现不少奋发有为的改革家，他们的改革大多遭到失败。尽管可以举出许多事实说明改革家的行动失误，客观形势的扞格等等，然而主要的阻力仍在儒教造成的顽固守旧的社会势力。特别到了明清以后，儒教更加成为社会前进的绊脚石，使我国封建社会内部孕育着的资本主义因素在胚胎之中便遭到扼杀。我国近代许多民主改革的先驱，为了冲破儒教的网罗，进行了可歌可泣的英勇斗争，有些人则被责为儒教罪人而牺牲。

儒教经常以反宗教的姿态出现，并且猛烈抨击佛教和道教，致使有些史学家误认为中国没有经历欧洲中世纪那样黑暗的神学统治时期，其原因就是得力于儒教。这种误解一是只看到了西方中世纪宗教形式与中国儒教的区别，而忽视了儒教的宗教实质；一是只看到儒教具有丰富的哲学思辨内容，而忽视了它的宗教思想核心。儒教讲的第一义谛是"天理"，它不在于启迪人的心智，而是用神秘直观的宗教实践去体察、涵养，要求人们摒除欲望,存养天理,以期完成作圣之功。在儒教的长期熏陶下,社会上形成麻木不仁的状态,即如鲁迅所痛切抨击的"国民性"。这种"国民性"当然不是中华民族的固有精神,而是儒教桎梏所造成的畸形、变态。一个人长期囚禁在幽室,必然苍白失色;一株树生在大石缝中,其根枝必然盘结扭曲。儒教压制了追求个性解放的人本主义思想的抬头,禁锢人们的思想,束缚人们的心灵。鲁迅面对旧中国灾难深重的中华民族,曾"哀其不幸","怒其不争"(《摩罗诗力说》),对儒教长期流毒的认识是十分深刻的。

儒教所起的主导作用对今天的新中国的前进也是一种严重的思想阻力,甚至也是社会阻力。因为宗教既是一种意识形态,又是一种社会力量。长期的宗教影响极易造成一种共同的习惯势力,共同的心理状态。儒教的影响对于今天的中国虽然只是残余,但不可忽视。

当然,儒教作为在中国的社会历史条件下产生的一种复杂的历史现象,它对中国的社会和文化的影响也是多方面的,这些都应该联系到具体的历史进程作细致深入的研究。同时,它的产生既是一种历史的必然,便有其存在的合理性,因而对它的历史作用也就应该做出全面的估计。比如从中国哲学史上来看,儒教哲学就是中国哲学思维发展的一个不可缺少的环节。它继承了魏晋玄学的成果,经过儒、释、道三教哲学思想的融合,把唯心主义本体论推进到一个新阶段,丰富了哲学史的内容。有了程朱和陆王的儒教哲学,才有可能诱发出王夫之、戴震的唯物主义元气本体论来。我只不过是指出宋明儒教不同于先秦的儒家,实质上是一种宗教,带有中世纪的经院神学的特征。如同欧洲中世纪的托马斯的学说一样,既是一种神学,也是一种哲学。但是只有首先注意到它是一种神学,然后才能把它和近代哲学准确地区别开来,在分析评价它的哲学思想内容时容易掌握分寸。

朱熹与宗教[*]

朱熹(1130—1200)是中国哲学发展史上一个重要的里程碑,是继孔子、董仲舒之后,完成儒教体系的最重要的人物。研究朱熹的思想,既是一个学术问题,也与当前中国人的现实生活有关。在中国学术界一般的看法,认为朱熹的思想体系属于哲学,本文认为朱熹的思想体系属于宗教,他的哲学思想是为他的宗教体系服务的。

一　中国特殊的社会历史条件决定　中国宗教的特殊表现形式

宗教、哲学不同于自然科学,它具有鲜明的民族特点。中华民族的文化与其他民族的文化相比,有其共同性①,又有其特殊

---

* 据《任继愈学术论著自选集》。原载《中国社会科学》1982 年第 5 期,曾收入《儒教问题争论集》,《皓首学术随笔》等。

① 社会发展史表明,人类社会一般必须经历五种社会发展阶段:即原始社会,奴隶制社会,封建制社会,资本主义社会,共产主义社会。也有不同意这五种生产方式的,但社会发展由低级向高级,由不发达向发达的方向发展,则是多数历史学家所承认的。

性。中国的社会与西方比较,有以下几个特点:

中国封建社会维持的时间长久而稳定;封建宗法制度发展得比较完备;封建的中央专制集权;农民起义次数多,规模大;资本主义没有得到发展。中国有文字记载的历史近四千年,其中有两千多年是在封建社会中度过的。中国古代思想引起全世界注意的部分,也以它的封建文化最为显著。如果想把中国封建文化研究得比较清楚,要调动政治、经济、文化等各方面的学者共同努力才行。本文只是从哲学与宗教一个侧面来接触这个问题。

上面说过,宗法制度是中国封建社会历史的特点之一。宗法制度产生于氏族公社后期。一般在生产落后、劳动不发达、产品数量极为匮乏的条件下,社会制度更大的程度上受血族关系的支配。世界上许多民族随着社会经济生产的发展,冲破了血族关系的束缚,建立了以地区划分的国家组织。在中国却不是这样。国家组织形成后,氏族社会遗留下来的血族关系的旧形式不但没有被摒弃,反而作为一种有效的社会组织形式,对国家、社会的活动继续起着调节作用,甚至是支配作用,成为调整社会关系的杠杆。由于阶级矛盾、贫富悬殊造成的冲突,通过宗族关系而得到缓和,宗法制度在阶级社会里,仍然以自然的血缘纽带把社会成员牢固地联系在一起,共同的风俗习惯、心理状态、行为规范,在社会上仍然具有普遍意义。儒家在维护宗法制度方面,不断地利用旧形式,填充新内容。

问题还得从西周说起。

周民族战胜了殷民族,取得了全国统治地位,少数统治者征服多数被征服者,他们有效地利用了血缘关系的宗法制度,按血缘关系,分封了本族及其亲属贵族,把他们分驻在齐、鲁、燕、晋等东方重要地区,建立了国家。这个制度延续了七八百年,秦统一后,分封制才解体。分封制度停止了,但血缘关系的宗法制度却在新的形势下得以保持。秦汉统一后,把氏族社会遗留下来的原始宗教仪式,给予系统的解释,讲出一番道理,这就是汉初的《礼记》。原始宗教没有专职的宗教职业者,氏族的首领就是祭祀的主持者。族内祈祷丰年、禳除疾病、消灭自然灾害等活动,全族成员都要参加。生产活动、社会活动同时也是宗教活动。内部的祭祀、对外的部落之间的战争也是在宗教仪式引导下进行的。古代记载过许多礼仪,是当时社会民俗的记录。如冠、婚、丧、祭、军、宾、燕、飨的活动,都可以在原始宗教中找到它的来历①。西周的文化,经过长期传播,逐渐形成了超出周民族范围的华夏文化。周王室东迁后,王室失去领导地位,鲁国由于周公的原因,保存了完整的礼乐文物、典章制度②。儒家创始人孔子、孟子出于邹鲁,绝非偶然。孔子与六经的整理,并以六经作为教材,传授门徒,则是学者们公认的事实。六经中,礼乐部分即包括了原始宗教的记录和解释。六经中体现了宗法制为核心的天人观、社会观、宗教观等芜杂的内容。儒家经典中的"敬天法祖""尊尊亲亲""敬德保民"的教训,都带着原始宗教的遗迹,后来儒家对所传的六经不断给以新解释,注入新内容,使它成为生活的准则。儒家经典始终具有浓重的宗教传统。

秦汉统一,奠定了中国两千多年大一统的政治格局。中国人长期以来,认为统一是正常的,分裂是不正常的。但是封建社会的经济是自然经济,农民的生产品除上交国家外,都为了自己一家一户的消费。经济上是自给自足的封闭的体系,是分散经

---

① 今天的少数民族地区的调查可以与古代礼书记载相印证。
② 《左传》昭公二年,晋国韩宣子到鲁国访问,看到鲁国保存的丰富文物典籍,惊叹道:"周礼尽在鲁矣。"

营的个体。经济上的分散,要维持统一的局面,没有统一的思想工具是不可能的。秦汉统一后,探索思想统一的经验,历时七十年,终于定儒家于一尊,董仲舒的神学目的论取得了支配的地位。东汉《白虎通》把经学神学化、系统化。过去学者讲两汉经学多注意其师承家法传授,而不大注意其神学意义,是不全面的。

魏晋南北朝时期,统一的国家长期分裂,儒教的势力有所削弱,但封建宗法制并没有削弱,门阀士族势力强大,严孝悌之教,重宗谱之学。当时民族矛盾,战争频繁,给宗教的发展提供了土壤,佛道二教得以盛行。隋唐统一,儒、释、道并称三教。国家大典,召三教代表人物讲论于宫廷殿上。儒家被公认为宗教,自此时始。

二 中国哲学与中国的宗教

从人类认识史的角度来考察中国儒、释、道三教的鼎立与融合的过程,也可看出人类认识不断前进、不断深化的过程。

中华民族的认识史即中国哲学发展史。先秦时期,人们关心的是天道问题,讨论关于世界构成问题。这相当于人类认识的幼年时期,董仲舒的神学目的论也未超出这一认识阶段的水平。处于宇宙论(cosmology)的阶段,还没有达到本体论(Ontology)的阶段。经历了几次社会大变乱,政治上的大变革,人们对天道观的兴趣逐渐被更复杂的社会矛盾所吸引,兴趣由对世界是什么构成,进而追问社会现象中人们自身的问题,人的本性是怎么构成的。人性论在春秋战国时期已被提出,那仅仅是开始,从孔子的"性相近也,习相远也"到孟子的性善说,荀子的性恶说,董仲舒的"性三品"说,扬雄的"善恶混"说,虽说在认识上不断前进,但在理论上还不深入。像人性善恶的根源,人性与社会关系,人性与生理机能、个人的行为与人性有什么关系,人性有没有变化,规律是什么等问题,都还来不及探索。

佛教传入中国后,大量经典译为汉文,人们看到了所描绘的世界比中国六经所涉及的要广大得多。佛书中对人的感情、意志、心理活动描述,也比中国古圣贤相传的人性论丰富、细致、复杂得多。三世因果之说,更是中土人士前所未闻,听到后,莫不爽然若失①。人类知识也在不断发展。日趋复杂的生活现实强迫人们回答一些带根本性的问题。社会为什么有灾难,人们为什么有富贵贫贱,世界是什么样子,应当以什么生活态度对待这个世界?人活着为什么等等。任何一门具体的科学都不能回答这些问题,只有哲学和宗教有兴趣来回答。回答得正确与否,是另一回事,但古今中外哲学家和宗教家都自认为有了正确的答案,只是两者所走的道路不同,哲学采取思辨的方法,宗教走的是信仰的道路;哲学从理性方面做出解释,宗教从感情方面给以满足。就理论上讲,哲学与宗教各有自己的领域,但这种清楚的领域划分,只有当人们从中世纪的长期冬眠中觉醒以后才能认识到,才能获得哲学的完全的意义。中世纪的哲学还没有从宗教中独立出来,只是宗教的附庸。人类认识水平是科学水平的反映。科学水平低下(与近代相比),哲学无力给以合理的解释,不得不借助于宗教。哲学与宗教的界限今天也还有人没有完全划清,何况在古代?

"五四"以后的中国哲学家们,接触近代欧洲文化和哲学。他们敏锐地感到中西哲学的性格是那样差异!我的老师熊十力先生一再强调,欧洲哲学只能给人以思辨的知识、逻辑的方法,

---

① 此说见(晋)袁宏《后汉纪》。

却不能教人从躬行履践中获得安身立命的精神受用。真正了解中国传统文化的学者们都感到这种差别。差别是客观存在着。现在要指出的是,西方人并不是不要安身立命的地方,每一个有文化的民族,如果没有一个安身立命的精神寄托处,将是不可想象的。西方人把安身立命的境界寄托于宗教,把认识世界的任务交给了哲学。西方经历了产业革命,科学和生产力得到现代化,使哲学、科学有条件从宗教中分离出来,中国没有经历像西方那样的产业革命,长期停留在封建社会,哲学没有条件从宗教中分离出来,宗教仍然统治着哲学,两者划不清界限,这就造成了中国封建时代的哲学与宗教浑然一体的状况。西方中世纪的哲学也是大讲安身立命的,他们也要囊括宇宙,统贯天人以成圣成贤为目标。正如西方中世纪安瑟伦(Anselmus,约 1033—1109)所主张的那样,把信仰看作理解的基础,理解则可为信仰提供论据。其时,相当于中国宋仁宗到徽宗时期,约与周敦颐、二程、张载、邵雍同时。西方的托马斯·阿奎那(Thomas Aquinas。约 1225—1274)所处年代相当于南宋理宗到度宗时期,约后于朱熹。西方的经院哲学也讲他们的"天理人欲"之辨,"身心性命"之学,真是东圣西圣若合符节。也有人喜欢把程朱陆王与近代康德、黑格尔相比,"五四"以来,相沿成风。不同的社会发展阶段(封建社会与资本主义社会)拿来相比,是不慎重的,不能从中得出什么可信的结果。也有人认为中国理学与印度佛教哲学相近,是由于都是东方人的思想。实际上,中印古代思想相近,是由于中国和印度的古代社会发展阶段相仿,印度和中国都没有正式进入近代资本主义社会就沦为殖民地和半殖民地。中印古代文化相近、相似,只是由于这两大民族的文化都带有"古代"特征。

这样讲,是不是抹煞了中国民族文化的特点,完全以社会发展阶段来区别文化的差异呢？完全不是。中国古代文化除了带有中世纪的普遍特征外，还有它自己的特征，即封建的宗法制度。中国的儒教是为封建宗法制度服务的，是封建宗法制的产物，正像印度古代哲学为印度的种姓服务成为它的特点一样。正是由于中国封建宗法制度的强大、顽固、历史长久，所以它对中国的传统文化有着极为重大的影响，其威力之深远，远非西方人所能想象。中国本土的思想固然要受它的支配，就连来自外国的佛教，不向封建宗法制让步，也难以通行。从东晋到唐初，这二百余年间，发生过"沙门不敬王者""沙门不应拜俗"的争辩，均以沙门失败而告终。僧众要求治外法权，也遭到失败。佛经原著与中国宗法伦理制冲突，则删略不译或改译，或增字以迎合封建宗法制度的需要①。对佛教徒来说，"圣言量"是最高准则，倘故意违犯，将堕地狱，受恶报。中国佛教徒宁肯冒堕地狱、受恶报的后果，也不敢触犯封建伦理、"三纲五常"的尊严。

中国的宗教与哲学不得不为封建宗法、纲常名教服务，这种事例到处可见。如佛的禅林清规，重修《百丈清规》首先祝君王，然后才祝佛祖，这都表明中国的宗教世俗化程度之深。不止表现在仪式上，宗教理论上也是与当时的封建宗法制度配合的。宗教的核心是宣扬出世，从生活习惯到世界观都要与现实社会的俗人有所区别。但是中国影响最大的佛教宗派禅宗就主张西方极乐世界不在彼岸而在此岸；不在现实世界之外，而在现实世界之中。所谓解脱不是到另外地方，过另一种生活才能解脱，解脱即世界观的转换功夫。所谓出家、解脱，并不意味着离开这个

① 陈寅恪：《寒柳堂集·莲花色尼出家因缘跋》第719页；日本中村元：《儒教思想对佛典汉译带来的影响》，中国社会科学院《世界宗教研究》1982年第2期。

世界去寻找另一个西天。只要接受了佛教的世界观,日常生活中的尘世就是西天①。宗教世俗化是中唐以后佛、道二教共同趋势,到了唐末五代,民生凋敝,战乱频繁,寺院经济遭到破坏,只剩下禅宗这个宗派不但没有衰落,反而遍地蔓延。道教的全真教也是走的世俗化的道路。从唐代的三教分立,到唐末五代的三教合一,已经水到渠成。理学的出现,即儒教的完成。理学排斥二氏(释道两教),并取得成功,完成了前人排佛老数百年未竟之业,这只是一种假象。实际上并没有排尽掉二氏,而是吸收了二氏的一些重要内容,挂起儒教的招牌。宗教不同于政治势力,可以用什么力量去打倒,宗教是意识形态,特别在中世纪有强大的生命力,从历史上抹掉它,是不可能的。中国历史上的几次大的"毁法"②运动,都未成功,毁法之后,信佛群众反而更加炽烈,即是明证。

　　理学产生于中国封建社会后期。《宋元学案》的学者以孙复、石介、胡瑗为理学创始人,这一说法没有被正统的理学家所承认。理学家自己认为周敦颐、二程才是理学的创始人,后一学说占了上风。北宋五子③所处的时代,正是王安石变法几经反复的时代,这是北宋的一件大事,直到北宋灭亡,这一政治斗争才算终止。变法失败并不能只归咎于人谋不臧,它是封建社会后期不可避免的困境。变法没有出路,不变法也没有出路。与此相适应,则是哲学上的北宋理学的建立。哲学上也遇到了危机,

　　① "菩提只向心觅,何劳向外求玄?听说依此修行,西方只在眼前。"(《坛经》)。
　　② 北魏太武帝、北周武帝、唐武宗、后周世宗都曾用行政手段灭佛。史称"三武一宗"。
　　③ 北宋五子:周敦颐(1016—1073)、程颢(1032—1085)、程颐(1033—1107)、张载(1020—1077)、邵雍(1011—1077)。

不改变就没有出路,危机来自佛教和道教的威胁。不论孙复、石介,胡瑗,还是周、程、张、邵,他们个人的思想体系不尽相同,都以批判二氏相号召。也可以说,这是儒家哲学面临的思想危机,和变法的形势一样迫切,非解决不可。它们努力获得了结果,建立了儒教,到南宋朱熹,正式完成了这一历史使命。

三 朱熹理论体系剖析

朱熹继承周敦颐的《太极图说》的"无极而太极"的思想并有所发挥,建立"理一分殊"的学说,论证事物的多样性与统一性的关系,比较完整地阐发他的唯心主义本体论。继承程氏"性即理"的命题,突出了"理"的客观性及普遍性,并吸收了张载的太虚即气的学说,改造了张载的哲学体系使"气"从属于"理",理为气的主宰。这就使朱熹把宇宙论的框架建造得比过去任何一个哲学家都完整。在人性论方面,朱熹吸取了前人关于人性的成果而又有新的发挥。他说:"人之有生,性与气合而已。即其已合而析言之,则性主于理而无形,气主于形而有质。"[①]这是说天命之性通过气质之性才形成具体的人。区分天命之性和气质之性,是要在理论上解决中国哲学史上长期存在的性善性恶的争论。朱熹认为孟子主张性善,是指天命之性,但孟子不知道人还有气质之性,因而不能很好地解释人性既善,恶从何来的问题,所以说他对人性的解释不够完备。荀子主张人性恶,扬雄主张善恶混,韩愈主张性三品,都是指气质之性而言,他们不懂得极本穷源的天命之性是善的,所以他们对人性的解释也不透彻。朱熹认为只有严格区分天命之性和气质之性,才能做出圆满的

---

① 《文集·答蔡季通》。

解释。所以他对张载、二程的人性论给以极高的评价:"故张程之论立,则诸子之说泯矣。"①讲天命之性是人的本性,即可以为性善说找出本体论的依据。照朱熹的体系,万事万物都是太极的体现,太极体现在人,叫作性。太极是最完美无缺的本体,一切事物都分享了太极的光辉。太极完善无缺,它体现到人性,也应当是完美无缺的。既然本性是善的,即使气质上有缺陷,经过努力是可以把差距缩小的。

朱熹的人性论的重点在于论证封建道德规范(如仁、义、忠、孝等)是天命之性,人人都有这些道德品质,只是由于气质的偏蔽,使得有些人没有很好地把这个天命之性(道德)充分实现出来。经过朱熹的论证,孟子的性善说得到了本体论的证明,才确立起来,它给人以努力的方向,又给目前还不尽符合封建道德标准的人以信心。所以朱熹说划分天命之性与气质之性"有功于圣门"。朱熹还认为天命之性的内容包含着"仁、义、礼、智"。仁、义、礼、智不只是人的本性,甚至也是宇宙的本性(天地之德)。"在天曰元亨利贞,在人曰仁、义、礼、智。"②既从理论上论证人人接受封建道德的必要性(吸收荀子性恶说对人民改造的思想),又从理论上指出改造成为圣贤的可能性(发挥孟子性善说的思想)。

在心、性、情的关系方面,朱熹也有新的发展,他说"性者心之理,情者性之动,心者性情之主"③。用比喻来说,"心如水,性犹水之静,情则水之流"④。性中有仁、义、礼、智,发为情,则为恻

---

① 《文集·答蔡季通》。
② 《文集·仁说》。
③ 《朱子语类》卷五。
④ 同上。

隐、羞恶、是非、辞让。"仁、义、礼、智根于心",是从性上见得心。恻隐之心,仁之端也,这是从情上见得心。性只是理,故无不善;发而为情,则有善有不善。本体的心是"道心",为情所累的心,是"人心"。与"道心""人心"相适应的是"天理"与"人欲"。朱熹说"只是一人之心,合道理底是天理,徇情欲底是人欲"①。朱熹比二程不同处,二程认为道心即天理,人心即人欲。朱熹认为道心即天理,人心不尽同于人欲,人心有为善为恶两种可能,人欲则一定是恶的。战胜人欲恢复了天理,便是"仁"。

人的最终目的,是求仁。"克己复礼为仁,言能克去己私,复乎天理,则此心之体无不在,而心之用无不行也"②。"仁"为"心之德,爱之理"③。又说,"盖仁之为道,乃天地生物之心,即物而在……诚能体而存之,则众善之源,百行之本,莫不在是,此孔门之教,所以必使学者汲汲于求仁也"④。

以上是说朱熹把人的普遍原则贯彻到天(自然)的普遍原则,同时,朱熹又把自然的普遍原则推广到人的普遍原则。朱熹在《大学章句·补格物传》说:

> 所谓致知在格物者,言欲致吾之知,在即物穷其理也。盖人心之灵莫不有知,而天下之物莫不有理。惟于理有未穷,故其知有不尽也。是以大学始教,必使学者即凡天下之物而益穷之,以求至乎其极。至于用力之久,而一旦豁然贯通焉,则众物之表里精粗无不到,而吾心之全体大用无不明矣。

---

① 《朱子语类》卷七八。
② 《文集·仁说》。
③ 同上。
④ 同上。

格物就是"即物而穷其理",教人们从认识具体事物入手。穷理的对象既包括穷究一草一木的理,也包括哲学上最根本的原理。朱熹虽说穷究天下万物之理,而着力于教人穷究封建道德原则,"且穷实理,含有切己功夫。若只说穷天下万物之理,不务切己,即是《遗书》所谓游骑无所归矣"①。可见他的格物说虽然包含求知于外物的因素,但重点不在于认识自然界,并发现其规律,而是一种封建道德修养方法。他要的不是一件一件的事物的理,而是要达到"众物之表里精粗无不到,吾心之全体大用无不明"的境界。这种思想境界是一种顿悟的境界,是全知全能的精神境界。"知至,谓天下事物之理,知无不到之谓……要须四至八到,无所不知,乃谓至耳。因指灯曰:亦如灯烛在此,而光照一室之内,未尝有一些不到也。""格物是零细说,致知是全体说"②。又说"心包万理,万理具于一心。不能存得心,不能穷得理;不能穷得理,不能尽得心"③。

从自然界到人,朱熹把它打通了。天人共理,天人一贯,天人相通。他比秦汉的天人合一的神学目的论前进了。董仲舒讲天人合一,讲天有意志,有喜怒,能赏罚,人若违天,必遭谴责。朱熹沿着这条路线前进,却在道理上讲得更加圆通。朱熹的"天""理"不是那末露骨的人格化,而更多的地方表现为理性化、人性化、合理化。朱熹说:

> 太极只是个极好至善底道理。人人有一太极,物物有一太极。周子所谓太极,是天地人物万善至好底表德。④

---

① 《朱子语类》卷一八。
② 《朱子语类》卷一五。
③ 《朱子语类》卷九。
④ 《朱子语类》卷九四。

自然界的事物,按其存在而言,只有"如何",而不存在善恶的价值。人们不说山河大地如何善,如何有德性。天地人物"万善至好",这个天地人物已被赋予道德属性。所以朱熹又说:

> 天地以生物为心者也,而人物之生又各得夫天地之心以为心者也,故语心之德,虽其总摄贯通无所不备,然一言以蔽之,曰仁而已矣。①

天地和人一样,都以生物为心,这个"生物之心"贯彻、显现于万事万物,显现于一草一木,也显现、贯彻到社会、政治各个方面。朱子喜欢用"月印万川"的比喻来说明这个道理,同一个太极(众理之全)体现到各个事物,各个事物都分享到"太极"的光辉。如果一定要形容这个太极性质,那末它就是"仁"。朱熹说"天地之心,其德有四,曰元亨利贞,而元无不统","人之为心,其德亦有四,曰仁义礼智,而仁无不包"。又说"仁之为道,乃天地生物之心,即物而在……诚能体而存之,则众善之源,百行之本莫不在是。此孔门之教所以必使学者汲汲于求仁也"②。这个"心","在天地则块然生物之心,在人则爱人利物之心,包四德而贯四端者也"③。

朱熹又批评了程门学者传授二程的"仁"说走了样,出现两种偏差:一种偏差认为物我一体是仁之体,以杨时为代表;一种偏差认为"心有知觉为仁",以谢良佐为代表。朱熹本来认为天人一贯,天地和人都要贯彻、体现以"生物为心"的仁。以"物我一体"为仁,又有什么不对。朱熹担心其蔽"或至于认物为己",使人误认为"仁"不须努力去求,本来现成,人含糊、昏缓而无警

---

① 《文集·仁说》。
② 同上。
③ 同上。

切之功。如以"知觉言仁，其蔽或至于认欲为理"，这种偏差危害性更大。这是明目张胆的禅家思想。朱熹多次批评禅宗以知觉为性，他们说"在目为视，在耳为闻，在手执捉，在足远奔"。朱熹认为这种脱离封建伦理价值的言行活动，不是性，人和禽兽的差别恰恰在于人有价值观，视、听、言、动要合于道德规范，才是"仁"；没有道德内容的视、听、言、动是禽兽，不是人。

虽然朱熹的哲学体系，从天地万物说起，从格物致知入手，说到底，落脚点却回到人伦日用之常规，归结到封建道德修养，归结为求仁。格物以致知，只是为穷理以尽性。知命，即知天。朱熹的眼中，天地万物充满了一片生机，充满了和谐，宇宙万物原来是仁的显现，只是人们缺少修养，不去体察，看不到罢了。元亨利贞，是天地的四德①，而元无不包。仁义礼智是人性的四德，而仁无不统。心的本质即天的本质（心之即天德）。朱熹随时随地有意贯通天和人的关系。这是宋儒共同的、基本的世界观。周敦颐不除窗前茂草，曰"和自家生意一般"，二程说"观鸡雏可以观仁""仁者与物同体"。张载"民吾同胞，物吾与也"，"为天地立心，为生民立命"。朱熹教人保持"中心恻怛之怀"。

一种在社会上发生广泛影响的学说，都不是无病呻吟，皆有感而发。北宋立国之初，局面就比较迫促，内忧外患一直不断。王安石变法，牵动北宋的政局，反反复复，直到北宋的灭亡。这是当时政治危机的反映。北宋经济凋敝，民不聊生，变法也不是，不变法也不是，统治者进退两难。北宋五子与王安石政治上的变法同时出现。北宋五子在学说上却是成功的，从周、程、张、邵到南宋朱熹，逐渐把这个宗教思想体系完善化。南宋小朝廷

---

①　朱子和宋儒说事物的德，即本质、属性；仁者之德，犹言润者水之德，燥者火之德（《二程全书》卷一五）。

的日子比北宋更不好过,经济更困难,民气更萧索,"中兴"不过是幻想,恢复只是空话。无论北宋或南宋,社会现实不是那么令人鼓舞的,但是当时的宋儒的言论却看不出这种苦难和不安。他宣扬的是天机活泼,生意盎然,宋儒所从事的精神修养也是从容中道,睟面、盎背、徐行缓步的圣贤气象。这恰恰说明宗教的世界观是现实世界的歪曲的反映。唐末五代,民不聊生,甚至人相食,而禅宗大盛,到处教人立地成佛,不看经,不坐禅,却能保证人成佛作祖。

两年前,我在《论儒教的形成》①一文曾说过,宗教都宣扬有两个世界,一个是超世间的精神世界,即天国、西方净土、彼岸世界;另一个是现实世界。有的宗教把彼岸世界说得活灵活现,十分具体,几乎是现实世界一切幸福的无限夸张。也有的宗教把彼岸世界说成是一种主观精神境界。我国隋唐以后的佛教道教都有这种倾向。出家并不意味着教人离开这个世界,到另一个西天去寻求安顿,在日常生活之中,只要接受了宗教世界观,当前的尘世也就是西天极乐世界②,每一个参悟佛教教义、接受宗教世界观的众生即是佛。佛不在尘世之外,而在尘世之中。

宋明儒教也正是这样,它给人指出一个精神境界,所谓"极高明而道中庸",不用改造世界,只要改造自己的世界观,即可成为圣人。而佛教的这种不脱离世间而能出世的理论,本身又破坏了佛教的理论的完整性。人们不免要问,既然"运水搬柴,无非妙道",那何必硬要出家呢?事父事君不也是妙道吗?而中国封建社会遇到的最大的社会危机,恰恰是在于"三纲"的秩序从政治措施到思想意识,如何加强和巩固的问题。这个大问题,佛

---

① 见《中国社会科学》1980 年第 1 期。
② 见《坛经》。

道两教虽然也都愿尽力帮忙,但提倡"出家",总不免隔了一层。从运水搬柴可以见性成佛,到事父事君可以成圣成贤,中间只隔着一层纸,只要戳破这层纸,道路就打通了。儒、佛、道三教也就融合起来了。从历史上看,不止儒教有三教合一的行动,佛道二教也都讲三教合一。这是文化发展的总趋势,不是哪一个人可以决定的。理学成为儒教,敬天、法祖的老传统,被添入了新内容。

四　朱熹与新中国

朱熹自称远绍诛泗正统,近接伊洛渊源,他是孔子以后影响最大的哲学家。当然,朱熹影响大,这是历史条件造成的,不完全是朱熹个人的能力。"五四"时代,提出"打倒孔家店"的口号,实际上孔子是代人受过。"五四"时代要打倒旧的习惯势力,与其说是针对孔子,不如说是针对朱熹。因为"五四"时代人们声讨的孔家店的罪状,几乎都是朱熹和儒教的,和孔夫子没有什么直接关系。

中国社会几乎没有经历资本主义阶段,就由半封建半殖民地而一步跨进社会主义了。由于缺少西方约四百年的反对中世纪教会神权的统治势力的斗争的传统,给我们的社会主义建设带来了不少麻烦。"五四"时期提出两大口号,"科学"与"民主"。三年前纪念"五四"六十周年,人们还提到"五四"的两大任务,还要继续完成。欧洲反封建反了几百年,我们才几十年。中国的封建文化、思想,与封建制度结合得很紧密的宗教(儒教)十分顽强,过去我们对此估计不足。衡量一下,近百年中国走过的道路,再上溯到朱熹以后九百年来走过的道路,对我们每一个中国人,研究中国哲学史的人,不能无所感受。哲学、宗教,看起来,高高在上,讲的问题,提出的范畴,好像远离人间,实际上它是现实世界的一面镜子。

儒教是中国封建社会后期产生的适应当时情况的宗教,是具有中国特点的宗教。这一点,清代颜元也指出过,二程"非佛之近理",乃程颐之理"近佛"①,又说"其辟佛老,皆所自犯不觉,如半日静坐,观喜怒哀乐未发气象是也"②。颜元讲的仅仅是程朱儒教的一部分。朱熹认为天地之大德曰生,天地有生物之心。人也有从天得来的爱物之心——仁。没有"仁"的人,不成为人,没有"仁"的天地不成为天地。朱熹为学,不仅在于纯知识的探求,他确实用实践来体验古代圣人的教导。以朱熹对《论语》"观过斯知仁矣"理解为例:

> 观过之说……似非专指一人而言,乃是通论人之所以有过,皆是随其所偏,或厚或薄,或忍或不忍,一有所过,无非人欲之私。若能于此看得两下偏处……便见天理流行……故曰"观其过斯知仁矣"。言因人之过而观其所偏,则亦可以知仁,非以为必如此而后可以知仁也。

朱熹不但对原文作了如上的解释,而且还切身体会圣人的教导,他接着说:

> 若谓观己过,窃尝试之,尤觉未稳。若必俟有过而后观,则过恶已形,观之无及,久自悔咎,乃是反为心害而非所以养心;若曰不俟有过而预观平日所偏,则此心廓然本无一事,却不直下栽培涵养,乃预求偏处而注心观之,圣人平日教人养心求仁之术,似不如此之支离也。③

---

① （清）颜元《存学编》。
② 同上。
③ 《文集》卷六七。

可见朱熹的为学，不是口头讲论，确实从体验中得来，它不是纯思辨之学，而是指导行为的学问，它是宗教而不是哲学。宗教不是教人会说，而是教人去做的。与汉代董仲舒的学说以及《白虎通》的儒教神学相比，汉代的"天"是人格化的神，它反映两千年前人类认识的水平。朱熹的"天"，不是活灵活现的人格神，而是封建宗法化的理性之神，它不具有人形，而具有人性，有"盎然生物之心"。儒教崇拜的对象是"天、地、君、亲、师"，好像是多元的，其实这五者即封建宗法社会的异化物。其中君代表封建政权，亲代表族权，是中国封建宗法制度的核心。天是君权的神学依据，地是天的陪衬，师是代天地君亲立言的神职人员，握有对封建制度最高的解释权。正如佛教奉佛、法、僧为三宝，离开了僧①，佛和法就无从传播。

儒教不同于其他的宗教，甚至打出反对宗教的旗帜。儒教以气质之性为恶的起源，即宗教的"原罪"说；儒教宣传禁欲主义，教人轻视物质生活，教人屈服于"天理"；不去改善外部世界，而教人涵养省察内心的一念之差。朱熹的学说出于一时的不被谅解，曾遭到禁锢，但不久即解禁，历元、明、清得到国家的提倡，朱熹的著作成为知识分子应付考试的教科书，朱熹的观点，也灌输给广大知识分子。

生产力和经济发展要求冲破封建主义的束缚，为资本主义开辟道路。从明朝万历（1573—1620）时期，及清朝乾隆（1736—1795）时期，工商业在个别地区有相当发展，如果不受干扰，可以和当时世界步调相一致，走向资本主义。可是中国的封建势力十分顽固、强大，新生力量几次萌发，几次被抑制。历史家们常说鸦片战争以后，中国的科学、技术才被迫落后，事实上从明中

---

① 儒教的"师"，相当于佛教的"僧"。

叶以后,中国的科学、技术已开始失去领先的地位。中国发明火药,但明朝要买西方的大炮;航海事业,中国本来是先进的,明以后落后了,航海周游世界的不是中国人。天文历法,中国是世界上先进国之一,明以后,历法推算也不及西方准确了。中国科学技术落后,有多种原因,而宋代儒教思想对人民的禁锢的作用,决不能低估。

朱熹的格物说,决产生不了科学家,它只能为封建宗法制度服务;朱熹的仁说,训练不出改革家,更不会有革命家。他的格物穷理,身心性命之学,是为了保卫封建伦理秩序。

照通常情况,社会主义前身是资本主义。新中国没有经历发达的资本主义社会,而是在半封建半殖民地旧址上建立的。在人民民主的政权下,很容易地改革了封建的土地私有制,但对封建宗法主义的影响估计不足,没有来得及详细区别哪些是封建文化的优秀传统,哪些是封建主义文化的糟粕。每一民族的文化,精华部分是人民群众长期积累、创造的文化财富,它代表民族文化的优良传统;糟粕部分是少数特权剥削者假借全民的名义,以谋私利,它是民族文化的赘疣。举世瞩目的中国十年"文化大革命",许多罪恶的行动,就是用封建主义冒充马克思主义得以畅行无阻的。

中国封建主义的核心是封建宗法制度"三纲"说。"三纲"说与社会主义民主是不相容的。儒教的中心思想即"三纲"说。君权、族权、神权的压迫下,农民没有民主,群众如果不从族权下解放出来,只听张姓、王姓一族一家的支配,就谈不上民主。青年男女婚姻自主、婚姻自由的权利,还不断受到家长及旧势力的干扰,现在的新婚姻法就是用法律形式保障青年男女民主权利的。家长制,一言堂,也是封建宗法制的残余。这些问题,在西方社会已不成问题,在新中国却还在起作用,妨碍社会的前进。

　　西方世界有自己的困难,比如家庭关系的不巩固,老年人没有归宿,有人对东方的家族制说了许多优点。社会主义的尊老爱幼、平等互助的新的家庭关系,子女有赡养父母的义务,与封建宗法制的家长的绝对统治是有区别的。封建制的孝道与社会主义下的尊敬父母的孝是不同的,因为封建宗法制度下,子女是父母的附属物,子女为父母而活着。同样,我们也要看到,一种学说在不同的社会环境中,会发生不同的作用。朱熹、王守仁学派传到日本,起了进步作用。在西方,中国的文化也在不同的时期,不同的民族、国家起了不同的影响。因为,一个民族的存在、发展,要靠它自己的传统文化作为支柱,外来的文化只起着借鉴和催化的作用。朱熹的思想,无论它的积极部分或消极部分,对外国文化都不能起决定性的作用。朱熹的思想在中国经历了近千年的官方提倡,强制灌输,“三纲说”“天地君亲师”的崇拜,已深入人心,积重难返。作为一个新中国的学者的切身感受和站在这个文化圈以外的学者的印象是不同的。

　　我们谈论的是哲学问题,我这里涉及的似乎不属于纯哲学问题。这正是朱熹的思想。朱熹教人要从格物、致知入手,进而正心、诚意、修身、齐家,以至于治国平天下。建设社会主义的国家,也正属于“治国平天下”的范围。照朱熹的方案是不行的。朱熹的学说讲了近千年,并没有解决人民的温饱,并没有使中国人民真正站起来。朱熹的思想体系中有可取的地方,但朱熹建立的儒教体系是不可取的。

明清理学评议 *

　　明清两代在中国封建社会的历史上是一个急剧变化的时期。中国学术界的多数朋友们认为,这个时期是中国封建社会的后期,是中国封建社会接近结束的时期。中国封建社会经历的年代比较长,史学界多数学者认为汉至唐中期以前是中国封建社会的上升阶段,中唐以后,经济发展趋于缓慢,处于逐步下降的阶段。中国封建社会为什么会停滞这么长久? 关于这个问题,历史学界争论很多。原因是多方面的,起主要作用的当然由于封建经济结构比较顽固,政治结构严密,封建统治力量强大,用政治力量限制工商业的发展,因而使资本主义因素成长缓慢;其次,在思想方面,宋以后的理学思想也限制了资本主义因素的发展。宋、元、明、清的理学,即官方的学术思想,它通过各种渠道,使封建社会尽量少改变甚至不改变。特别到明清时期,理学在推迟社会变化、加强封建社会的统治秩序方面,起了极其重要的作用。也就是说,统治阶级的思想与当时的政治,经济互相配合,维持了封建社会的稳定,推迟了资本主义的发展。

---

　　* 原载《明清史国际学术讨论会论文集》,天津人民出版社,1982 年 7 月版。

从宋、元两代起,理学就占了统治地位。明代以后,程朱理学思想被规定为官方合法思想。明代中叶,王阳明学派一度占了比较大的势力。但王阳明学派是为了补救朱熹学派的流弊,作为程朱学派的辅助力量而出现的。到了清朝,朱熹学派占了主要地位(我们现在不是具体地讲哪一个哲学家,哪一个流派的思想,只是谈谈总的趋势)。理学,外国译为新儒教、新儒家,因为它打的是儒家孔孟的旗帜。理学在中国历史上起了什么作用,对这个问题,我谈谈自己的初步想法。一些外国学者提出,不能简单地把理学说成是代表官方的。他们的理由是:有些理学家,在当时就是受迫害的。如程颐给皇帝讲书,不受欢迎而被辞退;朱熹给皇帝讲书,只讲了一个多月就被免职;朱熹的学说在南宋一度遭到禁止,被斥为"伪学",如果说理学是维护封建统治阶级的,那么,理学家就不会有这样的遭遇。我认为,一个人的遭遇与他的思想学术体系应该分开考虑。封建皇帝不喜欢某个理学家本人,不等于说这个理学家的学说对封建统治阶级不利,不是维护封建统治的。像二程的思想,在北宋并不那么受到重视,而到了南宋,他们的思想却得到极大的推崇。朱熹活着的时候,遭到冷遇和迫害,而在朱熹死后,他的思想体系,如尊君、强调三纲五常、加强君主专制这些基本思想,却成为巩固和强化封建统治的极其重要的工具。

这些年来,研究中国哲学史的人习惯于把中国哲学家分成唯物主义或唯心主义两个阵营。三十年来,我们一直是这么划分。外国朋友研究理学、研究中国哲学史,则把它们划分为"心学"、"理学"以及其他种种划分办法。对于这些划分办法,不拟在这里讨论。

现在,我提出讨论的是:宋明哲学要解决的中心问题是什么?简单地说,我认为就是如何处理天理与人欲的关系问题。

当时,在天理与人欲的关系上,理学家们展开了讨论。有的人主张消灭人欲,保存天理;有的人主张应给人欲以适当的地位。较进步的认为天理离不开人欲,天理存在于人欲之中,个别人认为人欲是合法的、合理的,应该给予满足的。

"存天理、去人欲"是个哲学问题,还是个宗教修养问题? 我认为它不是哲学问题而是个宗教修养问题。因为哲学是研究主体与客体的关系、思维与存在的关系,它是一门论证客观世界及其规律能否认识的学问。主张"存天理、去人欲"的理学家们不探求主观与客观的关系,讲的是如何拯救人类灵魂的问题。理学家认为人的灵魂中先天地带有罪恶,这种生而俱存的罪恶必须消灭、铲除,才能把灵魂中正确的东西发挥出来。所以它不属于哲学领域的问题而属于宗教问题。

儒家是不是一种宗教,国内外都有两种不同的看法,有人认为是,有人认为不是。我认为孔夫子是一个哲学家,政治家,不是一个宗教家。他的哲学观点在学术界还在讨论,有人说是进步的,有人说是保守的,这是个学术问题,也许还要长期争论下去。可是,后来的儒家,经过汉朝董仲舒的改造,到了宋朝,又经过程朱的改造,这时期的儒家和春秋时期的儒家大不一样了。它吸收了佛教、道教的某些因素,形成了儒教,而不再是儒家。先秦时期孔夫子的儒家与汉宋以后的儒教不应等同起来。有些人习惯地说,儒家统治了中国两千多年,这种说法不大准确,哪里有一个如此长寿的学派呢? 社会也在变嘛。"五四"时期所提出"打倒孔家店"的口号,实际上要打倒的是以孔子为招牌以掩护其腐朽的封建思想体系和封建社会制度。当时要打倒的"孔家店"与真正的孔夫子关系倒不大,人们心目中的孔家店,奉行的是程朱陆王建立的儒教思想体系。

宋明儒学,一般称为理学,我认为它可以称为儒教。儒教盛行的结果,限制了科学的发展,儒教引导人们致力于内心的考察,而放弃向外追求知识。这一倾向到明代王阳明就更加突出。王学认为格物就是格心内之物,把格物说成格心。它诱导人们作内心的反省而不是去认识、改变现实世界,它要求人们去改造自己的内心、去适应现实世界。换言之,你如果觉得现实世界不合适,那就是你的思想不对头,首先应改造自己的思想。

明清时期,国家的统治体制进一步贯彻了封建家长式的统治,《大学》这部书,就强调儒教的宗教修养,提出了关于"修身、齐家、治国、平天下"一系列修养的步骤。皇帝被看作全国最高的家长。皇帝以下也是一层层的家长统治,一直推广到农民的一家一户的家长制。于是一家一户的小农经济在家长制下得到了巩固,以小农经济为基础的封建社会赖以延续。

理学或儒教的存在和发展,其流毒至广至深。

中国科学技术落后,很多研究中国历史的人都说始自鸦片战争以后。我认为它是从明朝中叶开始的。像中国古代的四大发明之一的火药,在发明之后的很长时期里,中国对它的使用还停留在放鞭炮,制礼花的水平。可是,在明朝时期,用火药造大炮造得最好的是西方而不是中国。中国历史上称之为红夷大炮的一种先进武器,是从葡萄牙传入中国的。以绘制地图为例,说明中国古代的地理知识在唐朝时期在全世界是先进的,但到明中叶以后,西方地理知识超过了中国,地球是圆的,在中国人的头脑中没有这个观念。再如历法:历法与天文、数学的关系极密切,中国很早就有过较先进的历法,但到明末清初,外国的历法准确性却超过中国。这都说明,由于理学或者说是儒教的影响,中国的科学停止了发展,它主张向内反省,排斥向外追求的结果,扼杀了科学的进展。

从向外考察转而向内反省,这个变化是从宋代开始的,至明清变本加厉,其流弊日益严重。明初还有多次下西洋的航海活动,清代以后,就不见记载了。闭关自守的政策,严重地限制了当时人们的眼界和思路,而闭关自守也是明中叶以后才开始的。

宣传"存天理、去人欲",就是宣传禁欲主义,这是宗教教条。理学就是要想方设法遏制人们正当的欲望。宗教和科学从来就是死对头。现在有一些为宗教辩护的说法,认为宗教与科学可以相辅相成。我认为,宗教与科学是对立的:宗教占统治地位,限制科学的发展,科学的发展,必然压缩宗教的地盘。

由于宋明理学长期地起支配作用,使得中国社会停滞不前,即使出现了新的思想、新的力量,也被占统治地位的儒教思想拖住甚至扼杀。从对历史人物的评价上,同样可以看出儒教对思想的摧残。宋以后,封建正统观念占支配地位,特别是理学大师朱熹写了《通鉴纲目》之后,曹操就变成了坏人,因为他篡夺了刘姓皇帝的权柄。在唐代,人们心目中的曹操还是个正面人物,杜甫诗《丹青引赠曹将军霸》一开始就说:"将军魏武之子孙……"称赞曹霸出身是高贵的。可见,在当时人的心目中,曹操是个英雄,而封建正统观念占支配地位后,曹操才变成了反面人物。五四运动时,北大学生到天安门游行,高举标语,打倒曹、章、陆,声讨曹汝霖卖国罪行。曹汝霖卖国,引起爱国群众的公愤、怒骂,罪有应得。但有人骂他的理由是:曹汝霖是曹操的后代,所以他一定不会干好事,这就是封建正统观念在作怪了。可见,当时的革命运动,革命的群众都是反对宋儒封建正统观念的影响的,而有时,他们不自觉地流露出某些封建正统观念,说明封建正统观念已深入人心,不是很容易消除的。

综上所述,可以看出:宋明理学、儒教所宣扬的好像是学术问题,可是它直接影响到我们当代的政治生活、文化生活和思想状况。特别作为中国学者,对儒教更有深切的感受。从儒教的影响来看,又不仅是个学术问题,而与现实生活有着十分密切的关系。希望国内外的朋友们共同讨论、研究,把问题搞清楚。

儒　教 *

　　中国封建社会长期形成的特殊形式的宗教。中国是否存在儒教,学术界有不同的观点。有的认为不存在儒教,只有儒家的学说,它不是宗教。有的认为存在儒教,孔子是教主。后者认为汉武帝利用政治权力把孔子学说宗教化,定儒教于一尊。隋唐时期儒、释、道并称为“三教”,此后,三教出现合一的趋势。在封建政权支持下,儒教体系完成于宋代。它以中国封建伦理“三纲”“五常”为中心,吸收佛教、道教的宗教思想和修养方法,提倡“存天理,去人欲”,使宗教社会化,把俗人变成僧侣,使宗教生活、僧侣主义、禁欲主义、蒙昧主义、偶像崇拜渗透到每一个家庭。认为儒教信奉“天地君亲师”,君亲是中国封建宗法制度的核心;天地是君权神授的神学依据;师相当于解释经典、代天地君亲之言的神职人员。《四书》《五经》是儒教的经典,祭天、祭孔、祭祖是规定的宗教仪式。童蒙入塾读书,开始接受儒教的教育时,要对孔子的牌位行跪拜礼。从中央到地方各州府县建立孔庙,为教徒(儒生)定期聚会朝拜的场所。认为儒教统治中国达千年之久,它起到了稳定封建秩序、延长封建社会寿命的重要

---

　　* 载任继愈主编《宗教词典》,上海辞书出版社,1985 年版。

作用。五四运动后,它的统治地位发生动摇,但帝国主义侵华势力及封建残余势力继续提倡尊孔读经,维护儒教,用来抵制新兴的革命潮流。持这种观点者还认为,由于儒教在形式上不同于一般宗教,也由于它口头上反对佛教和道教,并反对其他宗教,不承认自己是宗教,因而有些人不把儒教算作宗教。

论白鹿洞书院学规 *

白鹿洞书院是朱熹讲学基地之一。朱熹一生从事讲学工作，以培养人才为己任。他对当时的教育制度不满意，提出自己的办学宗旨。看来，这是朱熹的教育方针，它的实际意义远远超出了教育范围。白鹿洞书院的学规应当看作朱熹的哲学世界观的纲领。

一

在学规中指出教育的目的不在于传授知识，务记览、为辞章、钓声名、取利禄，而在于给从学者讲明义理以修其身，推以及人，最终为圣贤。朱熹相信尧舜时代，曾使契为司徒（教育之官）"敬敷五教"为总纲。这五教是：

父子有亲，君臣有义，夫妇有别，长幼有序，朋友有义。

尧舜时代是否可能提出这五种社会规范，这里且不论。但可以断言，朱熹认为"五伦"观的确立是人生的头等大事，它是维护社

---

* 据《任继愈学术论著自选集》。原为 1987 年 12 月厦门大学国际朱熹学术讨论会论文，曾收入《儒教问题争论集》等。

会秩序,明确人伦关系的永恒准则。离开这"五教"就没有学问,它是为学的基础,也是为人的根本。基本内容有五项:

博学、审问、慎思、明辨、笃行。

前四者属于知识传授范围,最后一项"笃行"不属于知识而属于实践。朱熹主张知在先,行在后,学知识为了实践。笃行属于修身范围。修身的要点有四条:

言笃信,行笃敬,惩忿窒欲,迁善改过。

这四条中,包括言论规范、行为态度,心理活动、道德修养。也就是从内心到行动的全部要求。

行为必然接物和处事。朱熹对处事要求做到:

正其义不谋其利,明其道不计其功。

这本来是董仲舒的格言,朱熹全部继承了下来。处理人与人的关系的原则(接物之要),朱熹要求做到:

己所不欲,勿施于人;行有不得,反求诸己。

这本来是孔子、孟子的古训,朱熹也全部继承下来,以此教育学者,作为处理人与人的关系的准则。

这个学规,张贴于大门上方最醒目的地方,以引起学生们的注意。不但记住它,并且要见诸实际行动,用它来规范学生们的全部言行和心理活动。不符合这"五教"原则,不但不应去做,不应去说,而且不应去想:"思虑云为之际,其所戒慎恐惧,必有严于彼者矣。"

二

白鹿洞书院学规所涉及的不限于该地听讲的学生,也不限于文字表面的意义,文字明白,不难理解。它还有更深一层的社会涵义,值得引起人们的注意。这个学规与其说它是朱熹的办

81

学方针,不如说它是朱熹的施政方针;与其说它是朱熹的哲学思想,不如说它是朱熹的宗教思想;与其说它是朱熹的政治学的大纲,不如说它是朱熹的政教合一的体现。

政教合一,历史学界认为曾流行于西方欧洲中世纪,宗教领袖兼地方行政领袖,或是地方行政领袖接受宗教领导。在伊斯兰教流行的地区,也是政教合一,教权领导王权。我国西藏在改革以前,也是政教合一的形式,改革以后,行政与宗教分离。在中国内地广大地区,一般认为不存在政教合一的历史现象。有的历史学家还认为这是中国历史的特点和优点,因而没有遭受过欧洲中世纪那样的困扰。这种见解是不对的,因为它不符合事实。

提起宗教,人们习惯地用基督教、佛教、伊斯兰教作为标准,和那些宗教一样的,认为是宗教,不一样的不算宗教。我们还是从实际出发,先不用一种固定的模式来判断活生生的历史。

从人类学、考古学、社会学,以及历史文献记载,迄今为止,还没有发现过哪一个民族没有宗教信仰的。只是宗教信仰的品类不同,其间有高低深浅的差别。以华夏民族为主体的中华民族来说,它也有宗教。宗教是一种社会现象,随着历史的前进而变化。

自秦汉以后,政治上形成大一统的封建大国。秦汉大一统为此后两千年的政治格局打下了基础。为了维护这个格局,我国历代政治家、思想家、哲学家,从各个角度做出努力,使这个总格局得到发展和巩固,使它的统治系统日趋完善。从经济结构看,中国土地辽阔,自然经济呈现出地区封闭的状态,不利于统一。从政治要求看,为了中华民族的整体利益(如兴水利、御外侮、救灾荒)则要求高度统一,要求统一哲学思想、宗教思想力求与政治思想相配合。配合得好,得到政府的鼓励,不利于统一的受到限制,破坏统一的受到制止。一代一代传下去,中国封建社会的制度越来越完善。与全世界比较,中国封建制度最完善,封建文化最发达。

维护中国封建社会靠政治力量,同时还得有哲学与宗教的配合。秦汉时期中国的宗教与哲学相配合,维护大一统的局面。董仲舒开始建立儒教体系。利用社会上流行的天人感应思潮,为王权服务。此后,汉代的神学经学已经是政教合一的雏形。中国的政教合一与欧洲不同处,是王权为主,神权为辅,神权为王权效劳。汉代的宗教神学比较粗糙。三国以后,有了更为精致的宗教,道教正式建立,佛教大量输入。佛、道两教各自为中国的政权尽力。都曾为维护三纲、五常封建制度说教。忠君爱国也成了宗教教义的主要内容。他们的说教有的直接,有的间接。总之,宗教活动与政治活动基本协调一致。到了隋唐,三教(儒、释、道)鼎立,互相配合,共同为王权效力。

北宋开始,在三教鼎立的基础上,进一步促成三教合一,以儒家为主流,吸收佛教、道教中特有而儒家所缺少的,如心性论的分析、宗教修养、禁欲主义的内容,使之融合为一个体系。这一方面,北宋诸儒做了大量工作。朱熹是继北宋诸儒之后,成就最大的学者,也是政教合一的集大成者,在历史上起了决定性的作用。

中国的政教合一,继承中国传统宗教信仰(可以上溯到西周),敬天法祖、王权神授思想(王者天命所归,受命于天),对稳定中央集权起了推动作用,儒教的专职传播者儒者(士大夫)形成了一个特殊阶层,他们以道自重,为王者师,不充当最高领导者,而是给政府及皇帝出主意、定规划,提供指导思想。宗教与教育相结合,制定教育制度,用科举制度培养儒教的接班人,不断向中央输送后备力量,加强中央政权。以经典指导政法措施,用经典解释法律条文,引经决狱。经典解释权归儒者专享。从中央到地方设有儒教组织系统,中央有太学,地方有府学、县学。教育者享有崇高的社会地位,不同于一般行政官吏。从中央到地方有一系列组织保证,如地方上官绅共治,乡里有乡规民约,内容贯彻了封建三纲、五常的原则。从白鹿洞书院学规到清朝康熙年间颁布的学宫圣训十六条,有着一脉相承的关系①。

政教合一,是中世纪封建社会的共同现象,不是西方所专有,但各地区的政教合一,各有自己的特点。它有它的历史使命,它的出现是历史的客观需要。它的历史使命完成后,即应退出历史舞台。封建社会后期,中国的政教合一早已失去其积极作用,理应功成身退。随着新政权的建立,旧政权即行结束。思想意识方面的影响,则是长期的,很难短时期完全清除干净。这是我们今天建设社会主义精神文明、从事思想教育工作的科学工作者共同的任务。

三

朱熹的政教合一体系,不能仅仅看作朱熹个人的,它代表着宋、元、明、清长达八百年的政治体制。政教合一体系,不在于培养哲学家、科学家,而在于为封建大一统王朝培养大批比过去任何时期更适合巩固封建秩序的合格人才。历史证明,这一体制

---

① 《圣谕广训》:"敦孝弟以重人伦;笃宗族以昭雍睦;和乡党以息争讼;重农桑以足衣食;尚节俭以惜财用;隆学校以端士习;黜异端以崇正学;讲法律以警愚顽;明礼让以厚风俗;务本业以定民志;训子弟以禁非为;息诬告以全良善,戒匿逃以免株连;完钱粮以免催科;联保甲以弭盗贼;解仇忿以重身命。"

收到预期的效果①。

"博学、审问、慎思、明辨"均属求知,它不是教人穷天地万物之理,落实在人伦日用之中。有人认为朱熹讲格物,教人穷万物之理,王守仁讲格物,教人格自家内心。实际上,朱熹教人为学的最终目标还是充实内心修养,"言忠信行笃敬,惩忿窒欲,迁善改过"。这里有人生哲学,也有宗教的禁欲主义。这一点,程、朱、陆、王没有两样。后来清代理学中涌现出一些批判朱熹的革新派,从唯心唯物的观点来看,他们不同于前人,但他们仍未超出儒教的范围。

儒教有其独特的体系和结构,神权王权之间没有尖锐的矛盾,没有生死斗争,它利用政权的杠杆,随时调节两者的关系,使它温和地发展着,因而没有发生过像欧洲中世纪那样的教权与王权长期的战争。儒教即国教,儒家经典有不可亵渎的神圣性,儒教领导人足以为帝王师,但不可以为帝王。王权拥有最终的管理实权,但必须以儒者为师。

---

　①　宋以后,有奸臣而无篡臣。曹操、司马懿父子用宫廷政变取得政权的事件,从此绝迹。这都是政教合一的实效。

论朱熹的《四书集注》*

——儒家经学的一大变革

秦汉建立统一的封建王朝,为了加强政治的统一和教化的统一,汉武帝置五经博士,定儒家为一尊,用政府的权力推行儒家思想。"五经"成为国家规定的教材。

经书文字简古,传抄不易,传授经典靠记诵,古代没有工具书,识字断句都要有人指点,经典传授必有师承,经师传授,既讲文句,又解释书中的道理,这是经疏章句之学的起源。

汉以后,社会政治不断变化,为不同时代的政府服务的经学也跟着变化,因而经学具有时代特征。汉人解经,受天人感应思潮的影响,以天道附会人事,是为"神学经学",它是汉代巩固统一政权的得力工具,神学经学,是一种比较粗糙的神学体系,但

---

    * 据《任继愈学术论著自选集》。原为岳麓书社版《四书集注》前言(1987版),曾收入《儒教问题争论集》。

它体现了时代思潮,包含了当时许多学科(如哲学、神学、史学等)的内容,用经学为最高思想指导,有助于推行治国安邦的措施,如引经书决狱,施政等。

唐初编定《五经正义》融南方经学与北方经学为一体。它反映了唐初统一南北朝以后的新形势。唐永徽四年(653)颁行天下,直到宋朝,一直用来作为明经科取士的标准教科书。维持的时间比汉代的神学经学长得多。但是唐朝经过安史之乱,社会情况发生了急剧变化。唐中期以后,《五经正义》已不能完全满足施政的要求。因为天下处于地方割据,与中央政权对抗,唐末五代十国,直到北宋建国,中国进入封建社会后期。作为稳定政权统治秩序,维护封建宗法制度,除了儒家经学以外,还有佛教经学、道教经学。为了加强经学的权威性,只有把当时社会思潮诸多文化因素吸收到经学中来,经学才有生命力。建成完整的上层建筑,不是一朝一夕建造的。汉初董仲舒的经学体系从汉初算起,经历了七十年。《四书》的出现①从北宋建国算起,差不多经历了百年之久。

体现时代思潮的新体系的形成,要具备三个条件:第一,政局稳定。战争年月,兵荒马乱中不能出现新体系。第二,充分而必要的思想资料的积累。第三,新体系要有体现时代思潮的思想家。到了北宋中期②才具备了这三个条件,南宋朱熹出色地完成了这一使命。他对中国封建社会后期贡献和作用大于董仲舒对中国封建社会前期的贡献和作用。朱熹陪祀孔庙,享受的奉祀达七百年之久,直到"五四"时期,朱熹的牌位才被撤除。

---

① 《四书》的出现,标志着"新经学"的形成,这是《五经正义》以后,吸收了佛、道:二教的某些宗教内容。而形成的"儒教经学"。

② 北宋仁宗时期,出现一批思想家,正式提出《四书》与《五经》并重。

　　《论语》《孟子》是先秦的著作,《大学》《中庸》成于汉初①,这是学术界的共同看法。这四部分各自独立,不相联属。这四部分组合在一起,命名为"四书",并得到社会的认可,那是朱熹努力推行的结果。远在南北朝时期,《中庸》一书已受到重视,梁武帝把《中庸》与佛经同等看待,等于说《中庸》已从《礼记》中独立出来②。《论语》在汉代尚不能与《五经》并列,与《孝经》地位相当,起着辅翼《五经》的作用。《孟子》在汉代的地位不及《荀子》。唐朝韩愈著《原道》,倡言道统,以与佛教相颉颃,提出从尧、舜、禹、汤、文、武、周公到孔子、孟子有一脉相传的相道统。尧、舜、禹、汤、文、武、周公,是帝王而兼圣人,孔孟都是春秋战国时期的有影响的思想家,但不具有帝王的身份。孔、孟的圣人地位,是根据他们的留下来的言行记录《论语》和《孟子》而来的。柳宗元为佛教辩护,认为佛教讲的道理与《易》与《论语》合,他也把《论语》与《易》相提并论,《论语》也享有"经"的地位。稍后于韩愈的李翱根据《中庸》著《复性书》发挥圣人之教,唐人已开始注意到《大学》《中庸》《论语》《孟子》的重要性。北宋张载少年时,喜谈兵,初次谒见范仲淹,范授以《中庸》,从此张载成了儒家的信徒。可见《中庸》一书从唐到北宋已相当流行,是一部随处可以见到的儒家典籍。

　　伊川程颐开创洛学,他经常以《大学》《中庸》《论语》《孟子》为基本教材教育门徒。这四部书成为儒家系列丛书,应当说是从程颐开始的。北宋仁宗庆历以后,文化发达,人才辈出,出现了群星灿烂的局面,与洛学并峙的有王安石、司马光、苏氏父子、邵雍、张载许多学派。这些学派中,如司马光对这四部书并不完

---

①　见《中国哲学发展史(秦汉卷)》,219—244 页。

②　见《中国哲学发展史(魏晋南北朝卷)》,436—618 页。

全赞成。《四书》虽在北宋受重视，还未能定型，《四书》与《五经》并列，公开主张《四书》优于《五经》，那是从朱熹开始的①。

韩愈、李翱对《大学》《中庸》予以阐发，但没有把它们从《礼记》中分离出来，朱熹说：河南程夫子之教人，必先使之用力乎《大学》《论语》《中庸》《孟子》之言，然后及乎《六经》（《朱子文集》卷八二）。朱熹进而说明学习《四书》的顺序，学者应当：

先读《大学》以定其规模，次读《论语》以立其根本，次读《孟子》以观其发越，次读《中庸》以求古人微妙处②（《语类》卷十四）。

朱熹对《四书》的研究注释，投入极大的工力。朱熹对《大学》加工较多，从中分出"经"及"传"，并改变了原来的次序，还认为格物章有经无传，补写了一篇"传"即《格物传补》。这一举动也曾引起后来学者的怀疑和反对。朱熹对《中庸》大体依照程颐的观点，重新分别章节，朱熹称为《大学章句》《中庸章句》。对《论语》《孟子》两书未曾改动，而是博览古今注释择善而从，称为《集注》。这四部书的合订本统称为《四书集注》。

朱熹以毕生精力从事学术活动，讲学、著述达四十余年。中国思想家中，对社会产生深远影响的不过三五人，朱熹是其中的一位，他的《四书集注》起决定性的作用，朱熹从三十四岁时，为《论语要义》，四十三岁时为《论语精义》，四十八岁时成《集注》，

---

① "《语》《孟》，工夫少，得效多；《六经》工夫多，得效少"（《语类》卷十九）。

② 朱熹晚年，发现《大学》一书学者不易领会，于是提出先从《论语》《孟子》入手，然后再读《大学》《中庸》。印书商人因《大学》《中庸》篇幅小，放在一起便于装订，其序列为《大学》《中庸》在先，《论语》《孟子》在后。明代遵从朱熹说，认为《中庸》为子思作，应在《孟子》前，不论顺序如何排列，这四部书成为一组，已成定局。

此后不断修改、补充。朱熹对《大学》《中庸》用力最勤。六十二岁时《大学》《中庸》尚未付刊,他六十九岁时自称:

> 某于《大学》用功甚多。温公作《通鉴》,言"臣平生精力全在此书"。某于《大学》亦然。《论》《孟》《中庸》却不费力。(《语类》卷十四)

他自己认为对《大学》用功甚多,这是实情。像"格物"一词,在《大学》原著中,还算不上哲学范畴,经过朱熹的注释,"格物"成了后来儒教体系的中心构件,后来王守仁与朱熹的理论分歧,也发端对"格物"的理解。朱熹的"格物"说的意义,不在于解释《大学》,而在于建立自己的儒教新体系。

《四书集注》引用汉人以后注释,董仲舒、司马迁、扬雄等十五家,引用宋人及同时人之说有四十一家。朱熹尽量博采众长①。

> 或问集注有两存者,何者为长?曰:使见得其长底时,岂肯存其短底?只为是二说皆通,故并存之,然必有一说合得圣人之本意.但不可知尔。复曰,大率两说前一胜。(《语类》卷十九)

程先主解经,理在解语内,某集注《论语》只发明其辞,使人玩味经文,理皆在经文内。(《语类》卷十九)

《四书集注》,不能只看做关于字句的注释,它体现了朱熹的全部哲学体系。《集注》解释孔孟的话,有些是孔孟原有的意思,朱熹予以发挥。也有孔孟没有的意思,朱熹给加上去的。孔子、孟子多处讲仁、义。孔子多论"仁",孟子多仁义并举。朱熹解释的仁义,与孔孟并不相同,《四书集注》说:

---

① 《孟子集注》引用王勉说三条。此人宋史无传,不是有名人物,有"绍兴进士王勉"的记录。参看钱穆著《朱子新学案》。

> 仁者,心之德,爱之理。
>
> 义者,心之制,事之宜。
>
> 礼者,仁之发。
>
> 智者,义之藏。

这些思想都不是孔孟原有的,孔孟不可能讲得这样深,这样细,这是朱熹的创造。

也有朱熹按照自己的理解,发挥孔、孟的原意的。如《论语》"诗三百,一言以蔽之,曰思无邪"。注云:

> 凡诗之言,善者可以感发人之善心,恶者可以惩创人之逸志。其用归于使人得其性情之正而已。然其言微婉,且或各因一事而发,求其直指全体,则未有若此之明且尽者。故夫子言,诗三百,而唯此一言①足以尽其义,盖示人之意亦深切矣。

朱熹注释的高明处在于从教育、心性修养方面提出了读《诗》的方法,教人善于从中"得其性情之正"。不像有些卫道士,板起面孔,对经书上的话百般回护,硬要说《诗经》的诗讲的都是大道理,没有任何邪思,这种笨拙的解经法,不符经书原意,也无说服力。朱熹在《诗集传》中已明确指出有些诗为"淫奔之诗"。

《集注》中还随时灌注等级尊卑秩序的思想教育。如《季氏篇》"是可忍孰不可忍"一章,注多解"忍"为"容忍"。朱熹则从忠君的心理感情着眼,他解释说:季氏像这样大逆不道的僭越行为都忍心干得出,还有什么不忍心干不出来呢?

朱熹讲书,着重发挥,这是宋代学者治学的风气。程颐任崇政殿说书(讲官),给小皇帝宋哲宗讲论语,讲到颜回生活穷困,"箪食瓢饮,而不改其乐"一章。门人认为这一章与皇帝没有什

---

① 此一言,即"思无邪"三字。

么联系,程颐怎样去发挥呢?程颐说:"陋巷之人,仁义在躬,忘其贫贱;人主崇高,奉养备极,苟不知学,安能不为富贵所移?且颜子王佐才也,而箪食瓢饮;季氏鲁国之蠹也,而富于周公。鲁君用舍如此,非后世之监乎?问者叹服。"

封建社会后期的哲学体系,特别强调了心、性,宗教内心修养中忏悔、禁欲、反省、自责的思想感情训练。这种训练是汉唐佛教、道教流行以后出现的,正像汉代经学必须吸收天人感应思潮才能具有生命力一样,宋代儒教经学的特点在于用心性论来解释儒家经典,特别是《四书集注》,它强调为人处世的道理,主要教人如何修身养性、涵养性情,正心诚意。在家为孝子,做官为忠臣,成圣成贤,不离于人伦日用之间。以心性论解经,是中国经学史上前所未有的一大变革。

《大学》出自《礼记》,是汉初综合先秦孔、孟、荀儒家各派思想,协调封建宗法制度的政治纲领。《大学》充分反映了中国封建宗法制度下以一家一户为生产单位的小农经济的世界观。

《大学》与《中庸》都属于西汉初的儒家著作。近人也有人认为《大学》为荀子一派著作,《中庸》为孟子一派的著作①。

《大学》的基本内容,即后人所说的"三纲领""八条目"。三纲领为"明德、亲民、止至善"。八条目是"格物、致知、诚意、正心、修身、齐家、治国、平天下"。这是汉初统一王朝建立后,总汇先秦儒家孟、荀诸流派关于如何协调封建宗法制度的政治纲领。封建宗法制度以家为本,家庭是小农经济的基本细胞。因此,对每个人的社会地位、职责提出明确的要求。《大学》说,"自天子以至于庶人,一是皆以修身为本"。从修身向内心修养方面追求,则是格物、致知、诚意、正心;向社会方面推开去,要做到"齐

---

① 参见冯友兰先生说。

家""治国""平天下"。这是《大学》一书原来的意义。

《四书集注》则把《大学》的纲领解释为"格物",这是朱熹个人对《大学》的独特的解释,朱熹格物说与《大学》本身的涵义要区别看待。

《中庸》这一章讲的是儒家的社会思想,讲在封建宗法制度下,为人处世的普遍原则。它指出:为人处世,不要太过,也不要不及,恰到好处,才是"中庸"。中庸不是在两极端之间截其平均值。而是根据具体的情况,做出最合理的行为抉择。难就难在"恰到好处"……适度,行为的适度,取决于行为者的道德修养水平,要求人们在日常生活中经常遇到的最平常的一些大大小小的行为中都能自觉地做去,而且做到恰到好处:

> 君子之道费而隐,夫妇之愚,可以与知焉,及其至也,虽圣人亦有所不知焉。

> 大哉圣人之道,洋洋乎发育万物,峻极于天下。

> 故君子尊德性而道问学,致广大而尽精微,极高明而道中庸。

《中庸》在当时引起社会关注的是它关于社会生活方面的中庸准则,重点在伦理方面。《中庸》中还有一部分关于人性论方面的论述,集中讲到"诚"这个范畴。可惜两汉经学的兴趣在于建立统一的哲学思想体系,到处弥漫着天人感应思想,《中庸》中关于人性论的阐发如:

> 诚者天之道也,诚之者人之道也。诚者不勉而中,不思而得,从容中道,圣人也。诚之者,择善而固执之者也。

没有引起更多的反响。《中庸》把孟子、荀子的人性论加以综合,采取兼容的态度,认为"万物并育而不相害,道并行而不相悖"(这种兼容并蓄的倾向,从《吕氏春秋》就已开始了),因为当时需要统一的哲学体系。《中庸》力图用"天人合一"的理论解释人在

93

宇宙间的地位和作用:

> 唯天下之至诚为能尽其性;能尽其性则能尽人之性,能尽人之性则能尽物之性;能尽物之性,则可以赞天地之化育;可以赞天地之化育,则可以与天地参矣。

> 其次致曲。曲能有诚,诚则形,形则著,著则明,明则动,动则变,变则化,唯天下之至诚为能化。

《中庸》对"诚"的作用做了无限夸大,使之神秘化。这种倾向在汉代没有引起注意,当然也不会发生社会影响,而被搁置起来。只是经历唐宋几代人的发挥解释,更主要的是时代的需要,人类认识的深化,心性论不断从佛、道二教的著作中得到充实,《中庸》的价值又重新被认识。

《四书集注》的历史地位和作用,可以从以下几个方面来考察:

第一,《四书集注》吸收了唐宋以来的文化积累,达到了当时可能达到的理论高度,建立了完整的儒教体系,它把各等级的人排到一个被认为适当的社会位置上,建立了封建社会成员的全方位的岗位教育,对安定社会起着极为重要的作用。

第二,《四书集注》是一部强化内心修养,涤除心灵杂念的儒教经典。把"正心诚意""主敬""守一""格物致知""存诚"作为人生修养内容,最终目的在于教人成圣贤,使人们在社会生活、人伦日用之中得到精神解脱。"极高明而道中庸"贯彻"内圣外王"之道。

第三,《四书集注》打破传统注释的旧模式。简明通脱,新人耳目。宋儒自称得尧、舜、禹的"心传"及文、武、周公、孔、孟以下千古不传之秘。朱熹的注解,有的有根据,有的根据不多,也有的直抒胸臆,不要古代书本的根据。它的特点是摆脱依傍,不受古人的束缚。

司马光《论风俗札子》中说：

> 新进后生，未知臧否，口传耳剽，翕然成风。读《易》未识卦爻，已谓《十翼》非孔子之言；读《礼》未识篇数，已谓《周官》为战国之书；读《诗》未尽《周南》《召南》，二谓毛、郑为章句之学。读《春秋》未知十二公，已谓《三传》可束之高阁。（司马光《传家集》卷四二）

司马光对当时学风不满而发牢骚。其实不能责怪"新进后生"们，当时青年学者的这些疑古倾向，也是跟他们的前辈们学来的①。

第四，《四书集注》被指定为国家教科书，元明清各代用来开科取士，作为选拔政府官吏的标准。除了用它的学术影响以外，它还得到历代政府强迫性的灌输。读书人参加国家的各级考试，不能背离《四书集注》的观点，否则难以被录取，这也是《四书集注》流传久远的一个因素。

如果汉代的经学称为前一时期的神学经学，后一时期的经学可称为"儒教经学"。前一时期的经学以宇宙论的形式出现，后一时期的经学（儒教经学）以心性论的形式出现。中间经过魏晋南北朝佛教经学的补充，使儒教经学增加了体现时代特点的新内容。它超越了宇宙论和本体论，上升到心性论的理论高度，它达到了中国封建社会经学的高峰，同时也表明中国封建社会的经学已走到了尽头，经学的历史使命已完结了。

---

① 疑古代经典在北宋已成为风气，疑《周易·系辞》非孔子所作的有欧阳修；疑《周礼》的有欧阳修、苏轼、苏辙；疑《孟子》的有司马光、李觏；疑《尚书》的《允征》《顾命》的有苏轼；疑《诗序》的有晁说之；王安石贬《春秋》，他的《三经新义》，抛开旧传统，独标新解。南宋朱熹疑孔安国《书序》是魏晋间人作。

具有中国民族形式的宗教
——儒教 *

孔子是儒家的创始人。孔子以前已有以儒为职业的,但他们还不成为学派。孔子一生从事教育事业,开门授徒,以他的思想体系教人,于是中国出现了第一个学派——儒家。孔子和儒家有不可分割关系,是大家公认的。后来宋朝兴起了儒教,儒教奉孔子为教主,教主出现在孔子死后若干年,孔子对此不负任何责任。儒家与儒教不是一回事。

北周时已有"三教"的说法(三教指佛教、儒教、道教),北周国祚短促,没有引起注意。隋唐时期"三教"之说已很流行,唐朝凡遇国家庆典,诏"三教"辩论于殿廷。儒、释、道三教为自己的"教"争荣誉、争地位,都推派代表积极参加。

唐朝不少排斥佛教、道教之人,最为人所知的有韩愈。韩愈排斥佛教(也反对道教),韩愈排佛教在于用儒教代替佛教和道教,为儒教争地位。像韩愈这种主张的人,唐朝占少数,社会上多数人承认三教鼎立这样的事实,认为孔子、释迦、老子都是"圣

---

* 据《任继愈学术文化随笔》。原载《文史知识》1988 年第 6 期。曾收入《儒教问题争论集》《皓首学术随笔》等。

人"，都值得尊敬①，释迦的身份从南北朝起，人们已不把它当作外国人看待，佛教经典也取得与儒家经典同样合法的地位，建立了"佛教经学"，普及程度超过了儒家经典。

儒教成为完整形态的宗教，应当从北宋算起，朱熹把它完善化。多年来人们习惯地称为理学或道学的这种体系，我称之为儒教，这不是什么名词之争，它实在关系重大。为了说明事实，先从中国的国情说起。

唐虞三代的历史资料留下来的不多，我们只从秦汉说起，秦汉奠定了后来两千多年的政治格局，即统一的中央集权的封建专制制度。秦汉以后的许多朝代，直到清末，都是沿着这条路线向前走的。两千多年来也有分裂的时候，不过为期不长，即使分裂期间，从人民到统治者都认为是不正常的现象，统一才是正常的。两千多年贯串着一对基本矛盾：政治上的高度统一，经济上的极端分散。封建经济是一家一户为生产单位的自然经济，产品为了自己消费，不为流通。经济交流、手工业品基本上是封闭的，只有供上层贵族享用的奢侈品带有全国性的流通，南海的珍珠、丝绸，北方的毛皮都集中到宫廷贵族手中，丝绸之路还远达欧洲。但这也限于奢侈品，不能与后来资本主义时期的商品相提并论。

自然经济的特点是封闭型，分散经营，不希望政府过多的干预。中国秦汉以后是统一的大国，从政治上要求集中权力，多民族，地区广大，如果政令不一，就难以达到统一的目的。中国中原地区进入封建社会比较早，生产也比较发达，周围的地区有些民族还处在奴隶制甚至原始社会，双方难免发生掠夺性战争。为了保证国家的生产正常进行，客观也需要有一个强有力的中

---

① 三教鼎立，孔子、老子已被看作教主，地位与先秦的孔子不一样了。

央政府来维持安全繁荣的局面。政治上的高度统一,是客观需要,经济上的极端分散又是客观现实,它是自然经济的本性。政治的集中与经济的分散,这一对矛盾如何协调,不使它畸轻畸重,便成了历代统治者关心的大问题。儒教在这里起着重要作用。

封建社会靠什么统治? 像中国这样纵横数千里、上万里的大国,光靠武力、政治的权力是办不到的。除了政治军事力量以外还得有宗教来配合。世界的三大宗教都是在封建社会发展起来的,这不是偶然现象。封建社会需要宗教。如果仅仅是个人的需要,它带有主观因素和偶然性,可以不必太注意,如果出自社会的需要、国家的需要,这就不能看作主观的、偶然的,它具社会性、群众性、客观性。宗教的产生和流行,即出于社会客观的需要。儒教就是出现在中国古代这块土地上的特殊宗教,只有中国才能有的宗教。

宗教之所以为宗教,有它的本质部分和外壳部分。外壳部分,是它的组织形式、信奉的对象、诵读的经典、宗教活动的仪式,等等。这些方面,因教而异,各不相同。宗教之所以为宗教,还有它的本质部分,本质指它所信仰、追求的领域是人与神的关系或交涉。用中国古人习惯的说法即"天人关系"。宗教涉及的范围既在社会生活之内,又在社会生活之外。宗教要处理现实生活中的吉凶祸福问题,同时又要借助超现实的外在力量。"天人关系"涉及两个对象,"天"和"人",两者之中,有一头是虚设的——天;有一头是实在的——人。这必然造成它的虚构性与实践两者的奇特的联系。

有没有一个创造世界的主宰者,创造世界的主宰者是什么形象,是慈祥还是严厉,是中国人还是外国人,有形还是无形①,这都不重要。宗教与哲学都讲人生和社会的根本问题,但两者的立场和方法不同。哲学用理性、思辨的方式,去探索、分析世界和人生的根本问题,宗教以信仰和直观来探索、解决世界和人生的根本问题。哲学至少承认有些问题还搞不清楚,不便贸然下结论,宗教不承认有解决不了的问题,也没有搞不清楚的问题,人生中遇到的一切疑难大症,宗教都能手到病除。由于有这样的差别,哲学从宗教中分离出来以后②,与科学的关系较密切;宗教从本质上与科学对立,因为信仰主义不允许怀疑,崇拜的对象决不允许当作研究的对象,走的是一条非理性主义的道路。也有的宗教哲学用理性主义的形式把人引向信仰主义,佛教中某些流派就是用思辨的手段,把人引向信仰主义的。理学,我叫它做儒教的,就是这样的一种以理性主义为手段,最终把人引向信仰主义的。宋儒教人读书要善于怀疑,朱熹关于读书法讲了很多有价值的经验。但不允许怀疑人为什么要孝,为什么要忠。对忠孝发生怀疑,等于禽兽。王阳明算是最大胆的反传统的怀疑者,敢于对孔子的话进行考虑后才相信,不盲从。但王阳明也不敢怀疑,人是否要忠,要孝。认为忠孝是天性,是良知所赖以发生的根荄。

宗教提倡禁欲主义,并有一系列遏制欲念的训练方法,儒教也是这样,"惩忿、窒欲"是儒教修养的一项基本内容。哲学教人服从真理,为真理而斗争。朱熹遇到小人当道,对他进行压迫时,他没坚持斗争,把上奏皇帝进行申辩的稿子销毁,自称"遁

---

① 佛教、基督教有圣像供奉,伊斯兰教无圣像,道教不承认有造物主。
② 在欧洲是近代以后的事,中世纪时期,哲学在宗教的包容下才能存在。

翁",这是他占卜以后受到神明的启示以后做出的决定①。主宰命运的是"天",不是"人"。对待"天人之际",最后屈人以顺天。

儒教除了具有宗教的一般本质以外,儒的外壳,也有宗教的特征。它信奉"天地君亲师"。君亲是封建宗法制度的核心;《四书》《五经》《十三经》是儒教共同诵读的经典;祭天,祭孔,祭祖,是封建宗法制下,自天子到老百姓按等级制度举行的儒教祭祀仪式。童蒙入学塾读书,开始接受儒教的教育时,对孔子牌位行跪拜礼②。从中央到地方各州府县都建立孔庙,为孔教信徒定期聚会朝拜的场所。正因为它是一种中国自己培养起来的宗教,它以封建宗法制为核心,吸收了佛教、道教中的一些宗教修养方法(如禁欲主义、静坐反省)。它千百年来,培养、锻炼出了大批忠、孝的典型,载入典册,铭于金石、祀于廊庙。儒教有时以反宗教的面貌出现,实际上用适合封建宗法制的民族形式的宗教,以更加入世的姿态把人们引入信仰主义、蒙昧主义、偶像崇拜的死胡同。

儒教建立后,历代政府用行政命令推行它的主张,用科举考试鼓励青年人钻研诵习,耳濡目染,使宗教社会化,把俗人变成僧侣。人们记忆犹新的十年动乱期间的造神运动所以得逞,千百万群众如醉如狂的心态,它的宗教根源不是佛教、不是道教,而是中国儒教的幽灵在游荡,只不过它是以无神论的面貌呈现在人们面前的。

---

① 朱熹《周易本义》开头讲占卜仪式,说:"日炷香致敬……筮者斋洁衣冠北面,盥手焚香,致敬……命之曰:假尔泰,筮有常,假尔泰,筮有常,某官姓名,今以某事云云,未知可否,爰质所疑于神于灵,吉凶得失悔吝忧虞,唯尔有神,尚明告之。"

② 鲁迅记述他幼年入学,在三味书屋拜师礼,还未改。

从程门立雪看儒教*

1992 年《群言》第 8 期,有张岱年先生的"辨程门立雪",澄清了以讹传讹的事实,如实表述了程门师生关系,对时下学术界不求甚解的学风多所纠正,文章写得很好。

现在,我试图换一个角度来谈谈程门立雪。弟子们肃立在老师身旁达两三个小时之久①,老师瞑目而坐,是闭目养神? 打瞌睡? 还是在干什么?

据记载,河南程氏兄弟(哥哥程颢,弟弟程颐)同时讲学,传授同一批弟子,他们治学方法基本相同。只是两人的性格有差异,哥哥程颢为人平易近人,弟弟程颐为人严肃,弟子们见了有些怕他。程颢死后,程颐继续教授他们的门徒。

伊川见人静坐,便叹其善学。(《伊川学案》)

明道(程颢)终日坐,如泥塑人。(《明道学案》)

(谢良佐)往扶沟见明道,受学甚笃。明道一日谓之曰:"尔辈在此相从,只是学某言语,故其学心口不相应,盍若

---

* 据《任继愈学术文化随笔》。原载《群言》1993 年第 2 期,曾收入《儒教问题争论集》等。

① 按华北中等降水量计算,雪深一尺,至少要下两三个小时。

行?"请问焉。曰"且静坐"。(《上蔡学案》)
程门培养学生一方面是知识教育,一方面是德性教育。程伊川归纳为两句话:

> 涵养须用敬,进学在致知。

进学指读书、讲史、体会经书中的道理。《二程遗书》中有关儒家经典的注解、阐发都属此类。程颐的《易传》是程氏释经的代表作。此外,对《论语》《孟子》《大学》《中庸》的解释,都属于致知方面的教材。

致知不在于教人增长见闻,而是以读书为门径,达到成圣成贤的目的。

涵养用敬,在于培养学者的德性,通过做功夫,体验圣贤的精神境界。进学与涵养不可偏废,但涵养比读书更重要。程伊川认为精通经史、学识广博、文章华美,都是致知范围,如果缺少涵养用敬功夫,就算不得真正有学问。苏轼与程颐同朝为官,彼此相识。程颐认为苏轼不过是个文人,缺乏涵养功夫,离圣贤境界甚远。苏轼也讥笑程颐迂阔、顽固、食古不化。

《中庸》是程伊川大力推崇的经典①。《中庸》说"喜怒哀乐未发谓之中,发而皆中节谓之和"。程门教人静坐、反思、体认圣人"中和"气象。这是一种内心自我调节的精神训练,要求既不着意去思虑(佛教谓之非想),也不排除思虑(佛教谓之非非想)②。经过长期训练,使人保持心理上的绝对平衡,超常安定。类似这种训练方法,佛教谓之"禅定",道教谓之"坐忘"。唐宋以降,佛、道都宣传这种宗教修养功夫,缺少这种功夫,就不配跻身

---

① 《论语》《孟子》《大学》《中庸》称为《四书》,其地位与《五经》并列,首先推动者是程伊川。

② 人们通用的"想入非非"的典故来自佛典。

学林,更难进入圣域。

　　佛教、道教的宗旨都教人疏远社会生活,摆脱家庭关系。儒家教人既要有超出凡俗的精神境界(中和境界),又要以这种精神境界为基础,积极参与社会活动和家庭生活,儒家提倡增强个人身心修养,以超凡脱俗的精神境界参与治国平天下的入世活动。把内在超越与外在社会活动融为一体,从而实现完美无缺的人生价值。这也就是儒家标举的"内圣(个人修养)外王(平治天下)之道"。

　　程氏教育门人的修养方法并非独创,它反映了隋唐以来佛教、道教长期流行的宗教修养思潮。司马光与程颐不同道,他的修养方法是静坐时,集中意念,沉思一个"中"字。与程氏兄弟同时的张载、邵雍等人,各有一套与程氏静坐大同小异的精神修养方法。

　　从南北朝到隋唐,几百年间,佛教道教势力远远超过儒家,二教的精神修养方法恰恰又是孔、孟和汉代儒家所缺乏的。唐以后的儒家为了在激烈的三教斗争中取得立足之地,不得不吸收二教的精神修养方法来充实自己,从而形成了新儒家(New-Confucianism),也称为儒教。程门立雪的故事,一方面说明儒家尊师重道精神,另一方面也表明当时儒家确实受佛道二教影响,把二教的宗教修养方法纳入儒教中来。

　　儒教是不是宗教,国内学术界有不同的观点,有人认为是宗教,有人认为不是。形式上儒教显然与现在流行的世界三大宗教不同。如果从宗教实质来看,它具有宗教实质。宗教形式为教团组织,宗教教义,崇拜对象,诵读的经典,固定的教徒等,儒教都有。宗教实质是它对现实世界的超越性。相信西方净土、死后进入天堂,是宗教的超越性,这是一种外在的超越。还有一种超越性,不必到另外世界寻求超越,只要在现实生活中改变一下世界观,即可超凡入圣。把宗教世界观的内在超越发挥得最充分的是中国的禅宗。禅宗宣称,一悟即菩提,一迷即凡夫。求佛解救,不如自己解救。禅宗说,"运水搬柴,无非妙道",成佛不必去西天,当下即可成佛。像禅宗内在超越观,儒教完全具备。儒教说,既然运水搬柴都是妙道,可以见性成佛,那末事父事君,过正常的社会生活为什么不能成圣成贤呢? 只在日常生活中,"存天理,去人欲",不断涵养用敬,自然可以提高人们的思想境界。境界不同了,尽管行为看起来和一般人没有什么不同,但境界上有凡圣的差别。宋代以后,建立的儒教就是特别强调人们精神修养,内在超越的具有中国特色宗教。儒教对中国社会起着稳定封建秩序、延缓封建制度解体的作用。宗教通过有效的政教合一的完备体制,也增强中华传统文化的传播和普及,对民族的凝聚力起过积极作用。到了近代,儒教也起过妨碍现代化的消极作用。

朱熹的宗教感情*

说朱熹是一位影响深远的哲学家,学术界对此没有不同意见,说朱熹是宗教家,还有争议。

人们习惯公认基督教、佛教、道教、伊斯兰教是宗教,凡是不像上述的宗教的信仰和组织,不被认为是宗教。现在我们按照实事求是的原则,暂且抛开习惯的尺度,看看宗教之所以为宗教,有哪些必备的内容。

宗教与哲学都属于上层建筑的最高层,神的存在不是论证出来的,古代有名的关于"上帝存在的证明",都没有完成它的"证明"的任务。因为上帝的存在,来自信仰,而不是来自论证。信仰,不允许怀疑,不能问个"为什么"。越是最根本的问题,越不允许怀疑。哲学的根基是理性,是系统论证,哲学鼓励人们去问个"为什么"。

隋唐时期三教并立,各立门户。北宋建国,儒教吸收佛、道的某些内容,用来充实自己,以"三纲五常"为核心信仰内容,融合佛教、道教的心性修养、禁欲主义、建立新体系。儒教奠基于

---

* 据《任继愈学术文化随笔》。原载《群言》1993 年第 8 期。曾收入《儒教问题争论集》。

北宋的二程,完成于南宋朱熹。儒教以"三纲"为信仰核心。"三纲"是永恒存在,万世不变的准则。根本不允许怀疑,更不允许讨论。"三纲"的秩序,是人类社会的秩序,也是宇宙的秩序。

朱熹树立了儒教的"圣经"——《四书》①,捧出了儒教的教主——孔子。组织了儒教的教团及传承世系——儒教集团,建立道统说。朱熹以毕生精力注解《四书》并取得儒家经典的解释权,借助政府力量予以推广,订为国家教材,为全国知识分子所必读。为儒教的合法传播打下基础。

孔子不幸被捧为儒教教主,和老子被捧为道教教主是一样的遭遇。孔丘的"丘"不能读"qiū",只能读作"某",以表示避讳②。隋唐时期,孔、老、释迦并称"三圣",三人中只有释迦这位教主,当之无愧,孔、老二位遭到无妄之灾。

朱熹奉孔子为教主,把孔子捧为神。朱熹对孔子的信仰出自真心实意,他相信孔子在天有灵,随时监察、倾听着后世儒生的言行。朱熹二十四岁开始做官(同安主簿),为文以告先圣。从此以后,数十年间的每遇重大事件,如任命新的官职,建成讲学书院,修建藏书楼上梁开工,朱熹主要著作刊布发行,辞官卸职,甚至处罚不好好学习的弟子,都要为文告先圣(孔子)。

供奉先圣及先贤的仪式也仿照佛道二教的方式,设神像,月旦望率诸生拜谒,"设香火之奉"。朱熹看到当时"敬畏崇饰而神

---

① 宗教经典,文字不能太长,要使人便于传诵。儒家的《五经》,文字多,不易记,不易懂。如《五经》中的《尚书》,就难读,难记,《诗经》内容杂,《春秋》简略。世界上几个大的宗教的经典,《古兰经》《新约》《旧约》,文字都不多,便于记诵。佛教经典数量大,但流行于信徒中,普遍传诵的经典也是一些小型经,如《般若心经》只有几百字。

② 元代丘长春是元初有名的道教领袖人物,白云观有个丘祖殿,后人为避孔丘的讳,把丘长春改写为邱长春,"丘祖殿"改写成"邱祖殿"。

事老子释氏之祠"，很不以为然，他曾利用当地方官的机会，没收了五所佛教寺院的庙产，划充儒家学田①《朱文公集》卷七十九。

朱熹文集中，把孔子当作神，大小事必有"告先圣文"，其次是祭告各地先贤祠堂文，这类文章数量也很多。

其次是祭社稷、祈雨、谢雨、止雨、祈祷山川神祇的文章。

还有祭告家庙、焚黄，敬祀祖先的文章。此外还有祭土地、祝岁，占卜，求神明指示吉凶、定行止的文章。

朱熹忠于孔子，不只是一般学术上的信奉，而是有着宗教徒对教主的虔敬。这种思想感情是人类历史进步到中世纪阶段普遍出现的。西方奥古斯丁②、安瑟伦③与朱熹时代前后相去不远，他们所关注的问题是如何拯救心灵，使之净化，存天理去人欲，免遭外诱，以致沉沦。可谓东圣西圣若合符节。

学术界"五四"以来多议谈中西文化之异同，此类文章多只着眼于地区间的差异，以今日的欧美与中国传统文化相对比，而忽略了他们所谓中国传统文化是未完全从中世纪神教迷雾中解脱出来的古老文化。把中世纪的中国传统文化与现代的欧洲文化对比，是不妥当的。

---

① 《建宁府崇安县学田记》。

② Aurelius Augustins，354—430 年，欧洲中世纪神学家，主张"理解为了信仰，信仰为了理解"，"上帝是真理，是万物终极之真理"，是"至上的善"。著有《忏悔录》等。

③ Anselnus，约 1033—1109 年，欧洲中世纪神学家。提出上帝存在之"本体论证明"。主张"一般"作为独立存在的第一性实体，个别事物是第二性的。

中国的宗教与传统文化 *

自从人类脱离了蒙昧时期,就产生了宗教。宗教是人类社会发展必须经历的过程。据现在的社会普查表明,世界上还没有发现哪一个国家或民族没有宗教的,虽然各自有不同性质的宗教信仰,是多样的,但不是统一的。

中国古代的宗教是"儒教"。这是从它的发展成熟后给以定名的,在成熟之前,已有一些后来儒教的基本要素、基本信仰的神灵。

从发展的道路来看,我把它分为:

(一)前儒教——殷周开始到春秋战国。

(二)准儒教——汉代到隋唐。

(三)儒教——宋到"五四"时期。

前儒教:提出了以昊天上帝为信奉中心。祖先崇拜,图腾崇拜以及地方巫术,都纳入这一上帝信仰之下。

准儒教:推出了以孔子为教主的经学神学系统。魏晋南北朝建立了"三教"。三教并立,儒教入世,佛、道出世,共同教化天下。三教都尊奉中国的忠、孝三纲原则。最上神,三教分立,未

---

　* 　据《念旧企新》。

统一。

儒教：宋以后，三教合一已成定局，儒教占有绝对优势，将佛、道二教的心性、宗教修炼方法吸收进儒教。汉朝定儒为一尊，后来佛、道兴起，儒教的一尊地位受到挑战。但儒教占政治的优势，并采取吸收、融化的方式，终于从三教鼎立到三教合一，以儒教为核心，建成完整的儒教体系。

（一）儒教以上帝为最高神，下面包括地上百神、祖先神、圣贤神孔子三大系统。不能因为中国儒家有了众多的神，就称它为多神教。众神的地位是不同的。儒教的根本历史作用，和其他各大宗教一样，都是用神学论证、保证君权合法性——"皇权神授"。从殷、周到袁世凯、溥仪称帝，都用"神权"为"皇权"作论证。祭天是最隆重的国家大典（等于西方帝王的加冕）。

（二）儒教最成功地完成了"政教合一"的体制。西方教皇与国君是两个人，引起政教之争。中国儒教则"教皇"与国君统一为一个人。从尧舜以来，天子是政治领袖，又是宗教领袖，没有政教之间的斗争，而是融合无间。秦汉以后，长期稳定的大国，没有分裂（短期分裂只是例外，被认为是乱世，不正常），与中国儒教的政教合一体制有关。

（三）儒教发生在统一的、多民族的大国。它具有高度的包容性，兼收并蓄其他地方宗教、地区神，把它们安放在适当的地位。诸神并存，共同拱卫着至高无上的上帝（昊天上帝）。多民族的凝聚力也反映在多神向昊天上帝的凝聚力。

（四）社会不断发展，五千年的文明古国不断产生新的事物，社会上产生新的矛盾，在人民生活中也会不断有新问题。儒教通过它的宗教教义，不断给以新诠释。中国古代儒教经典中只有《四书》《五经》，但关于《四书》《五经》的注疏、诠释数量极多。古人"以述为作"，述也是作。"诠释"的作用极大，中国古代文化遗产主要是借诠释来完成的。

（五）中国传统文化,在长达两千多年的政教合一的政体下不断完善,并通过行政手段,有效地保证其宗教思想的贯彻执行,运用强大的综合国力,对世界文化做出了贡献。但中国传统文化之中,精华与糟粕并存,对其所具有的消极内容和消极作用,在改革开放的今天,仍应有清醒的认识,并认真加以剔除。

（六）儒教的宣传机构及传教方式十分完备,既有高度抽象思维的哲学思想,究天人之际,极高明而道中庸,也为一般信奉者提供通俗的宣传形式,如宝卷、劝善文,结合民间文艺、通俗故事,宣讲忠孝节义的人物,吸收了佛教因果报应学说。连穷乡僻壤不识字的人,也用竹篓收拣写过字的废纸。上写着"敬惜字纸",把经书上的文字,看作具有神圣性。

（七）天坛祭天,先农坛祈祷丰收,关心农业是从天子到地方官员共同关心的宗教仪式。天旱不雨,地方官祈雨,是神事也是民事,这也是儒教政教合一的表现。

（八）儒教的发生、发展,为了研究的方便,虽可分为前儒教时期、准儒教时期及儒教时期,却有一条线索贯穿始终:它是中国这块土地上的文化结构,是连续不断地发展起来的。研究儒教,也是研究它的宗教仪式,儒教称之为"礼"。不注意儒教中关于礼的宗教性、神秘性,是无法了解礼的实质的。学术界多强调儒教对天命鬼神存疑的一面,而忽略儒教对天命鬼神崇敬的一面。朱熹对天命鬼神的虔信程度,绝不亚于佛教徒对"佛"的虔信。

只有深入研究儒教,才可从全局把握中国传统文化要义,触类旁通地说明古代政治、经济、军事、法律、哲学、艺术以及科学领域的根本思想。这是中国传统文化的主线索,它具有全局性的战略意义,是认识中国国情的基础。以此为契机,对进而认识儒教文化圈的其他相邻国家的国情也有重要意义。

中国的国教 *

儒教在南北朝时与佛、道二教并称为三教。这三教都具有辅助王化、整齐民心的社会功能，都受到政府的重视和支持。

儒教的名称是后起的。孔子为儒家的创始人，属诸子中的一个流派。春秋以前中国已有自己的传统宗教，已有这种宗教信仰，尚未有固定的名称。

中华民族自从开始在黄河、长江流域活动之日起，就产生了自己的宗教。这种宗教以部落神、氏族英雄人物为崇拜对象。相传黄帝是发明舟车、宫室、衣服等器物制造的神，还创制了文字。炎帝、神农发明种植、医药，伏羲发明家畜驯化，燧人发明用火，他们是人，也是神。中国古代民族信仰，往往是氏族领袖，死后为神，受到本族祀奉，带有氏族、宗族的印记，带有乡土气息，与西欧古代神话传说不大相同。

中国古代的祭祀对象，祖先祭祀与天帝信奉相伴相随，纠结在一起。随着地上王国的组织形式日趋完备，上帝的轮廓、形象如影随形，也日趋完整。祭祖先，敬天神，二者紧密纠结胶固，凝

---

　　* 据《竹影集》。原为《中国儒教史》序。曾发表于《中国哲学史》1997年第 4 期，收入《儒教问题争论集》《任继愈宗教论集》。

为一体,构成中华民族传统信仰的核心。归纳为"敬天、法祖"。

中华民族活动生息的基本地区以长江、黄河流域为基地。由于内外地势的变化,有时向外辐射的远一些,有时向内收缩一些,但总的范围不出长江、黄河两大流域。这是中华民族五千年来生存、栖息的地区。

秦汉以后,以长江、黄河流域两大地区为中心,组成了多民族统一的中央集权大国,这种大国统一的格局保持了两千多年,直到今天。由于社会的变革,文化的发展,国内外的经济文化交流,这个多民族的统一大国在政体、组织形式、领导集团有过多次改变。秦汉统一后,多民族共同组建的统一大国,并不是一帆风顺的。几千年间,它遭受到内忧外患,政权经过多次更迭,社会经经过无数动荡,民族之间融会协调为基调,也有过暂时的战争。总之,秦汉以后的中国两千年的经历极不平凡。因为,人民已习惯于在中央高度统一的政权下生活。因为统一大国可以给人民带来实际利益,比如说,在国家有效统一下,消灭了内战,太平盛世,老百姓百年不见兵戎,可以安居乐业地过日子。只有国家失去有效管制时,才发生战乱,生命财产无保障,甚至发生人相食的惨剧。国家发生大水灾等自然灾害是难免的,统一大国,可以借国家的力量调剂各地丰歉,从而避免人民流离失所。国家统一,可以调动全国人力抵御外来侵略势力;国家统一,集中全国人力、物力兴建大规模的物质建设及文化建设,如修长城,开运河,整治大河河道,进行重大项目的文化建设,修纂大的文化典籍,如《永乐大典》《四库全书》,远非一人一地的人才所胜任,要集中全国人才,协同攻关,才能产生第一流的成果。

同时还要看到,古代中国是个自然经济结构的小农经济,一家一户为生产单位,生产的产品除了供全家消费,所余无几。正是借助统一大国的高度集中,把分散、零星的少量财富集中起来,聚沙成塔,集腋成裘,充分发挥大国的综合国力,才能办成几件大事。历史上大国统一,给人民带来了某些不便,但几千年的实践表明,广大人民对统一大国的格局是拥护的,支持的,并在思想观念上取得共识,广大人民一直认为统一大国是正常的,分裂、割据是不正常的。即使在某一阶段处在南北分裂时期,割据者也认为应当统一,要求结束不统一的局面。

在这样一种总的政治形势下,中国的哲学、文学、史学及宗教,都在各自的思想领域发挥了它们的上层建筑的作用。

从秦汉到鸦片战争,中国历代王朝都努力加强有效的大一统的政治管理,努力建立完善、合理的社会秩序。他们除了调动政治、法律的强力的工具外,还要调动思想、文化的教化作用,配合政治,法律的不足。也就是说,法治与教化两者相辅相成。

儒教是在中国这块土地上生存了几千年的土生土长的宗教。在秦汉以前,已经提出"敬天、法祖"的信仰核心。秦汉以后,国家形势日趋完备,地上王国的神光曲折地反射到天上,天帝的形象也日趋完备。天神除了司祸福、赏罚,还要主管人们的内心活动、行为动机。佛教、道教、儒教都从不同的角度,为这个大一统的封建王朝制度的合法化、合理化构建理论体系。

中国人民接受、支持、维护这个大一统的国家制度。佛、道、儒三教不但没有提出过异议,而且论证其合理性。国法中体现天理。忠孝是出自人类天性。不忠、不孝,不但不能成佛、成仙、成圣贤,甚至也不足以为人类。

儒教在古代曾有过功劳,因为它为巩固大一统的封建王朝起过积极作用。古代封建大一统的成就已经证明是符合中国历史法治的实际需要的,为这个制度服务的儒教的功绩不可不给予足够的肯定。

中国传统宗教的核心信仰是"敬天、法祖",秦汉以后的中国传统宗教核心信仰是"忠孝"三纲。忠孝、三纲的信仰与"敬天、法祖"的古代信仰一脉相承,只是把敬天法祖的宗教内容使之完善化,更能适应大一统国家的生存要求。

先秦敬天法祖的信仰,与当时中央政权的统治不够集中,中央统摄力还不够强大的政治形势相配合。秦汉以后,地上王国势力强大了,上帝的统摄范围也扩大了,不但山川、日月,连人们的内心活动、一念善恶也要受宗教思想的管束。

秦汉以来,由皇帝直接管理天下的郡县,参与管理的有丞相、三公。但皇帝经常受到大臣、权臣的干扰,甚至发生宫廷政变,皇权有时遭到篡夺。为了加强中央集权,巩固社会秩序,宋朝以后,加强了儒教的教化作用,宋以后,再也没有权臣,没有篡臣。儒教以教化力量巩固了中央集权的稳定性。曹操在唐以前有能臣的形象,宋以后,曹操成为奸臣;扬雄在唐以前在文化思想界有较好的声望,宋以后,由于扬雄做过王莽的官,声望下降。特别是明清两代,以科举取士,官方用考试制度强力推行儒教思想,以宋儒程朱思想体系作为取士的准绳,等于用行政命令强化普及儒教信仰。科举考试是明清两代读书人仕进的必由之路,凡是走这条路的士人都要系统地接受儒教思想的培训,这对儒教的普及起了有力的作用。

中国的儒教还有另外的特点,是高度的政教合一,政教不分,政教一体化。皇帝兼任教主,或称教主兼皇帝。神权、政权融为一体。儒教的教义得以政府政令的方式下达。朝廷的"圣谕广训"是圣旨,等同于教皇的敕书。中世纪欧洲的国王即位,要教皇加冕,才算合乎天意。中国的皇帝即位,只要自己向天下发布诏书就行了。诏书开首必以"奉天承运,皇帝诏曰"。开始,皇帝的诏书同时具有教皇敕令的权威。

儒教是中华民族特有的传统宗教,凡是生活在中国这块古老土地上的各民族,包括汉族以外的少数民族,如北方的辽、金、元,西夏及清,都以儒教为国教,孔子被奉为教主(这是孔子生前没有料到的,正如老子被道教奉为教主没有被老子料到一样)。

儒、佛、道三教同为古代传统宗教。唯有儒教利用政教高度结合的优势得以成为国教,儒教的神权与皇权融为一体,不可分割。一旦皇帝被打倒,皇权被废除,儒教也随着一同衰落。行政命令打不倒宗教,早为历史所证明。但政权是可以更迭的,皇帝是可以打倒的。儒教与皇权融为一体,所以才随着皇权的废除而不再行时。反过来看看佛、道二教,当初没有儒教那么显赫,儒教消亡后,佛、道还能继续存在。可见,宗教存在有其长期性。儒教中"敬天法祖"的宗教核心部分,今天还在中国人思想中有影响,而"三纲"思想今天存在的地盘大大缩小,消失殆尽。

按儒教发展进程,大致可以分作以下几个阶段:

(1)前儒教时期——秦汉以前;

(2)准儒教时期——两汉;

(3)三教并立时期——魏晋、隋唐;

(4)儒教形成时期——北宋(张、程);

(5)儒教完成时期——南宋(朱熹);

(6)儒教凝固时期——明清。

我很高兴地看过李申同志写成的《中国儒教史》(上)的手稿,觉得李申这部书稿为研究中国文化史、思想史、哲学史打开了一堵墙。这堵墙,堵住了我们的视野。

我们正面临开放的新时代,中华民族正满怀信心地走向世界,我们有吸收外来文化充实自己的优良传统;又有故步自封的保守习惯。有应当保护的民族文化瑰宝,又有黏附在瑰宝上的污垢。创建社会主义新文化大厦,先要清理好我们古老的地基。这时一切外来文化先后涌来,我们长期封闭,一旦接触到五光十色的外来文化,深感应接不暇。对中国自己的古老文化,也要用马克思主义历史唯物主义重新评估。我们学术界对中国传统文化进行了大量研究,成绩卓著。唯独对影响中华民族的伦理观、价值观、社会生活、文化生活以及家庭生活的突击,没有给予应有的注意,以致有许多本来可以找到说明的道理,交臂失之。不研究儒教,就无法正确认识中国的古代社会。经过多年的思考,我相信不是危言耸听。

李申同志好学深思,研究儒教有年。他这部书稿的出版,必将为中国宗教史的研究开创一个新境界,给研究中国文化史提供了一条新思路。

思想体系是一个民族全部物质生活、文化生活的一面镜子。儒教是中华民族土生土长的宗教,道教也是中国土生土长的宗教,但道教没有成为国教。道教影响也很深远,在文化思想领域内,即使在它极盛的时期,势力还不及佛教,更不能与宋明以后占绝对统治地位的儒教相比。只有承认儒教的存在这个事实,进而充分研究儒教的许多分支部门,才能有效地为建设具有中国特色的社会主义新文化增添一些建筑材料。

李申同志的这部著作只能算作关于儒教探索的第一步。刚刚开始,难免有开辟新领域经常遇到的困难和不周到的地方。等到引起更多学者关注以后,必将有丰硕的成果奉献给学术界。抛砖引玉,我们在期待着。

"'儒家德治思想与现代社会' 国际学术研讨会"开幕式致辞[*]

各位代表、各位嘉宾:

首先,请允许我代表中国哲学史学会向大家表示热烈的欢迎和衷心的感谢!感谢大家对这次会议的大力支持!同时,我也对会议筹备组出色的工作,表示衷心的感谢!

我们这次会议的主题是"儒家德治思想与现代社会",应该说这是一个老题目,一个大题目,还是一个新题目。说它是个"老题目",意思是"说来话长"。儒家创始人孔夫子早在两千五百年前就明确提出德治思想,他说:"为政以德,譬如北辰,居其所而众星共之。"(《论语·为政》)又说:"道之以政,齐之以刑,民免而无耻;道之以德,齐之以礼,有耻且格。"(同上)以后历代儒家大师都继承孔子的德治思想,大力倡导,大力阐发,成为儒家名副其实的传统观念。德治讲了两千多年,当然是个老话题。我说它是个"老话题",丝毫没有贬义。儒家讲了这么多年,确实是有道理存在。它表达了一条重要的政治学原理:离开德治,只

靠强制手段,不可能治理好国家。大量的史实早已验证了这条原理的正确性。

说它是一个"大题目",意思是"意义重大"。儒家德治思想是作为一项治国方略提出来的,关系到国家长治久安、稳定发展之大计,当然意义重大。我们研究儒家的德治思想,可以说是古为今用,也就是继承和发扬先人的经验和智慧,弘扬优秀的传统文化,治理好我们的国家。江泽民同志多次提出"以德治国"的问题,足以表明它的重要性。

说它是一个"新题目",意思是"常讲常新"。德治思想虽说是儒家提出的老话题,可是我们站在现代的角度来讲,还是可以讲出许多新意来,还是大有文章可作的。以前由于受"左"的思想的干扰,我们一提到儒家的德治思想,往往是只有批判,没有继承。常说的一句话是"软刀子杀人不见血"。人们常常把反动统治者利用德治口号作为政治手腕欺骗老百姓,同儒家的德治思想本身混为一谈,并且归咎于儒家,这是不正确的。庸医用药不当,把人治死了,受到谴责的应当是庸医,而不应当是发明药的人。我们今天重新研究德治思想,首先应当清理以往的偏见,正视它的现代价值。我们今天研究儒家的德治思想,势必涉及许多新的理论问题,比如,在社会主义条件下,如何处理"以德治国"与"依法治国"的关系?我们讲以德治国的"德"是怎样一种德?怎样才能把以德治国落到实处?各位代表和嘉宾都是"好学深思之士",相信大家能提出真知灼见来。

最后,预祝大会圆满成功!

《论医中儒佛道》序*

看到薛公忱君主编的《论医中儒道佛》，全书的框架结构、思路布局很有特色。本书作者接触到中国传统文化的主流，大方向值得肯定。

儒、道、佛，是中国传统文化的三大支柱。这三教影响着中华民族的政治生活、社会生活、文化生活。家庭日用起居、身心修养，无处不渗透着三教的影响。

隋唐以前，各教为了各自的生存，都凸出了各自的主旨，以示区别于它教。同时，这三教又都是为中华民族统一国家服务的，最终任务没有根本矛盾。历代中央朝廷对三教采取兼容并存、保护支持的政策，这有利于维持多民族的统一大国的安定繁荣。历代王朝为了巩固其统治，对三教都不敢忽视，保护三教也是历代王朝共同执行的方针。孔子与老子、释迦并称"三圣"，受到同样的尊奉。皇帝个人对三教或有所偏好，有个别皇帝曾对某教进行过迫害，但为时不久，三教又恢复了正常活动。因为宗教扎根于群众的信仰，行政命令限制不住。

三教有区别又有联系。中国封建社会后期，三教互相融合

---

* 《论医中儒佛道》，中医古籍出版社，1999 年版。

的趋势大于相互排斥的趋势。三教思想不是永远互相平行的航道，而是互相融摄、渗透的三个兄弟宗派。佛教公开宣扬儒教孔孟思想，有的佛教徒自称"中庸子"，道教全真教派实质上已成为儒教的分支。大儒王守仁，公开宣称儒道两教的心性修养的终极目标与佛教没有两样。明代中期在江苏、福建一带创立了"三一教"，公开宣传三教会同的宗旨。

这部书稿从三教分别处着手，整理中医传统是必要的，同时也要看到，宋明以后的中国医学有关三教的指导思想中的三教合一的倾向，要重视这一事实。既要指出三教各自的区别，又要看到三教互相的融合。这两种现象掌握得适度，可以得到符合历史发展实际的结论。

璀璨中华文化之花的母树
——《十三经》*

　　中华传统文化典籍浩若烟海,在这些典籍中,《周易》《尚书》《诗经》等十三种典籍因其起源早,内容宏富,流传广泛,而被认为是核心典籍。《十三经》可以说是中国文化的基本资料库。在十三经中,有反映宇宙观和变易哲学理念的《周易》,有最早历史资料《尚书》《春秋》,有最早的诗歌总集《诗经》,还有反映教化思想的《礼》《乐》等。《十三经》对于中华文化的丰富和发展起了极大的作用,同时也极大地影响了国民的文化传统和知识结构。《十三经》为主体的经学涉及古代学术的各个领域,如思想、哲学、宗教、典制、经济、管理、军事、法律、语言、文学、风俗等,包括了中国学术的主要门类,对中国古代各学术分支的形成和发展有着重要的影响。可以说,不了解经学,就很难真正理解中国古代社会的传统文化。如果将中华文化比作璀璨夺目的花朵,《十三经》就是它的母树。

---

　　*　据《皓首学术随笔》,原载《古籍整理出版情况简报》2001 年第 1 期。

《十三经》在中华民族文化史上有无比重要的地位,对中华文化产生过巨大的影响。它们曾对邻近国家引发广泛的文化认同,国内各兄弟民族起着文化凝聚的作用。随着国势的昌隆,重新认识传统经典的价值,重新诠释《十三经》这样的经典中所包含的智慧和经验,结合现代化的发展,重构我们的民族精神,在当前是非常有意义的。

《十三经》内容宏富,言简意赅,源远流长。像《诗》《书》《易》等经的渊源,可以上溯到上古。《诗经》成于商至春秋之间,《尚书》为虞夏商周四代的官方文告,而《易》更有"伏羲画卦"、"文王重卦"的说法,《诗》《书》《礼》《乐》《易》《春秋》六经之教在春秋战国时期的社会教育中已具有明显的作用。特别是经过孔子及其学派的整理加工,孔子立私学以授徒,扩大了经的传播范围,由此奠定了六经在中国学术思想源头的地位。汉代五经立于学官,并因文字和解说的不同分出经今文学和经古文学,以后或纷争或混合,但由此丰富了对经的解说,促进了经学的发展。汉以后,又出现了解说注文的疏,这些注疏对于《十三经》的流传起了至关重要的作用,历来受到与经文同等的重视。《十三经注疏》汇刻在一起,当始于南宋,也就是所谓的十行本。以后历代多有翻刻,错讹渐多。清代经学研究蔚然成风,至乾嘉时校勘训诂之学极盛。经学家阮元主持刊刻宋本《十三经注疏》,为学界提供了一个可靠的读本。阮氏刻本尤重校勘,《十三经注疏》以前各种版本的讹谬得以纠正。因此阮刻本流行二百余年,历久不衰。凡研读经学者,不经历《十三经注疏》难窥门径。研读《十三经注疏》而不用阮元校勘本的也是少之又少。

阮刻《十三经注疏》问世,迄今又过了近二百年。这二百年间,经学研究有不少新的研究成果,有文字训诂的,也有义理阐发的,特别是近现代,考古不断发现新的资料,新的理论不断出现。学者们的视野更宽了，研究方法更加科学，因此应该有新的版本汇集这些成果，反映着二百年来经学研究的进展。

日前北京大学出版社出版了全新整理本《十三经注疏》，对《十三经注疏》进行新的标点和校勘。全新整理本的整理和审定工作，荟萃了近三十位治学严谨、功力深厚的国学界新一代古文献专家，历时五年多完成。全书的标点、校勘和文字处理，都完全按照古籍整理的规范进行，尤其是在利用前人成果的基础上更进了一步。如校勘方面，全面吸收了阮元《校勘记》和孙诒让《十三经注疏校记》及其以后的成果，同时近现代的校勘、辨证、考异、正误等方面的成果也择要吸收。总计校雠、梳理各种资料，撰写页下校勘记二十余万条，二百四十万字，远远超出了阮刻旧本。并且为兼顾研究与普及的需要，还出版了繁、简两种版本，将为我国经学研究做出新的贡献。我相信，这个全新整理本《十三经注疏》将代替清人校刻的旧本，再流行它一二百年应当不成问题。

《中国儒教论》序 *

　　儒教是不是宗教,中国有没有宗教,在我国古代本来不成为问题。这是从辛亥革命到"五四"前后,重新提出的一个新问题。学术问题之所以引起争论,总是由于发现了新材料(文献的、考古的)引起大家的兴趣。唯独儒教引发的这场争论,并没有发现新材料,双方的根据都引用"四书",同样的根据引出不同的结论。这一特异现象,值得引起我们的注意。《韩非子》中说,两人互争年龄谁大的寓言,一个自称与尧同年,另一个说他与尧之兄同年。双方相持不下,又举不出新的证据,只有"后息者胜"。这不是学术争论所应当采用的办法。

　　关于儒教的争论,既然不能从儒教本身的解释去争是非,那就不妨暂时离开"四书"(《大学》《中庸》《论语》《孟子》),试从更广泛的范围,如社会学、经济学、宗教学、人类学多方考察,把它放在更广阔的视野里来观察,可能对问题解决有所裨益。

　　儒教,这个具有中国古代特色的国教,源远流长。儒教的宗教信仰核心为"敬天法祖",当它处在原始宗教形态时,已蕴涵着

---

　　*　据《皓首学术随笔》。曾以《把儒教放在更广阔的视野里来考察》发表于《云梦学刊》26 卷(2005 年)第 2 期。收入《任继愈宗教论集》。

它后来的基本雏形,祭天、祭祖,同等重要。随着国家形态的逐渐完善、成熟,它的"敬天法祖"这个核心未变,不断增添政治内容。古老文化五千年后半的两千五百年间,国家的形式与宗教形式结合得更紧。把"敬天法祖"的中心信仰凝练为忠孝两大精神支柱。春秋战国开始酝酿如何建立一个包括黄河、长江流域广大地区的统一国家。当时出现了百家争鸣的局面,诸子百家都提出了如何"治天下"的问题。各家各派方案不同,但共同关心的是建立一个多民族的长治久安的体制。秦汉统一,奠定了中国两千多年从古到今的基本模式,建成了"多民族的统一大国"。秦汉以来,历代的国土管辖范围以长江、黄河两大流域为基地,有时向外扩张一些,有时向内收缩一些。向外扩张时,南到广东以南的交趾,北到辽河流域的部分;缩小时,又回到长江、黄河流域中原本部。大致说来,这块土地,大约略小于欧洲大陆。在这样一块广土众民的国土上,栖息繁衍着不同民族的群体。环顾世界上几个文明古国,它们都给人类创造了精神财富和物质财富,做出了贡献,但这些文明古国有古而无今,没有持续发展下来,有的衰落了,有的沦为殖民地。只有中华文化,古而不老,历久弥新,儒教曾有力地帮助生养繁衍的人民走过曲折道路,克服种种困难,不断发展壮大起来。

在封建专制且多民族的国家,忠孝既是思想保证,又是组织保证。政治信奉原则为忠,家庭信奉原则为孝。具有中国特色的封建社会,是在宗法制下的统一信仰,即忠孝。忠是对一国的最高统治者的服从原则,孝是对一家一户小农经济社会的最高原则,家庭成员对家长要绝对服从。忠孝又是儒教在古代中国团结教育全国各族人民的实践教材。

几千年来,忠孝原则对社会成员起着稳定平衡作用。古代一家一户的小生产方式,效率低下,借助政府的集中统一调配才能使少量剩余产品发挥出最大效益。精神文明建设，如修纂大型丛书、工具书等；物质文明建设，如修长城、开运河、兴修跨省区水利、抗拒外来侵略、赈济农业自然灾害，都是充分利用多民族统一集权制度，调动全国各族人民共同努力才得以完成的。这是忠孝信仰起着极大的鼓舞作用。

在忠孝教化下，儒教利用政教合一的便利优势，形成团结人民、融合民族团结的纽带。儒教以外，道教、佛教，以及公元7世纪传入中国的伊斯兰教，各以自己的宗教教义与儒教密切配合，共同起着辅助王化的作用。明代中叶以后，西方基督教有几次传入，都由于没有与儒教"敬天法祖"的忠孝信仰配合，虽然多次传入，都未能立足。到1840年以后，靠大炮保护，才在中国生存下来。当年外来佛教传入，也曾与中国的"敬天法祖"、忠孝观念抵牾而遭到抵制。它及时对儒教做出妥协，修正了原来的教义，佛教徒可以敬君王、拜父母，遂与道教有同样的传播机会，在中土得以立足。

忠孝两者的地位曾随着中国社会的发展，政治形势的变化而有所变化。封建社会前期，孝的地位重于忠；封建社会后期，儒教发展更加成熟，中央政府地位逐渐提高，忠的地位又重于孝。遇到忠孝二者必选其一的情况，移孝作忠被认为是合理的选择，受到鼓励。君主代表国家又代表上帝，故称天子。忠君、爱国融为一体。

《礼记》"斋三日乃见其所为斋者"，《论语》"慎终追远，民德归厚矣"，为宗教理论构建神学依据，形成宗教心理，培养宗教感情。一家的孝道与国家治道有机地联系起来。宋儒张载著《西铭》，首先提出天地万物为一体，天地是人类的父母，人人都是天地的子女，所有百姓万民都应看作同胞兄弟。君主是天地的长子，大臣是长子的管家人。《西铭》继承了《孝经》，发挥了"天之经,地之义,民之行"为孝的最高原则,孝既是宇宙的原则,又是行为原则,事君不忠,战阵不勇,都不合于孝道。君主的集权与家长的专制(中央集权政体与小农经济的社会结构)统一起来,君权与神权合一,宗教与政治合一,从而完成了封建社会的宗教神学体系。北宋的二程把张载的《西铭》与《孟子》放在同等重要的地位,给予高度赞扬,是不难理解的。

中国这个多民族统一的国家,区分民族的标志创造了独特的标准。《论语》"夷狄之有君,不如诸夏之亡也",从孔子开始,把文化标志看作民族标志。凡承认君臣从属关系的族群就是华夏,不遵守君臣从属关系的就是夷狄。韩愈进一步阐明说,"子焉而不父其父,臣焉而不君其君,民焉而不事其事,孔子之作《春秋》也,诸侯用夷礼则夷之,夷而进于中国则中国之"。《原道》孔子曾说过"道不行,乘桴浮于海",中国如违背华夏华统文化,就宁可离开中国,到海外(夷狄那边)去。"三纲"(君臣、父子、夫妇)是中国的标志。违背"三纲"就是夷狄。区别民族,不在血统而在文统。中国隋唐皇室都杂有北方少数民族的血统,但中国人民都没把隋唐皇帝看作非汉族。也有几代王朝确实不属于汉族,如与北宋对峙的辽,与南宋对峙的金,处在西北地区与宋、辽、金对峙的西夏王朝,及后来的元朝、清朝都是少数民族。但这些非汉族的统治者由于完全接受了儒教文化传统,这些少数民族的皇帝及贵族都接受儒教,尊孔子为圣人。政权尽管更迭,并没有影响儒教的法统。儒教充分利用它的政教合一的特权优势,以行政手段贯彻其忠孝原则。协助推行儒教的教义,下层得到广大个体农民的支持,上层以强有力的中央集权为靠山,把一个多民族的大国,统治得有条不紊,建立了长期稳固的社会秩序,制定了行之有效的文官考试制度(科举),有效地培养了从中央到地方各级儒教教职人员和官吏。以儒教的《四书》《五经》为全民教材,在全国推行。规定考试科目必须出于经书,答案必须遵循儒家朱子注解。儒教扩大其影响,得力于政教合一;儒教逐渐僵化,失去生命力,儒教后期教忠教孝流于形式。历代改朝换代,如宋、明亡国时,朝廷有殉国的忠臣,在野有殉国的遗民,也有浪迹江湖、甘心与草木同腐、"不食周粟"、不与新王朝合作的遗民。辛亥革命以后,清朝亡国,既没有殉国的忠臣,也没有殉国的遗民。可见儒教核心精神支柱"忠、孝"轴心已徒具空壳。只有王国维投水自杀,"自称一辱不可再辱",那已是清朝亡国多年以后的举动,说不上殉国。

儒教享有君主制下独占的特权,神权皇权高度统一。一旦皇权被取消,君主制不复存在,儒教也随着皇权的消亡而消亡。儒教信奉的"天地君亲师",失去原有的地位。君亲师是封建宗法制度的核心,《四书》《五经》《十三经》是儒教遵奉的经典,祭天、祭孔、祭祖是封建社会君主制下的从上到下,按等级制度的一套祭祀仪式。儿童入学,对孔子牌位行跪拜礼,中央到地方按行政区划建立的文庙,是儒教徒定期聚会的场所。儒教用科举培养接班人,把俗人变成僧侣。神不超越人间,神就活动在人间。

今天五十岁以上的人们,对20世纪60年代的造神运动记忆犹新,当时社会上掀起一股如醉如狂的造神运动。这种神,不来源于佛教也不来源于道教,而是儒教回光返照。

时代变了,社会组织变了,下层小农经济的自然经济,随着土地公有而解体。政府为起自下层的劳动人民代表,君主、天子再也没有存在的基础,也就是说,儒教赖以存在的条件已不复存在,儒教已失去政治支持。宗教虽不能用行政命令消灭,但政权却是可以用武力推翻的。两千年来儒教与政权结合得太紧密,紧密到彼此不分的程度,君主制垮台,儒教随之消亡乃势所必然。佛、道、伊斯兰等宗教当年没有享有儒教那样特权的风光，君主制倒台后，佛、道诸教所受到的影响也没有儒教那样严重。

我们指出儒教的消亡，只是指当前的中国本土来说的，在世界各地的儒教照常活动。这是由于世界各地的社会条件与中国不同，儒教在海外不同的国家和地区，生存和活动情况各异，另当别论。

儒教对中国历史文化发展产生深远的影响，直到今天，人们思想深处，仍有这样那样的影响，值得今天认真总结。它留给人们的精神财富，要批判地吸收，那些不适应现代，甚至妨碍现代化的过时的历史沉渣，也要认真清理。

《中国儒教论》这部书，和作者的《中国儒教史》正是成为甲乙篇。《中国儒教史》从历史发展过程叙述、说明儒教兴衰的过程；《中国儒教论》则以问题为中心，对儒教性质、理论价值、社会作用、思维方式各方面进行了横剖面的展示。

由于儒教在中国文化史上的地位和影响，远远超过中国其他诸教，如有机会，希望作者再写一部《中国儒教现象学》。从文化、社会切近生活及今天仍在活动的儒教诸因素，展开剖析，当可发现更多深层次的东西。

中国封建社会忠孝规范的
历史贡献 *

中国文化是东亚文化不可分割的主要部分。世界几个文明古国,多分布在欧洲、南亚、西亚、北非;在东亚的,只有中国一家。

中国又是从古到今五千年绵延不断,持续发展的仅存的一家。其余的几个古国都为人类创造过光辉的精神财富,可惜有古而无今,没有延续发展下来。中国文化,古而不老,历久弥新。分析解剖一下中国文化,对认识21世纪的东亚文化,对认识世界文化不无借鉴价值。

文化必须依附一定民族、地区、国家,不属于任何地区、民族的文化,是不存在的。

哺育中国文化的大环境,以长江、黄河两大流域作为中心舞台。五千年来,中国文化就生活栖息于这块土地上。中国处在亚洲东部的北温带,西方、北方为高山大漠所阻隔,东面、南面濒海;土地辽阔,自然条件中等,不算得天独厚,不努力,不足以温

---

　*　原载《中国社会科学院院报》2004年1月29日第3版。《北京日报》2月23日转载为《对忠孝传统应给予新评价》。

饱。这一地区,部族群落众多,不自强则无以自存。勤劳勇敢的品格,是在大的环境中磨炼出来的。

几千年来,直到辛亥革命以前,忠和孝一直是中国封建文化的两大精神支柱。多民族封建集权的格局下,忠孝既是哲学、伦理准则,又是宗教信仰准则。多民族封建集权的政治体制下,忠孝既是思想保证,又是组织保证:政治组织为忠,家庭组织为孝。中国特色的封建社会的特点是宗族宗法制下的统一信仰:忠是对一国的最高统治者的服从原则,孝是一家一户小农经济下对家长绝对权力的服从原则。忠孝又是古代中国团结、教育全国各族人民的实践教材。

忠孝原则几千年来,对社会成员起着稳定、平衡作用。封建社会本是人类社会发展的必经阶段,但各地区的社会发展极不平衡,又各具特色。如西方奴隶制及资本主义发展得比较充分而典型,中国的资本主义社会发展得不够充分,不够典型,中国封建社会发展得比较充分而典型。一家一户的小农业生产,生产效率低下,少量的剩余产品,借助于集权政府,统一调配,集中使用,聚少成多,也能发挥出最大的效益。中国历史上重大的文化建设、物质建设都是充分利用分散的一家一户的赋税办成的。精神文明建设如修纂大型丛书、工具书等,物质文明建设如修建长城、开凿运河、兴修跨省区水利、抗拒外来侵略,赈济农业自然灾害,都是充分利用多民族封建集权领导下调动遍布全国千千万万百姓的力量,才得以完成的。其中忠孝信仰起着极大的作用。

《礼记》为宗法主义提供了宗教理论依据,使人服从宗法制度的统治。佛教、基督教、伊斯兰教都起源于封建社会。神学理论为统一政治服务。

"孝子之志"从感情上把死人当作活人看待,形成宗教心理,培养宗教信仰感情。"斋三日,思其居处,思其意志,思其所乐,思其所嗜。斋三日乃见其所为斋者"。"君子三日斋,必见其所祭者"。

"慎终追远,民德归厚矣"。一家的孝道与国家的治道有机地联系起来。"王者父天、母地,为天之子也"。"天子之位,受之于天,不受之于人"。这里忠与孝已交织在一起了。

君权至高无上,父命与王命不一致时,要弃父命而从王命。

张载认为,人与天地万物同出一元,人的本性也就是天地万物的本性;对"孝"的神学解释是:"乾称父,坤称母"。天地是人的父母。人都是天地的子女,所有百姓万民都应看作兄弟,万物应看作朋友。君主是天地的长子,大臣是长子的管家人。

《西铭》继承了《孝经》,认为孝是"天之经,地之义,民之行"。孝的原则被说成宇宙的最高原则。反之,一切违反孝的行为都是不忠的。于是忠君成为孝的必要的内容,把中央集权的君主专制与家长为核心的小农经济社会有机地统一起来。君权神权合一,宗教与政治合一,从而完成封建社会宗教神学体系。宋朝二程把张载的《西铭》这篇文章与《孟子》置于同等的地位,予以高度赞扬,是可以理解的。

中国持续五千年发展,有很多因素。其中,多民族的封建集权制度应当是一个重要因素。多民族共同参与国家的建设,集中群体智慧,占有长江黄河广大地区,为它提供了表演的舞台。其所以能维持一个广土众民的政治实体,必有根本的物质保障、思想保障。这些条件是其他文明古国所不具备的,比如共同使用的交流文字(汉字),共同信奉的宗教体系(儒教),这在古代尤为必要。共同接受的封建专制政体,各民族互利的经济联系(国家内部物质交流,茶、盐、铁等),共同维护的江河水利体系,共同维护国家安全保障(外御侵略、内防内乱)等等,在众多条件中,儒教起着不可取代的特殊作用,儒教的忠孝原则确曾发挥过重要的作用。

在忠孝教化下,把众多民族团结起来,形成文化共识,结成民族文化团结的精神纽带。此外,佛教、道教以及 7 世纪传入的伊斯兰教,各有自己的宗教教义,但这些宗教都接受了儒教的忠孝观念,与儒教密切配合,起着辅助王化的作用。明代中期以后,西方基督教有几次传入,都是由于没有与儒教配合,拒绝忠孝信仰,多次传入都难立足;1840 年以后,靠大炮保护,才在中国存在下来。佛教传入,也遇到与儒教的敬天法祖的忠孝观念发生矛盾。佛教及时向儒教妥协,致敬君主,拜父母,遂得以立足,并得到与儒教同等传播的机会。

忠孝原则贯彻中国传统文化几千年的全过程。这两者的地位却随着中国封建社会的发展变化有所变化。封建社会前期,孝的地位重于忠,比如汉代皇帝的谥号都有一"孝"字,如"孝文""孝武""孝景"等。赵宋以降直到明清,不断加强中央政府权力,忠的地位逐渐高于孝。当国家需要臣子在忠孝两者选取其一时,"移孝作忠"被认为合理,并得到鼓励。国君代表国家,君主即国家。国君既代表君,又代表上帝,故称"天子",忠君与爱国混而为一。

由于几千年来,在多民族的封建集权国家统治下,使小农经济(自然经济)社会组织发挥了封建社会可能取得的最大效益,从而个人的自由、权利被忽视。中国封建社会长期稳定性曾起着安定社会秩序的作用,同时也限制了人民个人应享的权利。由中世纪走向近现代化,中国遇到前所未有阻力,从意识形态到社会风俗,没有个人的地位。中国进入民主、自由、现代化的道路,比西方资本主义社会艰难得多,因为中国古代缺少民主传统。忠孝传统曾为古代中国社会立过大功,今天遇到新问题,对

133

忠孝要根据新社会新形势,给予新评价。应从中汲取有益于建立爱国主义的积极部分,同时还要剔除其封建性和不利发挥人性自由、平等的糟粕。比如中国的计划人口生育,一对子女同时照顾四位老人(男方与女方的父母),过去行之有效的尽孝的规定,事实上难以实行,子女尽孝道与养老的社会化这样的新课题,已提到日程。不再为国君个人效忠,而提倡忠于国家、忠于民族的精神如何发扬,也成为当前面临的新课题。

说忠孝：儒学的回顾与前瞻*

——在"纪念孔子诞辰 2555 周年
国际学术研讨会"上的发言

中国传统文化有三大支柱，号称"三教"（儒、佛、道），三大文化支柱中，儒家占主导地位。汉朝统一后，儒学成了主流。这固然得力于汉朝的大力提倡、鼓励、支持；主要原因还在于儒学本身。儒学构建的理论体系，适应了封建制度下多民族统一大国的需要。政治支持是外因，思想体系符合需要是内因。

中国地处亚洲东方，春秋战国以前，东西相隔万里，不通声气，与欧洲没有往来。秦汉统一后，东西双方有了互相交往的可能。世界上开始知道有中国，是汉朝以后的事。多民族统一大国为儒学提供了生存发展的土壤，政治需要为儒学提供了登上舞台的条件。儒学又不断从理论上丰富、完善、指导这个统一大

---

*　原载《儒学与当代文明》（九州出版社，2005 年 6 月）。为作者在"纪念孔子诞辰 2555 周年国际学术研讨会"上的发言。

国进行有效的统治。中国两千多年来,儒家推进中国社会前进,建立了不世之功。

封建社会本是社会发展前进的必经阶段,世界各地区间社会历史条件不同,因而各具特色。西方欧洲的奴隶社会和资本主义社会发展得比较充分而典型;中国的封建制社会发展得比较充分而典型,而中国的资本主义发展得不够充分,不够典型。本来生产力低下的小农经济,由大一统的国家集中调配使用,可以发挥出最大效益。

《礼记》这部儒家经典为封建社会的宗法制度提供了理论依据,巩固了上升时期的封建制度,它强调“孝”立身治国的重要作用。《礼记》教导家族成员祭祀祖先时要从感情上把死人当活人看待,培养宗教感情,形成宗教心态。“斋三日,思其居处,思其意志,思其所乐,思其所嗜,斋三日乃思其所为斋者”。“君子三日斋必见其所祭者”,这才算完成“孝子之志”。

“慎终追远,民德归厚矣”(《论语》),儒学把孝道与社会风气的淳厚、国家的安危联系起来。“王者父天母地,为天之子也”“天子之位受之于天,不受之于人”,忠与孝已编织在一起了。

《孝经》说孝是“天之经,地之义,民之行”,孝的原则被说成为宇宙最高原则。反之,任何危害社会的言行都被认为是“不孝”的,把中央集权的君主专制与家长为核心的小农经济社会有机地统一起来,君权神权合一,政治与宗教合一,从而完成了封建社会宗教神学体系。

《西铭》继承了《孝经》的思想,张载(1020—1077)提出人与天地万物同出一源,人的本性也是天地万物的本性。他对孝做出了神学的解释:“乾称父,坤称母。”天地是人的父母,人都是天地的子女,对百姓万民,都应看作同胞兄弟,对万物应看作朋友。君王是天地的长子,大臣是长子的管家人。宋朝二程(程颢、程颐)把张载《西铭》这篇文章与《孟子》置于同等地位,予以高度的赞扬,这是可以理解的。

中国几千年间稳步发展有很多因素,其中多民族的封建集权制度应当是一个基本因素。多民族共同参与国家建设,集中群体智慧,有长江黄河两大流域广大地区作为活动舞台。既有广土众民物质保障的政治实体,又有统一而持久的儒家思想保障,这是世界上其他几个文明古国所不具备的。再加上中国几千年来全国通用的官方文字(汉字),有共同信奉的宗教(儒教),这一点在古代尤为必要。有共同接受的封建专制政体,各民族互利以经济联系(提倡引导的物资交流如:茶、盐、铁等等),共同维护的长江大河的水利系统,共同维系国家安全保障(外御侵略、内防内乱)等等。在众多条件中,儒家的忠孝原则起着不可取代的作用。

在忠孝教化下,把众多民族(今天还有五十六个)团结起来,形成文化共识,形成民族团结的精神纽带。此外,公元前后传入中国的佛教,本土成长的道教,公元 7 世纪传入中国的伊斯兰教,都接受了儒家的忠孝观念,用自己的教义与儒家配合,起着辅助王化的作用。

明代中期直到清代鸦片战争,西方基督教多次到中国传教,由于不肯与儒家的忠孝信仰相配合,多次传入都未能立足。鸦片战争后,在大炮的保护下,才在中国存在下来。佛教最初传入,提倡出家,不参与政治,与中国儒家敬天法祖的信仰发生矛盾,遭到抵制,为了生存,后来向儒家妥协,主张佛教徒也要敬礼君王,跪拜父母,把忠孝信仰纳入佛教教规之内,论证出家是"大忠""大孝"。佛教大师慧远在庐山讲授儒家的《丧服经》,儒佛两家合流,互相支持。

大一统的多民族的统一大国,除了有效的统一政权,还要培育社会共识,忠孝是古代中国从上到下,君民共同遵循的社会共识,"孝"是维系以家为生产单位的家长制的最高原则。"忠"则是团结多民族共同效力中央政权的稳固剂。这两者都是支持中国封建社会的精神支柱,忠孝原则贯彻中国古代社会发展的全过程。封建社会前期,"孝"的地位重于"忠",比如汉代的皇帝的谥号都有一个"孝"字,如"孝惠""孝景""孝文""孝武"等。直到魏晋南北朝,还是"以孝治天下"。从赵宋王朝(公元9世纪)开始,一直到清末,近一千年间,君主中央集权不断加强,臣民始终处在弱势地位,忠的地位逐渐重于孝。且不说皇帝与百姓之间的天地悬隔,统治者上层,君臣间关系,也越来越悬隔。汉唐时,君臣坐而论道,宋代开始朝廷宰相大臣不设座位,上朝时始终站着。明清时大臣只能跪着奏事,自然只能听皇帝的训示,更无从讨论问题。当忠孝两者不能兼顾,需要在忠孝两者必须选择其一时,"移孝作忠"被认为是合理的,而不允许"移忠作孝"。如果家长当了汉奸,他的子孙家属也跟着当汉奸,这个"孝"就变得毫无价值。与春秋时期的忠孝轻重刚好颠倒。《史记·管晏列传》记载,管仲青年时,从军作战经常打败仗,"三战三北",他的好朋友鲍叔不以他为懦,理解他"家中有老母",怕战死了无人奉养老母,违反了孝道。专诸刺王僚,要等到侍奉老母逝世后才去舍命行刺。这种例子很多,不必多举。

中国尽管民族不同,但是大家共同接受了儒家的忠孝思想。宗教信仰形成民族之间的共识。皇帝出自少数民族血统的辽、金、元、清历代王朝,都完全继承了儒家的文化传统,以忠孝为治国纲领,元、清两朝版图比汉唐时期有所扩大,儒家的忠孝观念也推广到更边远的省份。

"忠""孝"的道理是古代圣人说出来的,但不是圣人想出来的。社会存在决定了忠、孝的坚实地位。忠孝原则成为古代中国社会至高无上的纲领,根本原因在于它符合了中国古代社会需要。大一统国家,离了"忠"这个最高信仰原则,则无以对全国进行有效管理;古代社会,孝是维系小农经济个体农民的核心原则。

1911年辛亥革命以后,几千年的君主制被推翻了,全国长期陷于混乱,军阀割据,列强觊觎侵占中国领土。1900年八国联军也曾试图瓜分中国。列强在非洲曾经用地图上的经纬度标志分割殖民地,有的非洲国家的国界呈直线形,这种"杰作"1900年曾试图再演,但遭到中国人民强烈抵抗,才打消了瓜分中国的妄想,他们要在中国培植代理人,每个军阀的背后,都有某一外国的支持。与古代中国相伴生的忠孝两大精神支柱,也发生信仰危机。

传统的信念,忠的对象是皇帝,皇帝即国家,皇帝的权力来自天赐,故称"天子"。辛亥以后,皇帝不存在了,失去了皇帝,皇帝依靠的"天"也失去神圣的光环,效忠于谁? 这一精神支柱垮了。有的主张恢复帝制,因为违反历史前进方向,也失败了。在战乱中农民无田可种,失去土地的农民成了流民,有的变成出卖劳动力的工人;城市也出现了现代化的工厂。田园式的生活不能维持,孝道所维护的家长制也受到冲击。

中国古代社会,一家数口,父母子女朝夕相聚,共同下地生产,回家一灶吃饭,家庭成为最基层的生产单位和消费单位。进入近代社会,农民不得不分散谋生,有的进城当工人,有的逃荒外出,有的远走他乡或流浪到海外。北方冀、鲁、豫农民多到东北谋生,号称"闯关东";南方浙、闽、粤失地农民多下南洋,也有远到南北美洲的。旧的家庭解体了,"孝"的地位也随着社会生活的改变有所淡化。

在古代,"忠"的功能不只是为了君主,也包含维护国家有效统治的思想。"孝"的功能不只是为了家长的权威,还是维持种群繁衍的社会准则。

帝制不存在了,消逝的是君主制,但多民族的统一中国还存在;小农经济破坏了,但广大农村人口还在。家庭还是每个公民的生活生育的基点。几千年来国家要统一,成为各族人民的共识,人们一致认为统一是正常的,分裂是不正常的,叛国是可耻的。历史上的赤壁之战,诸葛亮的伐魏,苻坚伐晋,桓温、刘裕北伐,岳飞北伐,完颜亮南征,都是做统一的事业,只是由于条件不具备未能实现。中国历史上辉煌时期都是在统一大国时期完成的。这在历史上是政治遗产,在文化上是精神遗产。这份丰厚的遗产,要很好地继承,使它完善、发展。每当遇到外来侵略时,维护国家主权和领土完整的信念会爆发出无限威力。近代中国由富强陷于贫弱,以至屡遭侵略而屹立不倒,正是由于它虽弱而"大",这份丰厚遗产成了我国的立国基础。

古代立过不朽功勋的"忠""孝"两大精神支柱,在新形势下也要给以新的认识和诠释。

古代的"忠",被统治者解释为"忠"于皇帝及其家族,汉朝开国皇帝刘邦宣布"非刘氏而王者,天下共击之",帝制废除,而国土未变。古代人坚信"民不可一日无君",我们近代人,深知"民不可一日无国",我们要忠于这个多民族的社会主义国家。国家是维护一个族群、一个地区生存和发展的最高的基本组织。失去国家保护的民族只好任人宰割,"爱国主义"就是今天对"忠"的新诠释。将来,国家消亡,世界大同,爱国主义将自行消亡。今天,"忠"的首要意义是爱国。

古代中国是"多民族的封建君主制的统一大国",今日中国是"多民族社会主义民主制的统一大国"。"多民族的统一大国"这个基本国情没有改变,也不可能改变。有国就要有忠,"忠"属于国家、社会、人际关系范畴。今天,"忠"的涵义在延伸,旧社会的功能,要保留,有些还有所发展,比如现代企业"诚信"精神,对中国人来说,它与传统的"曾子三省"的"忠"就有着传承与革新的关系。

今天"孝"的涵义要比传统的"孝"有所缩小。因为"孝"属于家庭、家族范畴。近百多年来,家庭在缩小。由几代同堂的大家庭变为夫妻两人的小家庭。与忠相反,孝涵该盖范围由大变小。"孝"不再具有"天之经,地之义,民之行"的社会职责。新中国农村公社化,一家一户的小农经济生产方式消灭了,最明显的标志之一是,父母的权力比封建社会减弱了。子女与父母的地位由人格从属到人格平等。过去,男性家长一个人可代表全家,大家庭成员哪怕有几十口上百口,只有家长说了算数。现在,每个成年的家庭成员,都有一票选举权,原来家长在家庭内至高无上的重要地位正在下降。

古代"二十四孝"所提倡的"孝"道如"郭巨埋儿""割股疗亲""王祥卧冰"之类,在当时已不尽可行;但子女对父母的关怀,子女对父母照顾的好传统还应继承。生儿育女,不是为了对祖先尽孝道,而是个体对族群尽责任。在目前,我国社会保险制度尚不完备的情况下,暂时不能就业的青年人,无力自养的老年人,家庭对他们起着避风港的保障作用,可以缓解社会救济的压力,这一点,又与现代西方社会不同,它适应我国的国情。

几十年来我国执行一对夫妇只生一个孩子的政策,影响了整整一代人,出现了大批独生子女。独生子女结成夫妇的小家庭要妥善照顾四个老人的晚年,靠一对夫妇尽孝道来奉养四位老人,势将力不从心,是个前所未有的新问题,有待社会进一步解决。古代的"孝道"规定的有些条文,在现代社会缺少可操作性,如"父母在不远游","三年无改于父之道"已无法做到。

"孝"已不再理解为"天之经,地之义,民之行","无后"不能认为"不孝"。古代的规定,有的会自然消失,有的要用新的规范取代。

现代社会的生活节奏加快,家庭离婚率逐年增高,离婚后,留下的单亲子女也随着增加。出现大量有父无母或有母无父的子女。社会上非婚生子女也有增加的趋势。"孝"的社会功能比古代减弱了,所涵盖的范围要比古代缩小了,因为家的生活范围缩小了。人们经济生活、政治生活、社会生活、家庭生活都面临着前所未有的剧变。我们不认为世道变坏了,"人心不古,世风日下",也不认为只要恢复传统道德,社会就会变成盛世,这样未免把复杂问题看得简单化了。儒家文化传统中有精华,但要进行清理总结,要有新的诠释。

儒家流行了几千年,成为中国传统文化的主流,起着重大作用的并不是只靠当年孔、孟讲过的几句话,而是由于历代贤哲为了适应他们的新时代所做出的新诠释。汉代董仲舒发展了儒学,影响了古代社会几百年;宋代有朱熹对儒学又一次新诠释,又影响了中国社会几百年。

我们今天面临的社会变革的巨大深刻远非古代董仲舒、朱熹所处的时代可比。我们一方面要总结古代文化的一切优秀成果,一方面还要及时吸收改造一切外来文化的优秀成果。不能只看自己一国,还要纵观世界,时代期待我们结合中国国情,适应我国新情况,对儒学做出新诠释,构建新体系,推动文化,造福人类。

我们学术界的任务是继往开来:继人类五千年中外优秀文化之"往",开21世纪社会主义新文化之"来",这是前所未有的任务。学术界还有人认为社会上出现的问题是没按孔子的教导所致;也有人认为只要经济搞上去,生活好了,社会自然会好起来,传统文化可有可无。这些看法都不符合中国的实际。当前儒学研究,已引世界有识之士的关注,已有的研究成绩显著。儒学研究已列入世界学者的课题,作为现代中国人,我们责无旁贷,理应做更多的工作。根据时代特点做出新诠释,把儒学研究推向一个新阶段。儒学研究,前途无限!

继承传统文化精华，
迎接文化建设新高潮

——在"儒学、儒教与宗教学学术研讨会"上的讲话

今天我们开儒学与儒教问题讨论会，和儒教相比，儒学的名称要早一些。讲到儒这个名称，一般人都会把它和孔子联系起来。但是儒家或者儒教这一套学问，却不是孔子发明的。中国有五千年的文明史，孔子到现代不过两千多年。孔子的学问，继承了此前两千多年的文化成果。不是有了孔子，有了儒学、儒家或儒教的名称，这套学问才存在；而是儒学继承了以前的优秀文化成果，包括神话传说时代的文化成果，以后又不断丰富、发展。所以儒学或儒教有个发展过程，代表了五千年的文化成果。

中国古代神话与西方不同。在西方的神话中，人类创造的文明成果都被说成是外来的，是从另一个世界来的。比如用火，西方神话说是普罗米修斯从天上偷下来的，造福人类。中国神话也讲用火的起源，但说的是燧人氏发明的，不是从天上偷来的。这是一个例子吧。这个例子说明，中国古代在没有文字以

前,在神话传说时代,已经把能源的发明说成是由人类自己的双手发明的,说成是从实践中得来的。实践出真知,中国上古的人们已经开始懂得这个道理。

在没有文字以前,神话传说中的人物,也都带有人类实践活动的痕迹。伏羲氏、燧人氏、有巢氏、神农氏,都不是人名。那时候的人们没有名字,不知道姓什么叫什么,就把他们对人类的贡献作为名字。伏羲是游牧时代的英雄,教人们训养家畜;燧人氏发明用火;有巢氏教人们建造房屋;神农氏是农业的发明者,教人们定期种植、收获。

这些例子说明,中国古代神话已经带有很多的人类社会实践的内容,说明中国文明一开始就从实际出发。从人类认识的起源来说,的确是从实践开始的。中国文化的这个传统,一直延续下来。

从实践出发的中国传统文化,一个基本的、核心的观念,就是敬天法祖。这里效法的祖先,既是人,又是神。要敬的天,既是神,也是祖。祖先,也是重大文明成果的发明者。因为有创造发明,后人纪念他们,把他们尊奉为神。也就是说,中国文化从原始宗教开始,就有了一个重实践、从实际出发的传统。这个传统一直传到今天,是中国文化的核心精神。

敬天法祖延续下来,表现于道德观念,就是"忠""孝"。"忠""孝"是儒家或儒教道德观念的核心。今后人民不必为皇帝个人及政权效忠,但对国家对中华民族还是要尽忠。古代农业生产的小农经济社会的"孝,晨昏定省","父母在不远游","不孝有三无后为大",现在社会结构与古代不同,但对父母的爱护、关怀还是必需的。对"孝"要充实以新的内容。

中华民族的发展,是从多民族共存的涣散状态向多民族统一的国家迈进的过程。春秋战国时代的百家争鸣,各家说法不同,但目的都是要建立一个统一的、和谐的国家,包括各个民族在内。秦汉统一,实现了这个理想。以后虽然也有分有合,但向往统一,并且最终实现了统一,是中国古人数千年来的共识。

统一是个长期的过程,其中以孔子为代表的儒家起了积极的、核心的作用。这一点是谁也无法否认的。道家的影响也很强,但比起儒家还是要差一点。在中国文化的进程中,道家的贡献仅次于儒家。

到了辛亥革命,帝制被废除了,儒教的国教地位、唯一独尊地位也被消灭了。一般意义上的宗教信仰是不可以消灭,不可以通过人为的、政治权力的干预加以消灭的。但是某一种宗教,某一个教派,是可以消灭的;某一种宗教信仰也是可以改变的。唐僧取经时代,新疆一带都是信仰佛教的。但是从 10 世纪开始,也就是我国的宋代,新疆一带居民还是原来居民,就逐渐信仰了伊斯兰教,原来的佛教在当地就消灭了。印度一带原来信婆罗门教,后来出现了佛教。但是后来佛教在印度曾一度消失,伊斯兰教则发展起来,并且普及到巴基斯坦等非常广大的地区。

儒教也是这样。经过辛亥革命,儒教的教皇,也就是皇帝,被取消,儒教也就归于消灭。中国境内的其他宗教,比如佛教、道教等,也受到了革命的冲击,但不如儒教遭受的打击厉害,所以还保持着他们的存在。现在统战部管的几大宗教,就没有儒教,因为儒教的教团、教皇被废止了,被消灭了。

儒教没有了,但是它的思想影响还在,以儒教为核心的传统文化的影响还在。儒教典籍中保留了大量的宝贵文献资料,不仅属于儒教一家,也是中华文化的共同财富,如《十三经》等。我们要建设新文化,传统文化是重要的资源。继承传统文化优秀成果的历史责任要我们担当。改革开放以来,世界影响着我们,我们也影响着世界。对传统文化,需要认真研究。为了实现这

146

一目标,弄清儒教是不是宗教还不是最重要的,虽然这也是继承传统文化优秀成果的一个方面。最重要的是要弄清哪些是精华,应该继承发扬;哪些已经过时,需要更正修改。这个工作,五四时代就在做,但只能算是开头。

随着经济建设的发展,这个文化高潮可能五十年以后才能出现,现在是过渡时期。我们对传统文化研究得愈透彻,对建设新文化就愈有利。"文革"时期我们走过弯路,搞什么评儒批法,走回头路,这是倒退。现在我们走上了正轨,前途一定是光明的,大家要努力。

第五编

道教研究

保護珍貴文獻
建設精神文明

一九九六年題贈

文獻縮微中心

任繼愈

道家与道教[*]

世界有三大宗教,即佛教、基督教、伊斯兰教;中国也有三大宗教,即佛教、道教、儒教。中国的佛教与世界三大宗教有交叉。

佛教与道教主张出世,宗教职业者、专一的信奉者要出家,不过世俗人的生活。儒教主张入世。儒教、道教是中国自己的土壤里生长起来的,具有中国特色,佛教为外来宗教,其生活习惯、服装、礼仪与儒、道不同。儒、释、道三教并称,并得到社会广泛认可,那是在隋唐时期。南北朝已有三教的说法,但不普遍。国家每逢重大节日,诏三教公开辩论,北周已开始,唐代成为制度。大文学家白居易有好几次在三教辩论中代表儒教发言,《白氏长庆集》还保留有他参加辩论的发言提纲。佛教的著作和教义比较明确,唯独对道教的意义的理解比较含混,道教内部和反对道教的人士也没有讲清楚。

先说道家。学术界长期流行一种见解,认为老子、庄子为道家,这是一种误解。春秋战国时期,只有老子学派、庄子学派。老子与庄子没有直接的传授关系。老子或庄子从未自称为"道

---

　　*　据《任继愈文化学术随笔》。原载《文史知识》1987 年第 5 期,《人民日报》1987 年 6 月 14 日第 8 版曾以原题摘登。曾收入《任继愈宗教论集》。

家",只在儒家自称为儒,墨家自称为墨。儒墨两家各有自己一派的传承关系。孔子、子思、曾子、子夏、孟、荀均有传授关系,墨家有巨子相袭制度。儒墨两家,系统清楚,号称显学。汉代司马谈《论六家要旨》第一次提出"道家"名称。司马谈的道家反映了汉朝政治统一后,思想界趋向统一的思潮趋势。秦及汉初有许多学派反映统一的趋势,秦朝有《吕氏春秋》,汉初有《淮南子》,后来有董仲舒的哲学思想。汉初道家是吸收儒、墨、阴阳、名、法各家思想的长处而创立的新体系。老子、庄子都是阴阳、名、法出现以前的人,前人怎能吸收他们死后的人的思想?这个"道家"乃是黄老思想的一个分支,与先秦老子、庄子关系不大。

老子是哲学家,不是宗教家,也未创立宗教,与古印度的释迦牟尼一开始就是宗教家,创立佛教的情况不同。老子的著作是学术性的,不是宗教性的,也与佛教经典不同。老子被拉进道教,并奉为教主,那是很晚的事了。东汉末年,汉中张鲁信奉五斗米道,令信徒们念《老子》五千文。念《老子》的也只是巴蜀的五斗米道,影响地区仅限于汉中地区。中原广大地区的道教徒信奉《太平经》,这是一百多卷的大书,内容庞杂,没有多少老子的思想。

道教是中国本土的宗教,它形成于东汉末年,方术、巫术是它的前身。神仙方术信仰由来已久,古代巫、史、祝、卜是与神打交道的专家,他们处在国家的领导层。民间巫术用符水治病,借卜筮占吉凶。战国以后,神仙方士宣传不死之药可以长生,投合上层贵族要求长期享乐的欲望,得到他们的支持;广大群众缺医少药,方士们用符水治病,驱鬼祭神,在下层群众中也得到推广。早期道教还没有系统的理论。到了东汉末年,天下大乱,民生困苦,于是出现了《太平经》。此书成书时间约在东汉安帝、顺帝统治时期,此书为集体创作,书成于于吉、宫崇等人之手①。

关于老子如何被道教捧上教主的地位,现在还无法做出准确的说明。从时间推断,应在东汉时期。首先出现在宫廷和上层贵族阶层。光武帝儿子楚王刘英,"晚节喜黄老,学为浮屠斋戒祭祀"。明帝诏书也说"楚王诵黄老之微言,尚浮屠之仁祠"(《后汉书·光武十王列传》)。到桓帝时(在位时间是147—167),延熹八年(165)正月遣中常侍左悺赴苦县祠老子,十一月使中常侍管霸赴苦县祀老子,九年(166)在濯龙宫祠老子。桓帝"好神,数祀浮屠老子。百姓稍有奉者,后遂转盛"(《后汉书·西域传》)。这里透露老子被道教奉为神,与先秦的老子无甚关系,而是与西方的佛教与本土的黄老信仰搭伴,以教主的形象出现的。求神佛保佑,祈福延年,是少数上层贵族享有的奢侈品,然后再普及到下层社会,"后遂转盛"。

道教建立后,沿着两条路线传播。上层路线与历代朝廷、官方相配合,可以称为正统的官方道教。还有在社会下层广大群众中传播的道教,它与民间巫术、符咒结合得比较紧。农民起义也往往利用道教这个组织形式。黄巾起义就是第一次道教与农民运动相结合的例子。宋代的方腊,清末的义和团也大体归为这一类。

理论研究,典籍著作,教义发挥,与佛教之间长期互相争辩,也属于官方道教。从北宋开始编辑道教全集《道藏》,多达七千多卷。

官方道教与民间道教并不是绝对对立。如符咒、炼丹、气功等民间与官方的道教都很重视。佛教到后期,大乘兴起,崇拜的

① 见熊德基:《太平经的作者思想及其与黄巾和天师道的关系》,《历史研究》1962年第2期。

偶像越来越多,引出了许多佛,不止释迦牟尼一位。道教到了南北朝时,老子已不占重要地位,老子这个形象也被塑造得更加神秘,演变成"太上老君"。道教的神也越来越多,有等级品位。道教的神与佛教不同处,还在于除了男神之外,还有许多女神,女神也不像庄子寓言中的藐姑射之山的不食人间烟火的女神,更多的神是结了婚的某某夫人。

历代反对道教的学者,对作为思想家的老、庄和作为宗教组织的说教不甚区别。唐朝的韩愈反对佛老,"佛"是宗教的佛,明显无误;"老"是太上老君,还是《道德经》作者老子,他没有讲清楚。宋代的大哲学家朱熹,直接继承了韩愈的道统说,崇儒家,排佛老,佛老并称"二氏"。朱熹驳斥佛教也指明是释迦氏之教,他驳斥的道教更多的情况下指的是老庄。这种长期的误解,连清代大思想家王夫之也未能避免。他批判"二氏",涉及道教系统时,重点没有放在道教上,而是指向老庄哲学。老子哲学讲无为、清静、抱一,与道教的宗教修养有关,但老子的哲学思想体系,与道教毕竟有所不同。"道家""道教"长期混用,成为习惯,如近人陈垣先生搜集历史道教碑刻,汇编成集,名为《道家金石略》。陈先生是研究宗教史的专家,老庄哲学与东汉以后的道教,他是清楚的,他也把"道教"写作"道家"。可见积重难返。

为了避免长期积累下来的观念含混,有必要把道家与道教严格区别开来。总括起来,有以下四点值得注意:

(1)先秦无道家,只有老子哲学、庄子哲学,以及与他们的哲学相应的老子学派、庄子学派。

(2)汉代的道家代表西汉时期融合各派的一种思潮,它以黄老清静无为思想为基础,包括儒、墨、阴阳、名、法各家的部分内容。

(3)学术界习惯把老庄学派称为道家,是后起的一种学派分类观念。东汉时期严君平《老子指归》开始有了以老庄为道家的倾向。魏晋玄学早期"老庄"联称,后期"庄老"联称。魏晋以后,以老庄为道家的分类法得到承认。这个"道家"不同于司马谈的道家,仍属于哲学。

（4）道教是宗教。它有团体、教派、教义、宗教规范仪式、宗教组织、固定数量的信徒、固定的教派传授系统、共同信奉的经典、固定的传布地区等。以上这些特点,使它区别于道家,与儒、佛并称为三教①。

以上四点是用来区别道家与道教的标志。

道教是中国土生土长的宗教,不像佛教那样有广泛的国际影响。但也不能说道教作为宗教的影响只限于中国,道教对日本影响就很大。日本的神道教与日本天皇及朝廷的制度,有不少道教的影子。最近日本道教研究专家指出:（1）日本天武十三年（685）,为行使中央集权,制定"八色之姓",八姓中"真人"列为第一等级,"真人"为道教术语。"天皇"一词也源于道教。（2）象征天皇的两种神器,镜和剑,都是道教的法器,用以照妖降魔,天皇传位时,以镜和剑授予新天皇。（3）天皇宫廷尚紫色,道教称上帝居紫微垣,天皇宫殿门称"紫门"。推古女帝即位第十一年（603）,圣德太子制定六色十二阶冠位,大化三年（647）制定七色十三阶冠位,只有最高官位阶得用紫色。唐宋规定紫色为高级官员的服色,和尚、道士中有声誉、地位的得赐紫衣。唐文化习尚,也影响到日本宫廷贵族。（4）祝天皇长寿的祝词,据《延喜式》载,"谨请皇天上帝,三极大君,日月星辰,八方诸神,司命司籍,左东王父,右西王母,五方五常,四时四气,捧以银人,请除

---

① 三教中儒教算不算宗教,学术界有争论。我在 1980 年《中国社会科学》第一期有专文论述,这里不重复。

灾祸。捧以金刀,请延帝祚。咒曰:东至扶桑,西至虞渊,南至炎火,北至弱水,千城百国,精治万岁,万岁。"这完全是抄自道教的祠祀词句。只有在中国方位才好说东至扶桑,日本即扶桑,不必称东至。(5)天皇拜四方仪式,据《江家次第》载,"圆融天皇天禄四年(974)元旦拜四方仪式,天皇朝北遥拜北斗七星中的本命星,并念咒文曰"贼寇之中,过度我身,毒魔之中,过度我身……魍魅之中,过度我身,万病除愈,所欲随心。急急如律令"。这咒文也是照抄道教的。(6)神道教。《日本书纪》在《孝德纪》中"惟神也者,随神道也","天皇信佛法,亦尊神道","佛法"与"神道"对置。从奈良到江户,把天皇家族的始祖天照皇大神当作国家神祭祀,立伊势神宫。日本是神国,天皇是神的子孙,是人间神①。

道教的宗教影响,除日本外,朝鲜及越南也有经过改变的道教信仰。

近三十年学术界道教研究的风气遍布全世界。北美洲、澳大利亚、法国、意大利、西德、英国,都有研究道教的学者及研究组织,也出版了不少有价值的著作,日本学者的研究成绩尤为显著。

---

① 参见福永光司教授《日本文化与道教》,该文发表于 1982 年中日学术座谈会《世界宗教研究》1982 年期 2 期,有中文本。

《中国道教史》序[*]

　　中国三大宗教(儒、释、道)是中国传统文化的三大支柱。学术界对儒教经典研究得较多,对佛教经典研究得较少,对道教经典研究得就更少。造成这种状况的原因甚多,由来已久。按照封建正统观点,认为只有儒家的经史子集才有资格代表中国传统文化,佛教、道教典籍属于旁支,文化价值不大。这是长期流行的一种偏见。清朝编纂《四库全书》,这是中国封建社会最后一次文化丛书结集。共收书三千四百六十一种,七万九千三百零九卷。存目的有六千七百九十三种,九万三千五百五十一卷。两项共计一万余种。其中所收佛教典籍,属于《子部·释家类》,共十三部三百一十二卷。所收道教典籍,归于《子部·道家类》,共收四十四部,四百三十卷。佛、道两家的典籍共计不到一千卷。

　　封建儒家学者们总认为佛道两教的典籍价值不大。我们从中华民族传统文化的整体来看,佛道两教与儒家传统文化同样重要,同样影响着中华民族的文化生活、家庭生活、社会生活以及政治生活。佛教、道教的影响,其深远程度当不在儒家经史四

---

　　* 据《中国道教史》序初版。曾收入《任继愈宗教论集》。

部之下。三教交互融摄,构成唐宋以来中国近一千多年来的文化总体。不研究中国佛教就无从了解中国文化和中国历史,这一点已逐渐被学术界人士所承认;对道教研究的重要性,似乎没有像对佛教那样重视。事实表明,道教典籍中可供发掘的东西非常丰富,其重要性决不下于佛教,甚至更重要。

道教生长在中国本土,约与佛教同时活跃在舞台上。但道教的命运不济,错过了大发展的机会,让佛教占先了一步。一步落后,步步落后,两千年来,一直没有能超过佛教。唐朝时道教可谓极盛,它得到皇帝的支持,受到特殊的恩宠,道教的信徒人数和天下道观的数量也只有佛教的二十分之一。

汉末、魏晋,天下大乱,老百姓走投无路,往往投靠宗教。那时中央政权对全国失去控制,正是宗教发展的良好时机。由于黄巾起义打过道教的旗帜,黄巾被打败,道教也受牵连,统治阶层对道教存有戒心,有很长时期对道教不敢信任。这时佛教接受了中国封建宗法思想,乘机宣传其三世因果报应轮回之说,扩大了地盘,在帝王、贵族支持下,招纳了大量的信徒。

南北朝时期,北朝道教经过寇谦之的改造,南朝道教经过葛洪、陆修静、陶弘景的改造,取得上层统治者的支持,才有了较大的发展。这中间已比佛教的发展落后了若干年,错过了大发展的时机。在道教典籍的搜集、整理方面,道教丛书的集结工作也比佛教落后了一步。道教有很多做法是从佛教那里学来的。佛教最早把自己的全集称为"一切经",道教编集道教的全集也称"一切经"。由于"一切经"这个名称被佛教占用在先,后出现的道教的"一切经"则称为"一切道经",以区别佛教的"一切经"。唐玄宗时,曾令编纂《一切道经音义》,也就是当时的《道教大辞典》。唐武后时已出现过"道藏"一词,但未能通行,"道藏"一词正式确立,是在宋代佛教"大藏经"以后的事。

　　宗教的存在和发展要靠民众,为了更大的发展则须依靠政权上层的支持。东晋时期,佛教最有名的推动者道安也懂得"不依国主,则法事难立"。道教的发展、宣传也遵循这一个原则,既注意拉拢上层,也注意普及于下层。有上层的支持,经济来源有保证,为寺院经济创造条件;有下层群众的广泛信奉,才能壮大宗教的声势,才可以更加促进上层的重视。只有上层而下层信徒不足,则缺少存在的基础,难以发展;有下层群众而没有上层的支持,也不能长久①。佛教、道教在中国都有悠久的历史,历久不衰,除了社会的客观原因外,与道教、佛教的主观努力也有极大的关系。他们宣传宗教,既要结交上层权贵,又要俘虏下层群众,针对不同信徒的需要,推行其宗教宣传内容。

　　道教开始拥有群众是从下层开始的,如东汉的黄巾(内地道教)、张鲁(巴蜀的道教)多以下层群众为对象。中国农村长期愚昧落后,缺医少药②,以符水治病,驱妖捉鬼,祈福禳罪,与民间巫术、占卜、星相、图谶等迷信相结合,道教活动得以广泛蔓延,道教典籍中也保存了这一部分内容。

　　道教为了取得上层统治阶层的信赖和支持,也尽力满足他们的需要。地主阶级自南北朝以来,形成世袭的特权阶层,他们生活优裕,总希望长期活下去,即使不能永生,也想长寿。道教为了迎合他们的精神生活和肉体生活的需求,向他们推销养生、服食、炼丹、房中等宗教内容。道教外丹教法在南北朝隋唐盛行不衰,即得力于上层贵族特权阶层的信奉和支持。炼丹要耗资财、费人力,穷人不敢问津,中产人家也办不到,只有特权阶层大贵族对此有兴趣。

---

①　隋唐时期的"三阶段",在下层流传颇广,后补政府取缔,终归消失。
②　当前尚且如此,两千年前的农村可想而知。

　　道教和其他宗教一样,着重宣传神的启示,自称他们的典籍,为神仙颁赐,他们制造文书,以宣达神意,因而道教中颇多书法家。最有名的王羲之手写《黄庭经》与道士换鹅的故事流传甚广,王羲之是世代信奉天师道的道教徒。

　　道教宣传的重点和宣传内容都保留在道教的典籍里,从今天保存下来的《道藏》可以窥见道教发展变迁的各个侧面。从汉末到明清,社会思潮不断变化,与社会思潮相适应,佛、道、儒也在变化,三教之间又有互相影响、互相渗透的关系,这种互相融通、渗透的关系也表现在道教的典籍里。

　　综观道教发展的历史,可以分为四个段落(或称为发展时期)。

　　南北朝时期,道教得到当时帝王贵族统治者的支持,跻身社会上层,这是它的第一个发展时期。唐朝皇族与老子攀亲,自称李耳的后裔,政治上予以扶持,大力推行道教,这是第二个发展时期。北宋真宗开始,后来徽宗继续崇奉道教,用道教麻痹人民,陶醉自己,借以遮盖北方强邻压境造成的耻辱,这是道教发展的第三个时期。明代中叶,帝王迷信道教,妄图成仙,道教曾受到皇帝宠遇。皇帝纵容道士干预政治,参加政府内部的权力争夺,这是道教发展的第四个时期。

　　元朝初年道教也曾受到皇帝的重视(如丘处机),但元朝统治者不专重某一种宗教,对基督教、伊斯兰教、汉地佛教、藏传佛教也都重用①。中间还有一次焚毁道经的劫难。

　　明中叶以后,国力衰竭,内忧外患,朝廷自顾不暇,对道教不

---

　　①　道教为了装点自己,故意把元朝皇帝说成一个道教信奉者,正如印度佛教徒把阿育王说成佛教信奉者一样。阿育王除保护佛教外,也保护其他宗教。

能从财力上支持。清朝当权者及上层贵族起自关外,承袭萨满教传统,对道教不感兴趣,道教历代享受的特殊宠遇有所裁抑。道教发展在上层社会受阻,势力转入民间,转变成秘密宗教团体。这些民间宗教也有自己的经典,但不被政府承认,不能公开传播。日后如重新编辑"道教全书"(或称"新道藏")时,流传于民间的这部分道教典籍应当收入。

《道藏》中所保存的若干思想资料在中国思想史上占有重要的地位。它与佛教一样,在这里都有所反映,各个时代的重要哲学思潮及其资料丰富了中国哲学史的内容。如魏晋以后,哲学界关心和讨论的中心问题是"本体论"。以本体论取代两汉的宇宙构成论。这一变化,说明中华民族理论思维的深入和提高。从本体论转入心性论,是中国哲学史发展的又一次提高。在隋唐时期,佛教各大宗派,如天台、华严、禅宗都各在自己学术领域里有所建树,佛教的心性论处在时代思潮的领先地位。道教的理论也适应了这一时代思潮。世人论道教内丹之学,多认为它由外丹发展而来,这种说法不为无据,但还不能算全面地说明问题。内丹说,实际上是心性之学在道教理论上的表现,它适应时代思潮而生,不能简单地认定内丹说的兴起是由于外丹毒性强烈,服用者多暴死,才转向内丹的。"内丹说"在道教,"佛性说"在佛教,"心性说"在儒教,三教的说法有差异,而他们所探讨的实际上是同样的问题。以道教来看,《抱朴子》的"道"的理论已偏重于本体论,但不纯熟。唐代司马承祯的坐忘学说则是典型的心性论。当时道教与佛教相呼应,各自从自己的立场阐发心性之学。佛教道教倡导于前,儒教反而显得落后,后来韩愈、李翱等人也跟着探索这一领域,这种理论兴趣和思维水平到唐末、五代更加成熟,成为学术界的中心议题。宋代理学兴起心性论与治国平天下的封建政治学说相结合,形成理论完备的儒教体系,成为心性论的主力。佛、道二教没有能够继续发展,仍停留在原来的水平上,反而落后了。

金元时期出现的全真道及其相关的教派,它与以前及后来的许多道教流派不同,这些特异的道教的政治背景前辈学者有很好的论述①。应当指出,金元时期的全真教把出家修仙与世俗的忠孝仁义相为表里,把道教社会化,实际上是儒教的一个支派。儒教在宋代形成后,成为中国封建社会后期的思想支柱的中心力量。南宋灭亡,儒教并未受到损伤,朱熹建立起来的儒教体系在元代几乎全部得到继承,政统转移,而道统赓续。皇帝换了姓氏,中华民族的传统文化反而凭借元朝强大武力推广到更边远的地区。儒教势力强大,体系完整,超过佛道二教,其实,它包含了佛教、道教的心性修养内容。

研究道教,不能离开佛教,也不能离开儒教。佛教与道教看起来长期有争论,事实上这两教基本上同兴衰、同荣辱、同命运。佛道两教均受过政治压迫、迫害,佛教遭受的政治打击的次数比道教还要多些,原因在于他们的势力强大,达到与国争利的地步,政府就出来干预。佛道两教互相吸收,道教吸收佛教的东西更多于佛教吸收道教的。唐代为三教鼎立,唐中叶以后的总趋势为三教合一。宋以后儒教形成自己的庞大体系,以釜底抽薪的方式,从内部吸取佛道二教的修炼方法,如静坐、养神、明心、见性等,这都是孔孟所未讲的新内容。儒教从佛道二教那里补充了新内容。

中国的佛教早已中国化,佛道两教相比较,道教更具有中国封建社会农民型的朴素意识,道教似不及佛教机巧。道教在佛教初传入时帮了佛教的忙,佛教势力壮大后却反戈相击。像《老

---

① 见陈垣先生《河北新道教考》等有关著作。

子化胡经》这一段公案,先后聚讼达千年之久。老子化胡本属无稽之谈。佛道两教争高下,道教没有倾全力从理论上争是非,而是采用农村乡里间争辈份的方法,编造事实,抬高老子。佛教初传入中国,为了便于立足,希望与中国名人拉上关系。佛教徒中不乏饱学之士,他们并不是看不出老子化胡说的荒谬,但他们忍让着,任凭《化胡经》广为流布,并不进行反驳。佛教显然是利用道教为自己开路①,可以认为双方互相利用,毕竟佛教利用道教的成份更多。等到佛教势力强大到足以自张一军时,则发动教徒,利用一切手段攻击《化胡经》,最后一次大辩论发生在元朝,假借元朝统治者的干预,连道藏的经版都销毁掉。当然,流传了千百年的《化胡经》,山陬海隅,所在多有,光靠一次行政禁令是毁不尽的。

道教研究室的多数同志,曾以集体力量,花了多年时间把道教全集——《道藏》检阅了一遍,并撰成《道藏提要》一书,现已交中国社会科学出版社出版。对几千卷道教典籍的内容、时代、作者,提出了自己的看法。在这样扎实的基础上,我们写出这部《中国道教史》。有几分材料说几分话,我们不尚空谈,力图避免华而不实的学风。撰写人承担的篇章,基本上是他们研究的专题的一部分,对作者来说,比较驾轻就熟。各章节之间,看来是独立的专题,但各专题之间独立而不是孤立,我们照顾到其上下左右的联系,向读者提供中国道教发展的整体印象。

这部《中国道教史》是集体撰写的,文体作风难求划一,我们

---

① 汤用彤先生说:"汉世佛法初来,道教亦方萌芽,纷歧则势弱,相得则益彰。故佛道均藉老子化胡之说,会通两方教理,遂至帝王列二氏而并祭,臣下亦合黄老、浮屠为一,固毫不可怪也。"(《汉魏两晋南北朝佛教史》,中华书局,1983 年版,43 页)

力求规范化一些;篇章之间难免略有交叉,我们力图安排得合理一些。学术研究有继承性,我们尽量利用前辈研究的成果,如刘师培、陈垣、陈寅恪、汤用彤、陈国符、王明诸先生的著作;日本学者吉冈义丰、大渊忍尔、福永光司等教授的成果,也给我们以重要参考帮助,这些都随文注明。

本书在上海人民出版社积极安排下得以早日问世,在这里表示感谢。

《中国道教史》分编序和结束语[*]

第一编　汉魏晋南北朝道教

在中国道教史上，东汉至魏晋南北朝是最初的重要发展阶段，即原始道教从民间兴起，并逐步演变发展为成熟的官方正统宗教的时期。

东汉末年爆发的黄巾起义标志着秦汉时期中国封建专制国家大一统局面的结束。起义失败后，各地军阀豪强势力乘机割据混战，拉开了长期分裂战乱的序幕。此后经过魏蜀吴三国鼎立与西晋的短期统一，东晋十六国的动乱，以及南北朝的分裂对峙，直到隋朝重新统一全国，中国封建社会先后经过了约四百年之久的分裂。在这段分裂时期，封建社会不仅在政治、经济制度上发生了许多重大的变革，而且在思想文化方面也出现了新的情况。儒家学说虽然仍是封建国家正统的思想意识形态，但是随着两汉经学的衰落，它在思想文化上的"一统"地位已相对削

---

　　* 据《中国道教史》初版，曾以《〈中国道教史〉小序和结束语》收入《任继愈宗教论集》。

弱,而东汉以来开始形成的道教与外来的佛教却在这一时期有了很大的发展,逐渐成长为封建官方上层建筑和意识形态的重要组成部分。这一新的变化,为隋唐时期儒释道三教鼎立局面的出现奠定了基本格局。

魏晋南北朝之前,道教在东汉中后期迅速从民间蓬勃兴起,形成了太平道、五斗米道等民间道教团体,这是道教发展的一个高潮。汉末黄巾起义因统治者的镇压而失败,汉中张鲁政权也因投降曹操而归于覆亡,使道教遭到沉重打击。进入魏晋后,统治阶级对民间的宗教活动严令禁止,遏制了早期民间道教组织迅速发展的势头。虽然五斗米道仍在民间传播,从西南一隅发展到全国各地,并逐渐渗透到上层统治阶级中间,成为当时道教的大宗,但是五斗米道在教义上却没有太大的发展,基本上还是"以鬼道教民"的民间宗教团体,并且在其内部还出现了组织散乱、科律废弛的现象,分化出许多互无统属的道派。从总体上看,民间道教的发展逐渐趋于衰落。

在民间道教的活动受到遏制的同时,适合魏晋门阀统治阶级利益的神仙道教却在兴起。汉末魏晋间,一大批神仙方术之士在社会上十分活跃,逐渐形成一些师徒相传的神仙道教团体。某些信奉五斗米道的门阀士族分子也在把民间道教引向士族神仙道教的发展轨道。两晋之际的著名道教学者葛洪,便是这一派突出的代表。他在东晋初所撰的《抱朴子内篇》一书,对以往的神仙信仰和各种方术作了系统的整理和理论上的阐述,并对民间道教和某些"流俗道士"的活动猛烈抨击,这对道教从原始民间宗教向成熟的官方宗教的方向演变发展,在理论和实践上都有十分重要的意义。葛洪去世后,以晋哀帝兴宁二年(364)丹阳士族杨羲、许谧等人制作《上清经》为开始的标志,从东晋十六国后期至南北朝时期,中国南北方都出现了由门阀士族道教徒

(其代表人物有寇谦之、陆修静、陶弘景等人)发起的道教改革活动,道教的发展进入新的高潮。以重视经典科教与神仙养生之术为主要宗旨的道教新派别孳乳繁衍,成为道教发展的主流。而民间道教经门阀士族改造后,终于消融在南北朝新道教中。隋唐时期,道教、佛教的发展都进入鼎盛时代。南北朝以来形成的茅山派、楼观派是当时道教的正宗,三洞经典体现了道教最高的教义理论和修炼方术,而早期天师道的符箓禳袚之术,仅仅作为经典科教的一部分和道士入门的初级功课而保留下来。

总而言之,自东汉迄魏晋南北朝,道教的发展凡经三变:(一)东汉晚期为原始道教从民间崛起和形成的时代。(二)三国两晋之际,民间道教的发展转趋停滞,五斗米道组织发生分化,一部分逐渐与神仙道教合流而丧失其原始民间宗教的本色。(三)东晋以后,民间道教经过改造,进一步发展为以仙道为中心的成熟的官方化的新道教。当然,历史的递嬗演变,并不像刀割斧截般地整齐绝断。上述三变,只是就这一时期道教发展总的趋势而言。道教经过这一系列的复杂变化,完成了从孕育产生到发展成熟的过程,为以后一千多年的进一步发展奠定了基础。

第二编　隋唐道教

南北朝时期,北朝的寇谦之和南朝的陆修静、陶弘景等先后对道教加以整顿和改革,道教逐渐由分散的原始状态进入相对统一的成熟阶段,由民间性质的宗教逐渐趋向上层,在一定程度上得到统治者的扶植和崇奉,逐步成为统治者所控制和利用的官方宗教,为隋唐道教进一步的发展和繁荣打下坚实的基础。

隋唐时期,尤其是唐代,是我国道教全面发展的繁荣时期之一。隋皇朝建国之初,隋文帝利用道教编造"受命之符",为他篡夺北周政权制造舆论,故隋文帝对道教加以扶植和崇奉,使道教有所发展。因隋文帝幼时由尼姑养育,自称"我兴由佛法",对佛教尤为重视,规定三教的序位是佛教为先,道教次之,儒教为末,佛、道行立的序位是佛先道后,故道教与佛教相比,其发展在隋代较为缓慢。道教对以后的影响较小。

在唐皇朝近三百年的统治中,道教始终得到扶植和崇奉,道教的地位处于儒教和佛教之上,居三教之首。道教教主老子不仅被尊为唐宗室的"圣祖",而且先后被册封为"玄元皇帝",和"大圣祖高上金阙玄元天皇大帝",事实上已成为道教的至高神和唐皇朝的护国神,道教也得到前所未有的尊崇。

唐皇朝崇奉道教,主要是出于政治上的利用,信仰的因素倒是次要的。李唐皇朝利用老子姓李,攀附为同宗,尊老子为"圣祖",自称是老子的"圣裔",以利用老子在历史上的广泛影响来提高唐宗室的社会地位。它们神化老子,尊崇老子,并以老子降灵等名义散布宗教谶言,编造政治神话,制造皇权神授的舆论,以达到神化唐宗室的政治目的。唐初和唐玄宗时期,还利用《老子》的清静无为思想作为治国的理论依据之一,对唐初的繁荣和唐玄宗的"开元之治"都曾起过一定的积极作用。唐皇朝抬高道教地位,规定道教的序位在佛教之前,也是利用道教来抑制佛教势力发展的一种政治策略。唐皇朝是充分利用道教为政治服务的皇朝之一。

唐代崇道以崇奉老子为核心,当时不仅老子被推到至高无上的尊位,而且《老子》一书亦被尊为《道德真经》,成为道教的首经。道家的庄子、列子等均被尊为"真人",其著作被尊为"真经"。《老子》成为王公大臣和贡举人必读之书。唐玄宗亲自注疏《道德真经》,颁之全国,令士庶家家习读,使《老子》得以广泛的传播。由于唐皇朝的倡导,唐代研究老庄思想的风气很盛。

王公大臣及儒生、道士等纷纷研究和注疏《老子》《庄子》,据不完全统计,隋唐时仅道士注疏笺解《老子》即近三十家,其他受老庄思想影响的理论著作也很多,如通玄先生的《道体论》,司马承祯的《坐忘论》等等。唐代佛教禅宗的形成和发展,也受到老庄思想的影响。隋唐是对道教理论研究的兴盛时期,它建立了较为系统的理论体系,"重玄"哲学思想的形成,即是这一时期的产物。

隋唐对道籍的整理和研究亦较重视,隋皇朝设立玄都观,研究三教之学,整理道教教义,当时所编的《玄门大义》,体系已较完备。唐代对道籍继续加以收集和整理,唐玄宗于开元年间收集道书,编纂成藏,名《一切道经》,道籍成藏实始于唐。

道教仪法在南朝陆修静时已初具规模,唐代道士张万福、张承先和唐末五代的杜光庭等对道教科仪、经戒法箓传授等进行系统的整理和增删,使其更趋复杂和完备。唐以后的道教仪法,基本上以唐代仪法为准则。

隋唐道教炼养术有较快的发展,司马承祯的《服气精义论》《修真精义论》等均是当时著名的修炼理论,其他类似的著作还很多,这对推动炼养术的发展起了积极作用。由于唐代诸帝大都相信服用金丹可以长生延年,不惜投入大量财力物力命道士制炼金丹,使金丹术得到进一步的发展。唐代太宗、宪宗、穆宗、敬宗、武宗、宣宗之死均与服用金丹有关,于此大致可见当时金丹术的兴旺。由于一些帝王服金丹而死,一些炼丹道士亦因而被杀,唐以后的帝王和道士大都吸取这一教训,这又促使金丹术由外丹向内丹的转变。

唐末五代,由于社会动乱,很多道教宫观被毁,道士星散,道教衰落。一些儒生和失意的王公官吏,为避乱而纷纷隐遁于山林,有些即与道教发生联系或成为道士,它们以避世保命为主,不求闻达于诸侯,修炼亦以内丹为主,促使了内丹术的迅速发展。唐末的吕洞宾、钟离权等即成为后来内丹派的祖师爷。

唐代道教的音乐、舞蹈、绘画、雕塑、文学、建筑等亦得到了全面的发展。唐玄宗时的《霓裳羽衣曲》《降真名仙之曲》《紫微送仙之曲》,以及《紫微八卦舞》等,是在唐玄宗授意下创作、在太清宫祭献老子时所演奏,具有皇家宫廷的艺术水平。唐代一些帝王命画家绘画道教神像,如吴道子所画老子像的刻石,仍流传于今,敦煌仍保存有唐代的道教壁画。唐代对道教绘画艺术做出了贡献。唐代以前,道观中的神仙塑像甚少,唐玄宗命全国各大宫观皆塑老子像,并在太清宫塑玄宗像立于老子之侧,自此道教宫观中供奉雕塑的神像逐渐盛行起来,促使道教雕塑艺术的发展。高宗、玄宗等亲作青词、表章供道士祭献和祈祷时用,一些大臣,文人亦竞相效尤,提高了道教文学的水平。自南朝道教宫观制度形成后,道教宫观逐渐增多,到唐代,道教宫观几遍及全国,有些宫观建筑规模宏大,极为富丽,如太清宫、太微宫、紫微宫等主要供奉老子的宫观,其规模可与皇家的殿堂相比拟,对以后道教宫观的建筑规模和建筑艺术都有直接的影响。由于唐代帝王,尤其是玄宗的倡导,使道教艺术得前所未有的发展并达到较高的水平。

唐代道教的兴衰,对以后道教的发展有着广泛的影响。唐代道教是道教发展史中的一个重要环节。

第三编　宋元道教

宋辽金元(960—1368)四百余年间,道教进入了一个发展、变革的新阶段。

这一时期,各种社会矛盾相当尖锐,民族矛盾尤为突出,道教的兴盛、发达,与贯穿这一时代始终的民族矛盾关系至深。

北宋王朝虽然结束了五代五十余年的动乱,使社会生产、文化得以发展、繁荣,但其国力远较汉、唐为赢弱,辽、西夏、金的侵扰,严重威胁着赵宋王朝的安全。为了乞助于道教神灵以解除心理上的不安全感,安定民心,缓和国内阶级矛盾,北宋历代帝王对道教皆相当崇奉,真宗、徽宗尤以崇道著称。真宗在与辽立澶渊之盟后,为粉饰太平、神化皇权,仿效李唐,制造了"天书"下降、"圣祖"降灵等道教神话。真宗还命王钦若、张君房等校刊、编辑道藏。徽宗以"教主道君皇帝"自居,宠任林灵素等符箓道士,通过行政命令强制推行神霄道教,一度崇道抑佛。辽国、西夏统治者,对境内道教亦采取保护政策。

金、南宋统治者吸取了宋徽宗崇道亡国的教训,对道教在长时期内皆无特别的崇奉,实行严格的管理。但这一时期,南北战事频仍,后期又加上蒙古的入侵,民族矛盾、阶级矛盾更为激化,阶级压迫、民族压迫的沉重苦难,促使民间的道教活动空前活跃。在女真族为统治主体的北方金国,兴起了太一教、大道教、全真教三派新道教,广泛流传于民间,呈蒸蒸日上之势,金廷于防范之外,不得不予以承认,到金贞祐南迁后的衰落时期,对新道教更多所利用。在南宋,也有净明道、金丹派南宗等新兴道派出现,民间的斋醮祈禳等道教活动,十分盛行。

在蒙古贵族所建立的大元帝国,民族矛盾始终是最大的社会问题。元室为笼络人心,缓和民族、阶级矛盾,对各宗教都大加提倡,对道教各派皆扶植利用,各派道教首领和名道士封官赐爵,得"真人"等踢号者颇众。一批失意儒士和有民族气节的人士纷纷涌入道教,使道教呈现出十分鼎盛的局面。

宋元时代道教兴盛的表现之一是道派分化繁衍,新道派纷纷出现。这一时期,除传统的正一、上清、灵宝三大道派继续传衍外,还出现了太一教、真大道、全真道、金丹派南宗、净明道、清微派、神霄派、东华派、天心派、武当派等新道派。从南宋末起,江南诸道派归正一派所统领。

宋元新道派在教义、教制等方面多带有革新传统道教的特色,反映了新兴庶族地主的宗教意识。正一、上清、灵宝三大旧派的教义教制,也有所发展、革新。

这一时期各派道教教义的共同特点,是顺应三教思想融合的时代思潮,盛倡三教同源一致,融摄佛、儒二家之学,使这一时期的道教学说带有融合三教的浓厚色彩。三教所共同探讨的心性问题,成为这一时期道教哲学的中心课题,所谓"天下无二道,圣人无二心",心性被看作三教共同之源。在宋代,道教受佛教禅宗影响最深,金丹派南宗、全真道皆以结合、融合道教内丹与禅宗之禅为其学说的特质,提倡明心见性、性命双修、其心性之说,颇近于禅。至元代,道教哲学更多融汇理学,元代新出现的净明忠孝道,便是一个道教与儒学、理学融合的典型。

宋元时代的道教教义,还以内丹术的盛行和内丹学的成熟为一大特点,专主内丹修炼的群众性教团全真道、南宗首次创立。全真道、南宗继承和发扬钟吕系内丹,沿内丹与禅双修的方向发展,形成在修炼次第上先性后命与先命后性两派。《悟真篇》《翠虚篇》《金丹大要》《中和集》等一批内丹学专著相继问世,内丹理论在传统道教内丹术、炼养术和宇宙论的基础上,融摄佛、儒之学及中医、天文学等知识,臻于成熟化。道教内丹哲学对儒学影响甚深,是周敦颐、邵雍哲学思想的一大渊源。南宋理学大家朱熹热衷于内丹术。

这一时期盛行的内丹术还影响于诸家符箓道法,各符箓道派率皆融合内丹与符箓,倡"内道外法"、"内丹外用",以内丹修炼为施行符箓咒术之本,强调书符念咒时须正心诚意,以"一点灵光"即先天元神事之。道教符箓道法至此而成熟化、理论化。道教斋醮科仪也进一步完备,出现了卷帙浩繁的斋醮科仪全书《灵宝领教济度金书》等。

教义、教制充分成熟化的宋元道教,为明清道教奠立了定制。

第四编　明清道教

明清两代(1368—1911)五百多年,是道教从停滞走向衰落的阶段。在内部,教团的腐化;在外部,理学的强力排斥,民间宗教的争夺地盘,失去统治者的崇奉扶植等多种因素,促使道教渐趋衰落,道教的衰落,大体上与整个封建社会的衰落同步。

明清两朝封建统治者对道教的态度颇有不同。明代诸帝对道教皆相当尊崇敬奉,对道教教团管理严格。明太祖一再敕令,清整佛、道二教,他从顺应民俗、宣扬封建伦理纲常的目的出发,保护道教,命道士编成斋醮仪范,突出宣扬封建伦理的内容,定为玄门统一格式。明成祖崇奉真武神,利用真武显圣的神话为其政治目的服务,大修武当山道教宫观,建斋设醮,并派人多年寻访高道张三丰,表现出虔诚的神仙信仰。成祖以后的明室诸帝,对道教的信奉多局限于低层次,营事斋醮,迷信扶乩降仙、各种方术。明世宗朱厚熜,尤为宋徽宗以后唯一的崇道昏君,醉心于长生,宠任道士邵元节、陶仲文等,方士求宠成风,宫中斋醮无虚日,文人以青词为仕进之途。明毅宗(崇祯)一度崇道排佛。清朝贵族对道教本无信仰,入关后对已衰落了的道教无多重视,利用道士斋醮作法之事,比前代要少得多。从乾隆朝起,道教的政治地位日渐下降,被统治者看作名山胜景的点缀品,失去了影响政治的力量,乾隆以后国家对道教的管制,渐形松弛。

元代中叶以后,道教诸派渐归于正一、全真两大派,从明初起,正一天师成为全国道教的统领和代表人物,世袭官爵。正一、全真两派由于长期贵盛,宫观经济不断发达,使教团渐趋腐化。明清历代正一天师,无一以道法名世者,有些天师如第四十六代张元吉等,贪淫暴恶,成为大恶霸地主。正一天师官爵的世袭,颇为儒臣所反对。明代对全真道不大重视,该派在有明二百多年间较为沉寂,但在清初合宜的社会条件下,全真道龙门派经王常月等道士的公开传戒,一度出现中兴景象。

明清两代,道教教义、教制总的说来无大的发展。明代编定的一些斋醮科仪,如《道法会元》等,收入了多种符箓道法。第四十三代正一天师张宇初的《道门十规》,适应明太祖整顿道教的需要,提出了振兴道教之策,欲图推广金元全真道风于整个道教界。王常月中兴龙门派,也是力图复兴初期全真祖风,并适应封建统治者宣传纲常伦理的需要,强调持戒为本。这一阶段,道教内丹学尚呈发达景象,张三丰、陆西星、伍守阳、柳华阳、刘一明、闵小艮等人的内丹撰述,把内丹术进一步通俗化、明朗化,对内丹理论的阐发也有超越前人之处。这一时期的道教著作中,三教思想融合的色彩更为浓厚,尤多和会儒学、理学。

明清两代道教教义虽然无大发展,但道教思想却进一步通俗化,流传于广大社会,渗入社会文化的各个方面。被道士通俗化了的内丹术,超出仅在道教中传播的范围,作为一种炼养术,传向社会,在儒士中影响尤深,明儒王守仁、王畿、罗汝芳、林兆恩等,皆热衷于道教内丹术,清初大思想家王夫之,对内丹术亦涉足甚深。一批道教劝善书如《太上老君感应篇》《文昌帝君阴骘文》等,经官僚文士的倡导,作为一种宣传封建伦理的通俗读物,广泛流传于民间。扶乩降仙之风,在道士、儒生中十分盛行,一批假扶鸾所造的道书,如《太乙金华宗旨》《吕祖三宝心灯》

《天仙金丹心法》《吕祖东园语录》等纷纷出世,或阐述金丹,或宣扬三纲五常,皆具有三教融合的色彩。各种大大小小的道教神庙,如城隍庙、真武庙、吕祖庙、关帝庙等,林立于城镇乡村。道教的神仙信仰、金丹修炼说,渗透于这一时代的大量通俗文学作品。各种民间宗教,亦多吸收道教思想。至清末,道教虽已十分衰微,但其宗教思想作为一种传统信仰,在民间影响还是很深。

第五编　明清民间宗教与道教

中国的道教发展至明清时代日趋走向民间化和世俗化,从而生成形形色色的民间秘密宗教。而这些众多的民间宗教与土生土长的道教有着密不可分的关系,可以说,中国的许多民间宗教是道教的流衍或异端。

所谓民间宗教,相对正统宗教而言,它不为统治阶级所承认,只能在民间秘密流传,被当局称为"邪教"或"匪类"。民间宗教与正统宗教虽然有着本质的区别,但从宗教意义上讲,两者并没有隔着不可逾越的壕沟。世界上影响深远的正统宗教没有一个不是由民间宗教孕育产生的;而后起的一些民间教派,又往往是正统宗教的流衍和异端。这两者在组织、信仰、宗教仪式诸方面有着千丝万缕的联系。

道教在获得正统地位以前,也是一个在底层流传的民间教派,即民间道教。早在战国时代,道教的原始形态便出现了。当时楚人崇巫术,重淫祀,而燕赵齐鲁则盛行着神仙方术。这两者都是汉代民间道教发端的源头。汉末,有大规模组织体系的道教出现了,求道鹤鸣山中的张陵及其家族创五斗米教,无疑受到了盛行南方巫风巫术的影响;而北方张角兄弟所创太平道教又受到神仙方术及流行于世的谶纬经学的启迪。这两派道教都为统治阶级所不容,遭受镇压。

民间道教从秘密流行到为封建当局公开承认,历经二三百年。其间由于封建文人的改造润色,它有了一套较为完备的教阶制度与仪式规范,教义的内涵也发生了重要变化,遂为南北朝时期的部分统治者所喜闻乐道,从而跻身于封建统治思想三大支柱的行列。但依然有部分道教流派在民间蔓延,成为社会的动乱因素。当时以所谓教主李弘为旗帜的造反事件不胜枚举,而孙恩、卢循领导的起义也表现出道教某些教派对抗现行秩序的巨大力量。由此可见,在南北朝代,道教仍然呈现着一种复杂的格局。

唐宋两朝,道教鼎盛一时,真正发挥了作为正统宗教的社会功能。但金元时代,封建社会走向下坡路,道教再次呈现出纷繁复杂的局面。金代,北方大乱,中原文化毁于一旦,儒家思想亦被弃之不顾,部分读书人出入佛老,寻求救世或避世良方。新型的道教教派——全真道应运而生。当时王重阳修道终南山,倡三教合一,主张炼养,成为此派开山祖。数十年间,全真派流传底层,直至1219年,其弟子丘处机为元太祖召见,全真道才从民间教派走上正统地位。元代中叶,这支道派在与佛教的争宠中骤然失势,除部分大观外,信仰下移,再次走向民间,开了黄天教等民间教派之先河。与全真道同时问世的混元道不具备成为正统教派的条件,数百年间在底层发展,到明代演化成红阳教、混元教等教派。

明清时代,社会发生了急骤的转折,封建制度已经无可挽回地没落了。封建制度的衰落不仅表现在政治、经济、思想、文化诸领域,也突出地表现在宗教领域。清初莲宗居士周克复曾生动地描写过那一时代的宗教世界:

> 如近世白莲、无为、圆顿、涅槃、长生、受持等教,无非窃

佛祖经纶绪余,创野狐之禅,播穷奇之恶,诳诸无识,贪财倡乱。始犹附佛而扬其波,继之角佛而标其帜。嗟!嗟!末运法弱魔强,释教至是而坏乱极矣。①

"末运法弱魔强"不仅表现了佛教历史命运的衰微,从某种意义上讲,道教更有甚者。佛、道两教衰落了,代之而起的是不可遏止的民间宗教运动的狂潮。明代成化、正德间,以罗祖教的兴起为转机,至明末,仅大的民间教派就出现了数十种之多。罗祖教、黄天教、三一教、红阳教、混元教、闻香教、西大乘教、龙天门教、圆顿教、收元教等等是其中较著者。这些教派脱离了佛、道两教的范畴,有各自的势力范围、教主、经书和教法,在宗教领域中形成了一种奇特的历史现象。这一运动在明末农民大革命中经历了短暂的沉寂,在清代以更加蓬勃的气势向前发展。从已发掘出的史料来看,整个清代至少出现过二百余种民间宗教和秘密结社。它们活动在除西藏以外的广大地域,几乎无时不在,无处无之,构成了难以数计的地下秘密宗教王国,形成了对抗封建政权的异己力量,这是对专制统治的一种无声的对抗和离异。在清代新崛起的大教门有八卦教、一炷香教、青莲教、金丹教、黄崖教、刘门教、真空教等等。它们的兴起为民间宗教运动的发展起了推波助澜的作用。

道教衰落了,这仅仅是指作为正统宗教的道教的衰落。道教的影响不仅没有消失,反而以新的形式在民间宗教世界重新迸发出来。其中最突出的是道教修炼内丹的理论与实践。两宋以后,道教外丹的理论与实践由于不能适应客观环境的需要,逐渐为历史淘汰,修炼内丹成为教内一时风尚。修炼内丹者无疑在对人身功能的探求上有不可磨灭的成就,但内丹家希望通过

---

① (清)周克复:《净土晨钟》卷九。

修炼,打破生与死的界限,寻求永生的门径,却是一种虚妄。而且它的神秘主义色彩、单传独授的组织形式,繁缛礼仪与深不可测的实践都使它无法扩大本教派的影响,并进一步导致各类异端思想和行动的出现。在民间宗教中,修炼内丹成为一种普遍的宗教内容,虽然师徒授受之际往往保留着宗教的某些神秘主义色彩,但道教那套单传密授的清规戒律却荡然无存了。道教修炼内丹的理论和实践在民间宗教这里被改头换面而且通俗化、普及化了。可以毫不夸张地讲,道教在明清时代对民间宗教的影响是首屈一指的。其中对黄天教、三一教、红阳教、混元教、圆顿教、八封教、一炷香教、金丹教等教派的影响尤为突出。修炼内丹,成为这些教派宗教活动的重要内容。大批宝卷以讲解这方面内容为宗旨,从明初中叶以迄近代,数百年而不绝。

本编在述及道教与民间宗教关系时,不可能面面俱道,仅择其中两个教派——黄天教和红阳教作为典型,希望读者能从中体味到道教在封建社会末期的某些影响。

结束语　近代与当代道教

道教作为一种产生并适应于中国封建社会的宗教文化,经过漫长的发展历程,至清末,已随封建社会的末运而衰微不堪。近代,佛教还曾被作为传统文化中的异端,被一些改良主义者重新认识,因而一度呈现回光返照之象。而儒教和道教,作为封建文化的堡垒,受到了民主革命潮流的猛烈冲击。辛亥革命中,孙中山等民主革命家对儒教、道教的封建思想曾予以批判。而袁世凯等封建余孽,则继续利用道教。袁世凯在短暂的称帝复辟期间,就曾封第六十二代正一天师张晓初为"正一嗣教大真人"。五四运动中,陈独秀、钱玄同、鲁迅等人对旧宗教、偶像崇拜,关帝、吕祖、九天玄女、瘟将军等的崇祀、迷信予以抨击,民主思想、马克思主义和科学知识的宣传,荡涤着腐朽的宗教、迷信观念。在革命队伍和知识界,道教的宗教观念迅速失去了地盘。道教教团长期以来赖以维持生存的宫观田产,也受到冲击。1928 年,国民党政府颁布神祠废存标准,决定废止的神祠庙宇中,如岳飞、关帝、土地神、灶神、太上老君、三官、天师、吕祖、五岳四御、龙王、城隍、文昌、送子娘娘等神庙,皆属道教。尽管这一决定未能彻底实行,许多寺庙观庵还是被废除,改建为学校、机关、军营。在中国共产党领导的革命根据地,破除迷信也被作为宣传工作中的一项内容。

面临急剧的社会变革,道教界人士为维护本教,成立过一些道教徒的群众组织。如 1912 年北京白云观成立全真派的全国性教会组织"中央道教会"。同年,第六十二代正一天师张晓初在上海筹建正一派的全国性教会组织"中华民国道教总会",但未能取得政府核准,仅成立了"中华民国道教学会本部上海总机关部",稍有活动。在一些省市如上海,还成立过地方性的道教组织"中国道教总会""中华道教会"等。道教学者陈撄宁先生(1880—1969),创办"中华仙学院",主编《仙学月报》《扬善半月刊》等道教学杂志。他从事道教研究数十年,精通内外丹炼养术,撰有《黄庭经讲义》《孙不二女丹诗注》《灵源大道歌白话解》等刊行。陈氏主张分清以炼养为主旨的传统"中华仙学"与道教的界限,继承发扬中华仙学传统,在道教界颇有影响。

中华人民共和国成立后,政府遵循马列主义宗教政策,在宪法中对公民个人的宗教信仰自由予以保护。土地改革运动中,对寺观多余的土地予以没收。1957 年,全国性的道教徒群众组织"中国道教协会"在北京白云观成立,岳崇岱、陈撄宁递任第一届、第二届会长。该会宗旨为:"团结全国道教徒,在人民政府领导下,继承和发扬道教的优良传统;积极参加国家的社会主义建设和保卫世界和平运动;协助政府贯彻宗教信仰自由政策。"①"文化大革命"的十年内乱中,道教和其他宗教一起受到冲击,"中国道教协会"停止活动,不少宫观和道教文物被破坏。自中共中央拨乱反正以来,宗教信仰自由的政策逐步落实,"中国道教协会"于1980年重新开始活动,各地道教宫观逐步恢复,道士们过着正常的宗教生活,并努力实现劳动自养。推动和开展道教研究工作,被列为中国道教协会的重要工作之一。该会主办的《中国道教》季刊已发行。

在台湾,道教在各宗教中影响最大。据《人民日报》1983年10月6日报道,目前台湾省属于道教的庙宇有四千一百五十八座,约占各教寺庙总数的五分之四。祀神与斋醮炼度尚盛行于民间,道士皆属正一派系,分"乌头司公"(属天师派)与"红头司公"(属闾山三奶派)二种,皆家居,多数不谙教义,亦无笃实信仰。有"道教居士会""中华道教会"等道教徒的群众组织。

在现代文明冲击下,道教的宗教观念,尤符箓道神仙崇拜的信仰,在社会生活中的影响日益缩小,道教继续衰落,乃是社会发展所决定的必然趋势。但作为一种历史最长的社会意识形态,作为教义宗旨颇具独特性,可谓集中华民族传统宗教观念大成的中国本位宗教,道教在它长期生长、流传的土地上,大概不会于短时期内消亡。只要现代科学还不能解决完全征服疾病、死亡、自然灾害等问题,道教炼养长生及祈助于神仙征服自然的宗教观念就有其生存的基础,就会对一部分人具有吸引力。

道教文化是中国古代文化遗产中的重要组成部分,长期以来影响颇大,深深渗入于民族文化的诸多方面。道教文化中精

---

① 《道协会刊》1980年第1期。

华与糟粕混融,不乏值得批判地继承发扬者。近几十年来,道教的炼养术被加以科学的改造,运用于医疗与气功养生,证明有治病健身、延年益寿之效,其影响有日益扩大之势,与印度瑜伽术逐渐脱离宗教而传播的情况相仿佛。道教的宇宙论、本体论及对人体生命的解释,作为一种颇具启发性的古代思想资料,受到中外科学家的注意。道教与佛教等古代东方文明天人合一、追求与大自然和谐的思想,正在引起欧美人士的兴趣。对道教的全面研究,在国内外,日益发达,呈现出前所未有的兴旺景象。道教文化将来的命运,只会是扬弃,而不会是全盘摒弃。

《道藏提要》序*

　　1978年中国社会科学院正式成立,世界宗教研究所根据国家建设需要,制定社会科学发展规划,《道藏提要》是其中的一项。《道藏》卷帙浩繁①,内容芜杂,有珠玉,也有泥沙②。况且《道藏》有许多典籍撰者不明,时代不详,书上标明的撰者有真有假,难以分辨。在人力不足的情况下,仿《四库提要》体例编制《道藏提要》,困难很大。我们深知《道藏》这部道教典籍丛书是研究道教的主要资料库,如能早日把它整理出来,将有利于道教研究工作的开展。

　　自从新中国建立后,举国上下都在进行基本建设,文化学术的基本建设离不开资料的汇集与整理,而且资料工作必须先行。我国历代在开国之初,偃武修文,必先从事资料汇集整理工作。明初有《永乐大典》,清初编《古今图书集成》《四库全书》。法国资产阶级上升时期有百科全书派。只有资料充实、齐备,才有可

---

　　*　据《念旧企新》。曾载《世界宗教研究》1989年第4期,收入《皓首学术随笔》《任继愈宗教论集》。

　　①　共千余种,四千余卷。

　　②　《道藏》中涉及医学、化学、生物、体育、保健、天文、地理等内容,引起近代一些研究者的重视。

能蕴育新建国家的文化高潮。没有充足的资料为依据,谈论学术文化,势必流于空谈。

中国三大宗教(儒、佛、道)是中国传统文化的三大支柱。学术界对儒教典籍研究得较多,对佛教典籍研究得较少,对道教典籍研究得就更少。造成这种状况的原因甚多,由来已久。按照封建正统观点,认为只有儒家的经史子集才有资格代表中国传统文化,佛教、道教典籍属于旁支,文化价值不大。这是长期流行的一种偏见。清朝编纂《四库全书》是中国封建社会最后的一次文化丛书结集,共收书三千四百六十一种,七万九千三百零九卷,存目的有六千七百九十三种,九万三千五百五十一卷。两项共计一万余种。其中所收佛教典籍,属于《子部·释家类》,共十三部三百一十二卷,所收道教典籍归于《子部·道家类》,共收四十四部四百三十卷。何以收得这样少?《四库全书·道家类·总叙》说:

> 后世神怪之迹,多附于道家,道家亦自矜其异,如《神仙传》《道教灵验记》是也。要其本始,则主于清净自持,而济以圣忍之力,以柔制刚,以退为进。故申子、韩子流为刑名之学,而《阴符经》可通于兵。其后长生之说,与神仙家合一,而服饵、导引入之,房中一家,近于神仙者亦入之。鸿宝有书,烧炼入之。张鲁立教,符箓入之。北魏寇谦之等,又以斋醮入之。世所传述,大抵多后附之文,非其本旨,彼教不能自别,今亦无事于区分。然观其遗书,源流变迁之故。尚一一可稽也。

《四库全书》的编者把佛道两教的典籍归类于"子部",取消了佛教和道教与儒教平列的位地。孔孟之书归为"经部",佛道之书归于"子部"。被选入《四库全书》的佛教典籍仅二十四种,不收经典。道教典籍收录较多于佛教,所收的都是与《老子》《庄子》

《周易》注疏有关的典籍。对道教内外丹法、图箓、斋醮等具有道教特点的均未收,这是按照当时皇帝的指示办的。

> 释道外教,词曲末技,咸登简牍,不废搜罗。然二氏之书,必择其可资考证者,其经忏章咒,并凛遵谕旨,一字不收(《四库全书总目凡例》)。

《四库全书》的编辑原则并不是清朝首创的。《隋书》载王俭《七志》以道佛附见,合为七门。阮孝绪《七录》以佛录第六、道录第七。《隋志》则于四部之末附载道经佛经总数。《唐志》以下,有经目而不详。

儒家学者总是怀有偏见,认为佛道两教的典籍价值不大。我们从中华民族传统文化的整体来看,佛道两教的文化与儒家传统文化同样重要,同样影响着中华民族的文化生活、家庭生活、社会生活以及政治生活。佛教、道教的影响,其深远程度当不在儒家经史子集之下。三教交互融摄,构成唐宋以来中国千余年的文化总体。不研究中国佛教就无从了解中国文化和中国历史,这一点已逐渐被学术界人士所承认,但对道教研究的重要性似乎还没有像对佛教那样重视。事实上道教典籍中可供发掘的东西非常丰富,人们已看到它在医药、保健、化学、音乐、艺术等方面的有价值的内容,深入发掘,当不止这些,像关于道教的哲学内容,研究得就很不够。道教典籍在中国文化宝库的地位决不下于佛教,甚至更为重要。

"三教"(儒、佛、道)各有自己的典籍。佛教、道教经历了南北朝的大发展,典籍数量由少到多,急剧增加。这两教对于他们拥有的众多书籍还没有一个统一的名称,当时称为"众经""一切经"。如僧人玄应、慧琳分别编纂了两部佛教名词检索的工具书,两书都命名为《一切经音义》。这里讲的"一切经"不包括中国汉唐时儒家的《六经》《五经》,它专指佛教经典。如果该书成于宋代,就可能叫作《大藏经音义》,现在编纂这样的书就叫作《佛教大辞典》了。

道教生长在中国本土,约与佛教同时活跃在舞台上。但道教的命运不济,错过大发展的时机,让佛教占先了一步。一步落后,步步落后,两千年间一直没有能超过佛教。唐朝道教得到皇室的支持,受到特殊的恩宠,可谓极盛。而道教信徒人数及天下道观的数量也只有佛教的二十分之一。

汉末魏晋天下大乱,老百姓在走投无路的情况下往往投靠宗教。由于黄巾起义打出道教旗帜,黄巾失败后,道教也受牵连,统治者对道教存有戒心,有很长时期对道教不敢信任。这时佛教接受了中国封建宗法思想,乘机宣传三世因果报应轮回之说,扩大了地盘,在帝王贵族支持下,招纳了大量信徒。

南北朝时期,北朝道教经过寇谦之的改造,南朝道教经过陶弘景的改造,都取得上层统治者的支持,才有了较大的发展。这中间已比佛教的发展落后了若干年,错过了大发展的时机。关于道教典籍的搜集整理方面,道教也落后于佛教一步。道教整理典籍的做法是从佛教那里学来的。佛教最先称自己的全集为《一切经》,道教编辑道教全集也称《一切经》,由于《一切经》这个名称被佛教占用在先,后来道教的《一切经》则称为《一切道经》,以区别佛教的《一切经》。唐玄宗时曾令编纂《一切道经音义》,等于当时的《道教大辞典》。唐武后时出现过"道藏"一词,但未能通行。"道藏"一词正式确立是在宋代佛教"大藏经"出现以后的事。

宗教的存在和发展要靠群众,为了更大地发展则须依靠政府当权者的支持。佛教名僧道安深刻懂得"不依国主则法事难立"。道教的发展也离不开这一条经验。有上层支持,可得到充分的物资供应,为寺院建设创造经济条件;有下层广大群众信徒才能壮大宗教的声势,有了声势更能引起上层统治者的重视。只有上层而下层信徒不足,则缺少存在的基础,难以发展;有下层群众而没有上层支持,也不能长久①。佛教、道教在中国都有悠久的历史,历久不衰,除了社会的客观原因外,与两教的主观努力也有极大的关系。他们推行宗教宣传,既要结交上层权贵,又要俘虏下层群众,针对不同信教者的需要推行宣传内容。

道教初创是从下层群众宣传开始的。东汉的黄巾是内地道教,张鲁是巴蜀的道教,都以农村群众为对象。中国农村长期愚昧落后,缺医少药②,以符水治病,驱妖捉鬼,祈福禳罪,与民间巫术、占卜、星相图谶迷信行动相结合,成为道教传教活动的一部分内容。道教典籍中也保存了这一部分内容。

道教为了取得上层统治阶层的信赖和支持,也尽力满足他们的需要。地主阶级自南北朝始形成世袭特权阶层,即门阀士族。他们生活优裕,希望长远享受富贵,即使不能永生,也想长寿。道教为了迎合他们的身心各方面的需求,向他们推销养生、服食、炼丹、房中等宗教内容。道教外丹教法在南北朝隋唐盛行不衰,即得力于上层贵族特权阶层的信奉和支持。炼丹要耗资财,费人力,不仅穷人不敢问津,中产人家也无力试验。只有特权大贵族对此道有兴趣。这些内容在道教典籍中也有记载。

道教和其他宗教一样,着重宣传神的启示,自称他们的经典为神仙颁赐。他们善于制造文书以宣达神意。道教信徒中多有书法家,最有名的王羲之手写《黄庭经》向道士换鹅的故事流传甚广,王羲之是世代信奉天师道的道教徒。

---

① 隋唐的三阶教,下层流传颇广,后被政府取缔;明清民间秘密宗教,不能取得合法地位,活动也困难。

② 农村落后,目前尚且如此,两千年前的农村状况可以想见。

　　道教宣传的重要内容在《道藏》中都能找到，从中可以窥见道教发展变迁的各个侧面。汉末到明清，社会思潮不断变化，与社会思潮相适应的佛教、道教、儒教也在变化。三教之间又有相互影响、相互渗透的关系。这种相互融通、渗透的关系在《道藏》中有表现。

　　综观道教的发展史，大致可分为四个段落，或称为四个发展时期。

　　南北朝时，道教得到帝王贵族的支持，跻身于社会上层，这是它发展的第一个时期。唐朝皇族与老子攀亲，自称李耳后裔，大力推行道教，这是第二个发展时期。北宋真宗、徽宗先后崇奉道教，用道教麻痹人民，陶醉自己，借以遮盖北方强邻压境造成的耻辱，这是道教发展的第三个时期。明中叶帝王迷信道教，妄图长生，道士受到宠遇，出入宫禁，干预朝政，以致参加政府上层的权力斗争，这是道教发展的第四个时期。

　　元朝初年个别道士曾受到皇帝的重视，如丘处机①，但元朝统治者不专重某一种宗数，如佛教、藏传佛教也都受重视，中间还发生过一次焚毁道经的劫难。

　　与道教发展的这四个阶段相适应，道教典籍也经历了四次大规模的结集活动。

　　南朝道士陆修静撰《三洞经书目录》，这是当时编纂的道教全书目录。"三洞"是洞真部、洞玄部、洞神部。"四辅"是太玄部、太平部、太清部、正一部。

　　道教目录起于南北朝，经历隋唐宋元不断编集、补充，但基

---

　　① 道教为了给自己的教派壮声势，有意把元朝皇帝说成道教信奉者的样子。正如印度佛教徒把阿育王说成佛教的信奉者一样。阿育王除了保护佛教外，也保护其他宗教。

本未出陆修静最初创立的规模。按"三洞""四辅"的分类原则一直沿袭到今天。

佛教经录有按大小乘流派分的,也有按经典内容分的。道教的典籍也有同样的情况,如道经的十二类,即按内容分为:

本文类、神符类、玉诀类、灵图类、谱录类、戒律类、威仪类、方法类、众术类、记传类、赞颂类、章表类。十二类的分类法,跟佛教一样,是为了便于庋存、便于检索、便于图书管理的一种办法。道经数量日渐众多,遇到举行宗教活动,如斋醮仪式,同类的典籍放置一起,便于取用,也便于归类。

"四辅"这一名称最早见于南朝刘宋时期,应在道教风行、流派出现以后。《正一法文经图科戒品》认为:

太清经辅洞神部,金丹以下仙业;

太平经辅洞玄部,甲乙十部以下真业;

太玄经辅洞真部,五千文以下圣业;

正一法文宗道德,崇三洞,遍陈三乘。

这种分类方法显然是根据道教流派自己的观点,摹仿佛教判教方法的产物。佛教判教,往往给其他流派以应有的地位,把自己信奉的流派放在最高、最重要的地位上。正一派自认为本派教理可以"宗道德、崇三洞、遍陈三乘"①,境界最高。

统观道书编集的过程,可以看出随着历史的发展,道教典籍逐渐增多的趋势。第一阶段的道教典籍一千余卷。第二阶段的道教典籍,唐玄宗令道士史崇玄等搜集道书约二千卷,并编纂了《一切道经音义》。玄宗后来又继续搜求道书,编辑总目曰《三洞

---

① "三乘"这里指"仙业(洞神部)、真业(太平部)、圣业(太玄部)",与佛教的"三乘"内容不同。

琼纲》,数量增至三千七百余卷①。道教发展的第三阶段在北宋,真宗时搜集道书总集名曰《宝文统录》,增至四千三百余卷。这时已采用佛教《开元释教录》的分类编目法,按千字文分帙编号。宋徽宗时,崇宁、大观年间,刊行雕版《道藏》②,道书增至五千四百余卷。金元时期,北方也有道藏雕版,旋成旋毁,没有保存下来。元世祖至元十八年(1281),道藏经版全毁,经典也丧失殆尽。道教发展的第四阶段在明朝,英宗正统九年(1444),雕版刊印,次年完成,名曰《正统道藏》,共五千三百余卷,较宋雕版《道藏》略少。万历三十五年(1607)又续补一百八十卷,合计起来,比宋《道藏》略增。明以后,道教与佛教均被儒教排挤到不重要的地位。因佛教势力本来大于道教,在佛道两教一齐衰败的情势下,道教的势力显得更弱一些。

明中叶以后,国力衰竭,内忧外患相仍,朝廷自顾不暇,对道教不能从财力上支持。清朝当权者及上层贵族起自关外,承袭萨满教传统,对道教不感兴趣,道教历代享有的特殊宠遇有所裁抑。道教的发展在上层社会受阻,势力转入民间,转变成秘密宗教团体。这些民间宗教也有自己的经典,但不被政府承认,不能公开传播。日后重新编辑"道教全书"(或称"新道藏")时,流传于民间的这部分道教典籍应当收入。

《道藏》中所保存的若干思想资料在中国思想史上占有重要的地位。它与佛教一样,各个时代的重要哲学思潮,在这里都有所反映。这些资料丰富了中国哲学史的内容。如魏晋以后,哲学界关心和讨论的中心问题是本体论。以本体论取代两汉的宇

---

① 后又有五千卷、七千卷、九千卷之说,于史无征,均不可信。
② 《佛藏》雕版刊印,始于北宋开宝年间,世称《开宝藏》。《道藏》踵《佛藏》之后,也是从北宋开始雕版刊印的,只是比《开宝藏》迟了百余年。

宙构成论。这一变化,说明中华民族理论思维的深入和提高。从本体论转入心性论的讨论,是中华民族理论思维的又一次提高。隋唐时期,佛教各大宗派如天台、华严、禅宗等都各在自己学术领域里有所建树,佛教的心性论处在时代思潮的领先地位。道教的理论也适应这一时代思潮。世人论道教内丹之学,多认为它由外丹发展而来,这种说法不为无据,但还不能算全面地说明了问题。内丹说,实际上是心性之学在道教理论上的表现,它适应时代思潮而生,不能简单地认为内丹说的兴起是由于外丹毒性强烈,服用者多暴死,才转向内丹的。"内丹说"在道教、"佛性说"在佛教、"心性说"在儒教,这"三教"的说法有差异,三教探讨的问题的实质没有两样,都属于心性论。道教的《抱朴子》的"道"的理论已偏重于本体论,但不纯熟。唐代司马承祯的"坐忘"学说则是典型的心性论。当时道教与佛教相呼应,各自从自己的立场阐发心性之学。佛教、道教倡导于前,儒教反而显得落后,后来韩愈、李翱等人也跟着探索这一领域。这种理论兴趣和思维到唐末、五代更加成熟,成为学术界的中心议题。宋代理学兴起,心性论与治国平天下的封建政治学说相结合,形成理论完备的儒教体系,成为心性论的主力。佛、道二教没有继续发展,仍停留在原来的水平上,反而落后了。

金、元时期出现的全真道及其相关的教派,与以前的及后来的许多道教流派不同。这些特异的道教的政治背景,前辈学者已有很好的论述①。应当指出,金、元时期的全真教把出家修仙与世俗的忠孝仁义相为表里,把道教社会化,实际上是儒教的一个支派。儒教在宋代形成后,成为中国封建社会后期的思想支柱。南宋灭亡,儒教并未受到损伤。朱熹建立起来的儒教体系

---

① 见陈垣先生《河北新道教考》等有关著作。

190

几乎全部在元代得到继承。政统虽然转移而道统赓续。皇帝换了姓氏，中华民族的传统文化反而凭借元朝强大武力推广到更边远的地区①。儒教势力强大，体系完整，超过佛、道二教。其实，它已包含了佛、道两教有关心性修养的内容。

研究道教不能离开佛教，也不能离开儒教。佛教与道教看起来长期有争论，事实上这两教基本上同兴衰、同荣辱、同命运。佛、道两教都受过政治压迫和迫害，佛教所遭受的政治打击的次数比道教还要多些②，原因在于佛教势力强大到与国争利的地步，政府就出来干预。佛、道两教互相吸收，道教吸收佛教的东西更多于佛教吸收道教的东西。唐代"三教"鼎立，唐中叶以后的总趋势为三教合一。宋以后，儒教形成自己的庞大体系，以釜底抽薪的方式，吸取佛、道两教的修炼方法，如静坐、养神、明心、见性等。这些都是孔、孟不曾讲过的。

中国的佛教早已中国化，佛、道两教相比较，道教似不及佛教机巧。试举聚讼千载的《老子化胡经》为例，老子化胡本属无稽之谈，佛教徒中不乏有识之士，并非看不出此说的荒谬，但他们任凭《化胡经》广为流布，并不进行反驳。佛教显然是利用道家为自己开路③，虽可以认为双方互相利用，毕竟佛教利用道教的成分更多。等到佛教势力强大到足以自张一军时，则发动教徒利用一切手段攻击《化胡经》。有关这个问题最后一次大辩论发生在元朝。假借元朝统治者的干预，连《道藏》的经版都销毁

① 云南省各县的孔庙是元朝建立的。

② 佛教所谓"三武之祸"。

③ 汤用彤先生说："汉世佛法东来，道教亦方萌芽，纷歧则势弱，相得则益彰。故佛道均藉老子化胡之说，会通两方教理，遂至帝王列二氏而并祭，臣下亦合黄老浮屠为一，固毫不可怪也。"（《汉魏两晋南北朝佛教史》，中华书局版，第43页）

了。当然,流传了千百年的《化胡经》,山陬海隅,所在多有,光靠一次行政禁令是毁不尽的。

我们编写的《道藏提要》,仿《四库全书》提要体例,介绍《道藏》每一部书的时代、作者、内容,并附有目录索引、道书撰人编者的简介,力求成为一部较完整适用的工具书。我们尽量利用前人研究成果。中国学者如刘师培、陈坦、陈寅恪、汤用彤、陈国符、王明、陈撄宁、翁独健诸先生的有关著作,日本学者吉冈义丰、大渊忍尔、福永光司等教授的有关著作,都用来作为参考、借鉴。

道教典籍多自称降自天宫,具体作者难以确定。我们除了采用传统考订、训诂方法,如从文字、音韵、版本目录等方面寻求证据外,还充分利用佛、道二教相互影响,相互渗透的关系,与佛教发展的情况对比,利用中国哲学发展思潮的总趋势来判断某一作品的时代,划出大范围作为标志。我们根据时代思潮的特征,人类认识史的一般规律,结合中国佛教、儒教不同时代所讨论的中心问题多方衡量,力求把一些难以确定年代的典籍给它找出比较接近实际的时代断限。

我们力求对祖国文化建设有所贡献。我们的时代要求这一代人从资料整理开始,为下一时期文化高潮的到来准备条件,做些铺路奠基的工作。如果能起一点铺路奠基的作用,乃是我们编写者共同的心愿。

《道藏提要》第三次修订本序*

　　《道藏提要》出版以来,经历了十三个年头。这十三年间,出版了一些关于道教的专著及论文。有些专著涉及道教著作的考订,探索学术界的新成果、新看法也影响这部《道藏提要》某些论断,比如关于"太极图"的传承关系的研究就是一例。

　　我们编辑这部《提要》时,人手既少,条件也差,记得开始启动时,青年人还没有几个能插上手。戴景素先生不顾年高体弱,积极参加,写作"提要"时,因为书桌面积小,书多摊不开,以床代桌,坐在小马扎上工作。后来招了几名研究道教的研究生,结合他们研究方向,分别承担了《道藏提要》部分编纂任务。他们一开始接触专业,就从阅读原著入手。在有经验的导师示范带领下,逐字逐句地阅读原著。导师规定他们安心读原著,不能"略观大意",必须把原著逐字逐句读懂,才能动笔。为了帮助青年学者克服阅读古代汉语的障碍,我们为他们开设了古汉语翻译实习课程,帮助他们渡过阅读关,提高了阅读古籍的能力。这些幕后准备是我们培养青年学者提高专业水平的手段的一部分,实践证明,行之有效。当年的青年研究生,现在都成为这一学科

　　　* 据《皓首学术随笔》,亦曾收入《任继愈宗教论集》。

的专业骨干,也开始带徒弟,有的成为独立作战的这一学术领域的统帅人才。

《道藏提要》起步艰难,"文革"以后,学界研究秩序尚未完全建立起来,因为可供凭借的材料不多。但也有其有利的条件,我们这些编辑人员,依靠我国多学科宗教研究所,这个研究所有儒、佛、道、原始宗教、宗教学原理等研究室,国外资料比较齐全。遇到有关内丹的典籍可以参照儒教、佛教的心性论,遇到讲三教报应的典籍与同时代的佛教典籍翻译传入的内容相对照,从而作出判断,不会与史实相去过远。我们还充分利用史讳学、民族学、考古学、儒教、佛教诸教典籍相比勘,力求少判断失误。

近十年来亲眼看到青年学者茁壮成长,人才辈出,我由衷地感到高兴。高兴之余,也看到潜伏的学术病象。特别是近年来,我们学术界受到商品经济的影响,热心著书的多了,刻苦读书的少了,攻读艰深古籍原著的就更少了。有的作者急于成名,公然剽窃他人成果,攘为己有。猎取享浮名的虽是个别学界败类,受实祸的却是中华民族群体!

这部《道藏提要》第三次重订出版,说明社会需要它,认为它是一部可信的工具书。我们可以向读者保证的是,资料可信,立论有据。能为后来者提供继续前进的平台,作为编纂者,就心满意足了。

《中国的道教》日译本序 *

　　世界有三大宗教(基督教、佛教、伊斯兰教)影响着世界广大地区的群众。中国也有三大宗教,即儒教、佛教、道教,这三大宗教构成中国传统文化的三大支柱。它影响着中国人民的社会生活、政治生活、文化生活和家庭生活。

　　佛教、道教、儒教在隋唐时期(6—8世纪)三教并重,三教的势力呈鼎立状态。宋元以后,儒教得到朝廷大力提倡,同时吸收佛教和道教的心性论内容,逐渐占有强固地位,佛道两教退居次要地位,与儒教配合,起着协助教化、安定人心的作用,都得到政府的支持与保护。

　　中国历史上佛道二教在某些特别情况下曾分别遭到过打击与限制,风浪过后,又恢复正常活动,照旧得到保护,三教的传播从未中断过。

　　佛教传入中国,先在宫廷及上层贵族中传播。译经者和他们的助手不乏文人学者。道教开始流行于民间,基本信徒多属下层农民群众,一般说来,道教信徒的文化知识水平比佛教的低一些,著名的学者相对来说比佛教的少一些。由于道教起自民

────────────

　　* 曾发表于《世界宗教研究》1995年第2期。

间,它吸收了当时流行于民间的符水治病、巫术、占卜、星相、图谶等内容。佛教导源于上层社会,后来也普及到下层;道教导源于下层社会,后也推广到上层。由于导源不同,二教典籍中很自然地反映出它们的原始烙印。

儒、佛、道是中国传统文化的组成部分,研究中国文化和历史,则必须了解中国的三教。儒教在宋元以后占据重要地位,人们不会忽视它的存在和作用。佛道二教的研究相对来说,力量较弱。佛道二教相比,中国学术界对佛教研究起步较早,从事研究的人数较多;道教研究起步较迟,人数也较少于佛教。近二十年来,中国学术界对道教研究逐渐关注起来,专业研究机构、专门著作、专题研究逐渐增多,道教研究的专家、青年学者也逐渐成长起来,金正耀博士是其中的一位。

道教有千余年的历史,典籍浩繁,典籍中除了有关教义、教派、历史文献外,还有一部分内外丹法的学问。要求研究者除了宗教、历史知识外还要有化学、医学、生理等自然科学训练。这是道教研究不同于儒、佛二教的地方。

金正耀博士是中国研究道教的青年学者,他具有研究道教的双重基础(宗教学与自然科学),他写这部小书,用深入浅出的手法向读者介绍了道教的概况,在国内受到读者欢迎。

这本新书译成日文,与日本读者见面,是一件好事。中日两国是友好邻邦,儒、佛、道三教对日本人士并不生疏,这三教的典籍由汉文译为日文,由日文译成汉文的难以数计。这表明中日文化交流的宏伟事业,两国学者各自做出了贡献。日译本《中国的道教》的出版,在两国文化流中又新建了一座桥梁。借此机会,向翻译者日本大正大学宫泽正顺、清水浩子、伊藤丈等三位先生和平河出版社表示感谢。祝愿中日人民世代友好,文化交流繁荣昌盛。

金正耀《道教与科学》序 *

　　儒、佛、道三教是中华民族传统文化的三大思想体系,也是中华民族千余年来赖以维持统一、安定的主要思想支柱,号称"三教"。

　　儒教是维护封建宗法制度的主力军,成为历代统治者重视的思想体系,自不待言。佛教传入中土后,立刻与中国的封建宗法制度相结合,形成中国式的佛教,影响也很广泛。道教产生在中国本土,宣传救世福音,大可以治国,小可以治身①,它反映了中国封建制度下小农经济的宗教观,有广泛的社会基础。

　　佛教比道教先得到政府上层贵族的支持,先占领信仰阵地。因道教开始时曾与农民起义有牵连,农民起义被打败,道教一度遭到政府的限制②,它的发展不如佛教顺利。道教为争生存、求发展,不断吸取佛教传教的成功经验,注意拉拢上层,取得统治阶层的支持,南北朝以后,也逐渐成为官方宗教。南方东晋葛洪以后,刘宋时期有陆修静,萧梁时期有陶弘景,北方有北魏时期

---

　　* 据《念旧企新》。金正耀《道教与科学》,中国社会科学出版社 1991 年、台湾晓园出版社 1994 年版。

　　① 道教早期经典《太平经》即宣传治身治国相一致的理论。

　　② 东方有黄巾,西方有巴蜀,汉中有张陵、张鲁。

的寇谦之。他们建立道教组织,整理道教典籍①,取得帝王贵族的信任,争取群众信奉,造成与儒、佛分庭抗礼的鼎足形势。南北朝后期,朝野上下都承认,中国有"三教"的存在。

晋道安是佛教的重要领袖,他总结出一条传教经验:"不依国主则法事难立。"②这条经验同样适用其他宗教。没有政府的支持,宗教难得立足,更说不上发展。道教在南北朝时期十分重视争取上层贵族的支持。道教的基本说教为治国、养生。治国只能间接发挥辅助作用(直接发挥作用的有儒教),而养生正是道教的专长,这一点比佛教更有吸引力。

道教养生在于祛病延年。上层贵族不但要养生,还要长生,因为他们生活优裕、豪侈,企求永远延续下去。秦始皇、汉武帝都是英明的皇帝,却甘心多次上当受骗,以图侥幸于万一,一心想当神仙。南北朝以后,科学水平超过秦汉时期,祛病延年的药物也较前丰富。道士们通过他们的宗教实践,的确也给当时科学、医学提供了不少有益的经验。

应当指出,即使真理,走过了头也会陷于荒谬。长寿是用保健、防疫、祛病等科学措施换来的。长寿总有一个限度,如果企望把长寿变成永远不死,势必把科学引向荒谬。正如节约能源,使之有效利用,是科学;如果企图不用能源凭空产生能量,就是反科学的妄想。

近半个世纪以来,道教研究引起了国内外学术界的重视,这是可喜的现象。道教研究的重要性,不待多说,研究的途径和目的却不尽相同。有的希图探索中国古代的科技史,有的要考察中国古代的宗教历史,也有的重点研究道教的文化、艺术、音乐等等。

---

① 道教典籍有的编写,有的从佛教移植。
② 《高僧传》卷五。

　　道教不只有独特的理论,还有独特的宗教实践——如炼丹、服气等。有的知识可从文献取得,有的知识须从实际操作入手。国内外有不少道教研究者做出了很有价值的贡献,特别在道教的思想、历史方面成绩较多,但对道教的实际操作方面的研究还不多。也有人对道教实际操作方面有贡献(如中国化学史方面不少有成就的专家),但对道教的理论注意不够。也有人对道教有某种偏执的爱好,也会造成一种偏见,不易做出客观的评价。这类困难,是从事其他宗教研究所不曾遇到的(当然,研究其他宗教又有另外的困难)。

　　金正耀同志早年曾从事中国科技史的研究,他运用同位素质谱技术研究商代青铜矿料来源,得到了国际同行的重视。取得硕士学位后,又从事道教理论、历史的研究,取得博士学位。在当前通晓道教炼丹操作又通晓道教理论的中青年学者中,像金正耀同志这样在自然科学和历史社会科学两方面均受过严格基础训练的还不多见。

　　金正耀同志研究道教并不迷信,他力图用历史唯物主义的观点和方法来观察它、剖析它。一个人的头脑里宗教和科学两种思想体系有时并存,在特定情况下,矛盾对立的体系完全可以和平共处。一种庞大复杂的思想体系(如道教)也有类似的情况。尚未暴露矛盾的体系往往被忽略,认为它本来和谐、统一,而不去深入剖析。

　　金正耀同志的博士论文论述了道教的起源、发展,并能从道教的历史发展中揭示其与科学的关系,如实地区别宗教与科学的界限,在当前一些道教研究专著中,这是比较深刻的一部。说它比较深刻,并不是完美无缺,有的见解还不够成熟。因为它提出了新的东西,尽管不够成熟,也值得提倡、肯定。所以,我很高兴向读书界推荐它。

重印《道藏辑要》的意义 *

习惯的看法,认为儒家的经、史、子、集体现了传统文化,佛教、道教的著作,是宗教和迷信,文化价值不大。这是一种误解。

封建正统观点,如《四库全书》的编纂指导思想,认为佛、道两教不是文化正宗。实际上,从唐宋以来,儒、佛、道三教长期交融,相互渗透,佛、道两教的著作不只是宗教的古籍,它已成为中国传统文化的一部分。研究中国历史、中国文化,不了解佛教,就无从着手,这一观点已逐渐为学术界所接受。对道教著作的重要性,现在社会上似乎尚未引起足够的重视,至少没有像对佛教著作那样重视。

事实表明,道教著作中的可供汲取的东西非常丰富,它的重要性,比起佛教著作,至少不差,甚至可以说比佛教更重要。

道教著作,其所以没有引起国内社会上的普遍重视,至少有两个原因:一是国内学术界对道教研究工作刚刚开展;再一个原因是资料缺乏,道教的书不易找到。道教的专集,是《道藏》,共有五千多卷。这部书国内解放前影印过五百部,后来台湾省据影印本不断影印,还印有缩印本,海内外的大图书馆多采用这种

* 原载《人民日报》1986 年 7 月 4 日第 5 版。

影印本。《道藏辑要》可以说是《道藏》的"续编",这部书由巴蜀书社据原木刻版印刷出版。《道藏辑要》的出版,给海内外研究《道藏》的人士提供了资料,对中国精神文明建设做出了贡献。我作为一个道教史研究者,对这部书的出版感到高兴。

要重视道经研究*

——《阴符经素书释义》序

终南山自古为尘世仙源,汉魏以降,高人逸士多出其间。游其地者,喜其泉石之美,乐其林壑之幽。昔年访楼观台,缘识任法融道长,接谈之余,见其气歛神凝,抱朴涵冲,积学深厚,世人罕能测其量。近得其手著《阴符经素书释义》,行将付梓,远道邀为之序。此书以道教内丹之学,阐阴符之旨,备一家之言。

尝谓《道藏》典籍,文约义丰。《道德经》五千言,或以用兵,或以治国,或以养生,或以炼神,或以体天道、参造化。见仁见智,各有攸宜。所见不同,所取各异。《阴符经素书》亦颇类此,善学者端在所取而已。

古语云,道不同不相为谋。余与佛道诸教本不同道,然深维

---

* 文据《竹影集》。原为《〈阴符经素书释义〉序》,曾载《中国道教》1992年第 3 期。收入《竹影集》时改为《要重视道经研究》,收入《任继愈宗教论集》时加副标题。收入本集时亦加副标题。

小德川流,大德敦化,道并行而不悖。题此短序,以待来哲。

1991 年 11 月于北京

《道教图册》序[*]

中华古国,肇端虞夏。商周秦汉,继武发皇。此后三教并兴,人文彪炳。释教校练空有,儒门协和政教。道教远承巫咸,根植民间,宜此风土,适我民情,故能历经劫难,累世不替。上起朝廷,下及百姓,举凡大醮享祭典礼,婚丧宴集习俗,多受道教浸润。二泉映月,仙乐民情互通;太极拳术,养神练形并举。清静无为,民困缓解以复舒;南华逍遥,文采汪洋而恣肆。历代京师首善之区,通都万家之邑,远至名山大川,灵峰幽谷,多有宫观道院,错落其间。构建制作,其术多方,城市多壮丽,山野尚嵯峨。其壮丽者,甍接琼辉,栋飞虹彩,夺天工之巧,呈班输之奇。其嵯峨者,依山借势,清新浑朴,白云素月流天,暮钟松涛共响,涉足其间,足以绝尘嚣,息劳形。道欲临此,每为心折。道教为中国传统文化之精神支柱,已为人所共识。

本卷所收道教文物景观,上下千年,纵横万里。南至罗浮丹

---

* 据《竹影集》。曾以《〈中国道教风貌〉序》发表于《中国道教》2000 年第 1 期。以《道教为中国传统文化之精神支柱——大型画册〈中国道教风貌〉序》为题发表于《中国宗教》2002 年第 2 期,收入《皓首学术随笔》《任继愈宗教论集》等。其中"道教为中国传统文化的精神支柱,已为人所共识"一句为杂志编者擅加。

井,北及紫塞雁门;东极蓬莱,心仪三山;西逾崆峒,遥觇王母。宝顶石窟,三教并尊;贵溪建府,正一绎世。茅山揽胜,想华阳之遗风;汉中访古,忆斗米之义舍。君平研易,市隐成都;徐福求仙,扬帆海上。三洞四辅,建道藏之规模;云中诵诫,获帝王之尊崇。岱宗出巡,重睹汉官威仪;楼观讲经,独标道德悬解。遗产丰厚,更仆难罄。

值此国家新运之世,纂此图册,以赞明时。不必求备,务期存真。谨致弁言,襄此盛举。

《老子绎读》前言*

  研究老子的文献资料,全国解放后,长沙马王堆发现了帛书《老子》甲、乙本,湖北荆门发现了战国楚墓竹简《老子》,为研究提供了新的材料,可以解决过去某些争论的问题,如《老子》成书年代等。但影响中国文化的并不是帛书和竹简本《老子》,而是长期广泛流行的河上公本和王弼本。因此,本书的译文依据还是王弼本。

  《道德经》是老子的代表作,是先秦诸子传统文化的主要经典之一。另一部经典是《论语》。这两部著作,影响了中国两千多年。老子、孔子的思想传播影响到全世界。这里只谈《道德经》。

  关于老子这个人学术界有不同看法,(1)老子生卒年及活动范围。(2)老子的这部书是否老子所著。(3)《道德经》讲的是什么。

  先谈老子其人。老子与孔子同时,略早。《史记》记载,孔子曾问礼于老聃。估计老聃比孔子大十至二十岁,孔子比释迦牟尼大十岁。"五四"时期也有人根据思想内容推测,认为老子时

---

 * 原载《老子绎读》,国家图书馆出版社,2006 年 12 月版。

代晚于孔子,还有人说老子比庄子还迟。也有人从世系上推算老子的八代孙,与孔子十二代孙同时,断定老子晚于孔子。

从思想内容来推算时代,有时会出现不同的结果,过硬的根据还是文献、实物。自从湖北荆门出土战国楚墓竹简《老子》,老子的时代已有了比较明朗的轮廓。我在四十多年前所提出的观点有了更有力的实证的支持。老子应是春秋时代的人。

老子对中华文化的贡献在哪些方面?

一

哲学上,提出"天道观"。这是春秋时代的热门话题。先秦诸子及其著作中,没有不讲到"天"的。春秋时代老子、孔子、墨子,到战国时代的庄子、荀子、韩非,都讲到"天"及天道。各家从不同的角度来提出问题和解释,得出不同的结论,创立了不同的学派。只有老子的《道德经》把"道"作为最高范畴,集中阐发,提高到中国哲学史的重要地位,老子是第一人。

老子的天道观,有以下特点:

"天"是无为的,自然的,没有意志。开始对天神上帝的崇高地位提出了怀疑。

"天道"是循环的。老子是周朝的史官,与古代天文、占星术有关,"大曰逝,逝曰远,远曰反"。从天象运行规律得到启发,天道在变化,不是静止的。

他提出这种思想有它的社会背景。当时周王朝对全国失去控制,失去政治中心(天下大乱),贵族世袭制度没落,出了富而不贵的新兴阶级。社会上下尊卑、贵贱的旧秩序遭到挑战,君臣、父子关系已打乱,新秩序尚未形成。对上帝不那么迷信了,上帝的崇高地位动摇了。这种变化影响到每一个成员,敏感的知识界学术界更有深切感受。

老子的《道德经》这部哲学著作讲了些什么？

哲学不同于其他科学,哲学不负责解决一个一个的局部具体问题。哲学的全局观点是从老子开始的,后来不断发展丰富,才有今天的哲学。

道——混沌的,是朴素的。

道——自然的,本来就存在。

道——构成万物的原始材料。

道——无形象,肉眼看不见,感官不可触摸。

道——事物的规律。人、物、自然、社会都离不开道。

"道"是老子第一次提出的新概念,表达起来有困难,它不好描述,它是"无名""朴""无象""无形""无状之状""无物之象"。

"道"是精神性的还是物质性的,老子本身没有深说。老子的认识已经是处在当时中国古代人类认识的最前沿。后人可以用现代人的认识来解释老子,代替老子作进一步的阐发。当年老子自己没讲清楚的问题,后代研究者注释者替老子讲得再清楚,也不能认为是老子的思想。

老子的哲学,使人从宗教、神学中初步摆脱出来,在当时是了不起的贡献。

二

老子另一个贡献是第一个提出了"无"的概念,这是中国哲学史第一座里程碑。这个问题,过去的研究者讲得不够,这里要多说几句。

人类认识外界的过程,总是由外向内,由具体到抽象。近半个世纪以来,儿童心理学专门研究儿童认识外界的过程及其发展轨迹。经过观察、实验、比较,得出大致可靠、比较接近儿童思维成长的实际状况。一个民族思维成长的过程,与儿童成长的过程、与儿童的心理发展的过程大体相似,至少可以从中得到相关的昭示。

儿童认识外部世界,总是先从身边周围的事物开始,由近及远。先认识母亲及其家人,然后扩大到身外的食物、玩具,再扩大到鸟兽、草木、鱼虫等目力所及更大的范围。如高山、大河、天空、气象、风雷等外界虽在视听范围之内,并不能引起儿童足够的关注。日月星辰先被认识,日月星辰所依附着更大的"太空",则较迟才会引起注意。朱熹(中国宋代的大哲学家)两三岁时,他父亲抱着他指天空说"天"!朱熹问其父:"天之上有何物?"这被视作特异儿童的表现,所以古人对这种事特别记上一笔。古今中外千千万万儿童,很少关心"天之上有何物"的。

近代中外儿童教育家还发现,小学生春游虽然喜欢爬山涉水,但不懂得欣赏山水风景,不关心朝晖夕照之美。人类认识过程总是由具体事物开始,由微细到宏大。儿童学习数字计算,先计算一个一个的实物,然后形成"1、2……"数的概念。先认识自然的实数。据中外数学史上的记载,"零"的概念形成较迟。因为"零"没有形象,也找不到与"零"相当的实体对象可供对照。

我们回顾中华民族的认识史,与儿童的认识成长过程居然有惊人的相似之处。

人类认识从有形开始,由具体到抽象,才形成了"有"的概念,西方谓之"存在"。"存在"的原始意义本来是"在这里",是给你看得见的东西,是具体的有。"有"有大小、形象、颜色等,"有"有软硬、轻重、香臭等性质,"有"能得到也可能失去,各种"有"都可见闻、可感知,可推得结果,这都属于人类认识的幼年期。

人类生活实践、社会实践的不断深化,从"有"认识到"有"的对立面"没有"。"没有"是生活中经常遇到的现实。原始人打猎捕鱼,可能"有",也可能"没有",两者出现的频率都很高,把"没有"抽象到概念的高度,作为认识的客体对待,达到这个认识水平,只有具有先进文化的民族,才有这种可能。"没有"在未曾上升到概念时,只是一次性的客观描述,人类千百万年早已重复了无数次。老子提出了"无",是一次飞跃。

"无"这个概念具有"有"所不具备的"实际存在",总称为"无"。"无"并非空无一物,它与"有"都具有总括万有的品格。老子称之为"无状之状,无物之象"。它不同于"有",所以"视之不可见,听之不可闻,搏之不可得,此三者不可致诘,故混而为一"。对这个"负概念"给以特殊的名称,有时称之为"无";因为它具有规律性,也称为"道"。"无"也是"道","道"也是"无"。

老子的"无"不是停留在描述性的"没有"的阶段,"无"并不是存在消极面的,而有它实际多样性肯定的涵义,有现实作用,有可以预测的后果,在日常生活、政治生活中一刻也离不开它。"无"的发现,为人类认识史上开了新生面,非同寻常。楚墓竹简书写的"无",同一部竹简上,前部简作"亡",后部简作"无"。这个书写的改变,并非偶然。因为"亡"涵义为"没有",后起的"无"字,则表示哲学抽象概念的出现。

《老子》一书,经过历代传人的补充完善,它从各个方面提醒人们重视"无"的地位和作用。不但要认识"无",而且从"无"的原则来指导政治生活、日常生活及社会生活。

把"无"的原则用到政治生活,概括为治国原则:

取天下常以为无事。

我无为而民自化,我好静而民自正,我无事而民自富,我无欲而民自朴。

为无为,事无事,味无味。

圣人处无为之事,行不言之教。

道常无为。

吾是以知无为之有益。

不言之教,无为之政,天下希及之。

日常生活认识"无"的功用:

"三十辐共一毂,当其无,有车之用。埏埴以为器,当其无,有器之用。凿户牖以为室,当其无,有室之用。故有之以为利,无之以为用。""善行无辙迹;善言无瑕谪;善数不用筹策;善闭,无关键而不可开;善结,无绳约而不可解"。

政治生活也离不开"无"的指导:

生而不有,为而不恃,长而不宰。

"爱民治国,能无知乎";"明白四达,能无为乎"?

老子由"无"衍生出一系列否定概念的积极涵义:

"绝圣弃智,民利百倍;绝仁弃义,民复孝慈;绝巧弃利,盗贼无有","见素抱朴,少私寡欲"。

处理人际关系,要遵循"无"的原则,以退让、收敛为原则:

"不自见,故明;不自是,故彰;不自伐,故有功;不自矜,故长"。"夫唯不争,故天下莫能与之争"。

老子思想深刻可贵处在于从纷乱多样的现象中概括出"无"这一负概念,把负概念给予积极肯定的内容。老子的"无为",不是一无所为,而是用"无"的原则去"为"。所以能做到有若无,实若虚,以退为进,以守为攻,以屈为伸,以弱为强,以不争为争,从而丰富了中国古代辩证法思想,建立了中国古代贵柔的辩证法体系,与儒家《易传》尚刚健为体的辩证法体系并列。儒道两家这两大体系优势互补,和而不同,丰富了中华民族辩证法文化宝库。

人类认识总是从旧的认识的基础上提出新见解。新见解对旧知识来说是进步。还应指出,死守此新见解不变,往往妨碍更新见解的出现。《荀子·天论》指出"老子有见于屈,无见于伸"。老子发现了"无"的价值,把它提高到应有的地位,是老子的贡献。如果把"无"的作用无限夸大,超过极限会走向荒谬。比如老子指出建房屋供人使用的地方是墙壁中间的空虚部分,房屋的实用价值在于它的空间部分。如果把墙壁、梁柱、砖、木看成无足轻重,毫无使用价值,这所屋子就建不成,成了无墙无柱的一片开阔地,房子也就不存在了。

总之,老子发现、提出了"无"是一大贡献,功不可没。他的贵无,是肯定生活而不是消极避世,不是怀疑论。战国末期,出现了黄老学派,讲治道,重刑名,在战国后期民生凋敝的时期,起了安定社会、恢复生产的效用,形成黄老无为思想,汉初实行了几十年,"文景之治",古称盛世。无为思想对恢复生产,安定社会,医治战争创伤,效益至为明显。黄老派不同于老子,讲无为之外同时讲刑名,刑名之学是法家思想。司马迁把老子与法家并列,撰写老子与韩非同传,遭到后人的批评,认为分类不当,但也事出有因,二者确有内在的联系。

三

　　人之生也柔弱,其死也坚强。万物草木之生也柔脆,其死也枯槁。故坚强者死之徒,柔弱者生之徒。是以兵强则灭,木强则折,强大处下,柔弱处上。

　　上善若水,水善利万物而不争。处众人之所恶,故几于道。居善地,心善渊,言善信,与善仁,正善治,事善能,动善时。夫唯不争,故无尤。

老子认为水最接近"道"。他列举生活中与水的品格相近或相似的多种现象做比喻。

> 居住要像水那样安于卑下；存心要像水那样深沉；交友要像水那样相亲；说话要像水那样真诚；为政要像水那样有条有理；办事要像水那样无所不能；行为要像水那样待机而动。正因为他能像水那样与物无争，才不犯过失。

> 水向人们启示柔弱胜刚强的道理："天下莫柔弱于水，而攻坚强者莫之能胜。其无以易之。弱之胜强，柔之胜刚，天下莫不知，莫能行。是以圣人云：受国之垢，是谓社稷主。受国不祥，是谓天下王。正言若反。"

天下没有比水更柔弱的东西。而攻击坚强的力量没有能胜过它的，因为它的力量无可取代。弱之所以能胜强，柔之所以能胜刚，天下没有人不懂，就是没有人能照着做。因此，圣人说承受全国的误解，才算得上国家的主宰；承担全国的灾殃，才能担当国家的君王，正话像是反话。

道的功能表现在柔弱，其运行规律是向反的方向运动，贵柔弱的辩证法是弱势群体的辩证哲学。

老子贵柔原则指导用兵，则后发制人；用于作战，则以逸待劳；对强大敌人，则避实就虚。这种深刻的辩证法充分体现了我国古代农民求生存的经验总结。老子取的例子也多来自农业生产实践，经常以草木、农作物做比喻，特别是南方水稻产区的农民经验。把水的种种品格予以抽象提高到哲学思维的高度。指出水的品格，性格趋下，说它弱，它最弱；说它强，它又最强，冲决堤坝，冲倒大树，洪水挟带泥石流的巨大破坏力，可以带来灾难性破坏。

我国共产党领导的红军发明游击战，用劣势兵力战胜强敌，逐渐壮大。后来大规模的抗日敌后战争，抗美援朝战争，都曾继续发挥以弱胜强的战略思想,仍可看到老子的柔弱辩证法的影响。这种军事辩证法思想在八路军、新四军以及后来的人民解放军中得到普遍推行。高明的理论在文化不高的士兵中容易理解和运用,主要在于我们当年的士兵是穿上军装的农民,一听就懂,一学就会。

四

老子《道德经》是一部讲伦理道德的著作吗?我们说,基本上不是,这是一部空前的哲学著作,而不是伦理学。它是从生活实践为切入点,引导人们进入高度抽象思维境界,告诉人们天道变化、万物发展变化的总道理。老子的"道"是天地万物普遍遵循的总原则,而不是教人做一个循规蹈矩的顺民。老子也讲到治理国家的问题,那就是"无为而治"的方针政策,要点是不扰民,与民休息,减轻人民负担。民之难治,"以其上食税之多"。老子指出用刑罚治国,不是好办法。"民不畏死,奈何以死惧之"。他希望百姓都能做到"甘其食,美其服,安其居,乐其俗,邻国相望,鸡犬之声相闻,民至老死不相往来"。他描绘出的农村百姓过的是一种宁静、自给自足、安适的田园生活。从这里也可以看出老子反映我国古代小农生活的理想画卷。

老子说的"小国寡民"不是主张回到原始公社社会,他说的"国"不是现代的"国家"。春秋战国时,"国"指城镇居民区。孟子说齐国一个乞讨为生的人,早上出门,"遍国中无与语者",这显然不是指齐国全境的国。老子讲到"圣人治天下"的"天下",才是后来人们理解的国家。"小国寡民",是说基层单位要小。古人的"天下"不是今天的"世界"或"全球"的概念。

老子的《道德经》,把治天下看作头等大事,伦理学放在第二

位,所以说:

> 失道而后德,失德而后仁,失仁而后义,失义而后礼。
> 夫礼者,忠信之薄而乱之首。

这是说,失去了道而后才有德,失去了德而后才有仁,失去了仁而后才有礼。礼这个东西,它是忠信的缺失,是大乱的祸首。

老子反对"仁",认为"仁"并不是最高境界,这一点恰恰与孔子相反。他说"天地不仁,以万物为刍狗,圣人不仁,以百姓为刍狗"。天地无所谓仁慈,听任万物自生自灭。圣人无所谓仁慈,听任百姓自生自灭。

又说"大道废,有仁义","绝仁弃义,民复孝慈"。

"生而不有,为而不恃,长而不宰"。治国的良方就是让百姓自由自在地在此生活,君主不干涉。所以《老子》不是一部讲道德,说仁义,有关伦理修养的书,而是讲世界观的书。所以他说"大道废,有仁义",仁义不是最高追求的目标。

老子说:

> 太上下知有之,其次亲而誉之,其次畏之,其次侮之……
>
> 功成事遂,百姓皆谓我自然。

意思是说,高明的统治者,人们仅仅知道他的存在;其次的统治者,人们亲近他,称赞他;更次的统治者,人们畏惧他;最次的统治者,人们轻蔑他。

老子思想是中华文化的瑰宝。中华高度文明起源春秋战国时期。这个时期正是全人类发现了自我,运用高度抽象思维,走向高度文明的时期。西方的古希腊文化,出现了苏格拉底、柏拉图、亚里士多德;古印度次大陆出现了释迦牟尼,创立了佛教;中国出现了老子和孔子。欧洲、印度和中国三支文化是在相互隔绝的状态下,各自成长起来的。东西方的前进步伐不约而同,历史证明文化起源的"多元化"这一事实。宣扬文化源头只能出自西方的言论,不是出于无知,就是别有用心,因为这不符合事实。

《老子》文约而义丰,有很多精到的见解,值得很好钻研。

有五千年文明的中国,流传广泛的哲学流派不少,号称百家,其实只有两家,一个是儒家,一个是道家。儒家受到朝廷的重视,后来成为指导人们政治生活的国家宗教(儒教),孔子被尊为儒教的教主,皇帝到孔庙也要参拜。另一流派的老子,它的社会基础是农民。道家成为在野派的主流。老子后来也被道教推奉为教主,或称为太上老君。老子一派以广大小自耕农为其社会基础。

自秦汉到今天,两千来年,中国一直是一个多民族的统一大国。这个多民族的统一大国,必须把千千万万农民的生活安排妥当。农民平时老实、驯服,听从政府的支配,为国家负担租税及劳役。一旦逼得活不下去时,也会揭竿而起,把王朝推翻,成为改朝换代的主力军。汉朝、明朝、洪秀全都是农民起义直接当上皇帝。东汉、唐朝、清朝,是利用农民起义打倒前朝后,乘机当上皇帝建立新王朝的。总之维持一个统一大国,既要保持中央政府的有效统治,又要安抚个体小农的生计。中央政府及农民的关系调整得适当,就会出现历史上所谓的"太平盛世"。

因此了解中国的文化、历史、经济、政治,离不开孔、老两家。

直到建国后五十多年的今天,仍然要用全力来解决"三农"问题。"三农"问题解决不好,社会的基础就不牢固,中国建设现代化就难以实现。

迄今为止,老子所提出的为政不要过多的干扰,乱出点子,让农民自然生生发育,在稳定中进步,仍值得借鉴。喜欢多出主意,老百姓不欢迎,社会主义建设就会受阻。

老子提出无为,少生事,不要自高自大,柔弱谦下的处事、处人的方式,仍有参考借鉴之处。

老子用诗的语言表达深邃的思想,善于正话反说,善于用浅显比喻说明深奥的道理。老子文风有诗意,文体也常用诗的语言。《老子》在全世界有多种语言的译本,每一种语言又有多种译本。从1956年第一次译成现代汉语出版以来,已出版不下十几种译本。这几十年间,我自己仍然不断修改研究,现在这个译本是我九十岁时修订本。如果再过几年学有长进,也许还要再行修订。

我们以一个穷国,取得现代科学和军事的成就。在外国靠资本的原始积累。资本原始积累,外国靠掠夺殖民地,从对外战争中勒索赔款。前者如英、法等国,后者如沙俄、日本。我们走向现代化,靠的是自己的积累,出自广大农民无偿的奉献,出钱出力,甚至付出生命。

有名的英雄可爱可敬,是学习的榜样。还有更多的默默奉献者也是英雄,他们就是几亿农民,值得永远纪念。

反映农民呼声最早、最系统的是《老子》。

"生也有涯,学无止境",这是我的座右铭。《老子》译文不断修改,是我对待生活的态度。学无止境,永远不知足。

《老子绎读》后记 *

　　1956 年,接受为东欧保加利亚到北大读书的留学生讲授中国的"老子"哲学的任务。首先要有适当的教材。当时北大图书馆的外文译本有英译本十来种。我看了,都不大满意,有的把原文理解错了,有的不知所云。于是只好自己先把它译成现代汉语。外文译本也都是译成现代外语的。

　　在讲义的基础上,修改、参照历代注释,整理出版,称为《老子今译》。最先由古籍出版社出版。

　　后来,在中国哲学史教学中,发现《老子》哲学的重要性,非同寻常,对《今译》有所修订,在上海古籍出版社出版了《老子新译》。这时在湖南长沙发现了帛书《老子》甲、乙本。文字上有所差异,有助于理解《老子》。

　　又过了几年,四川巴蜀书社约我主编一套"哲学古籍全译",计划从先秦到明清,选出一系列的重要典籍译为现代汉语(可惜由于各种原因,这套书未能全部完成)。我又把《老子》重译了一次,书名为《老子全译》。

　　马王堆帛书本,体现了汉初《老子》书的面貌,后来湖北荆门

---

　　* 原载《老子绎读》,国家图书馆出版社,2006 年 12 月版。

楚墓出土竹简本《老子》甲、乙、丙本,写成约在公元前300年,它体现了战国时期的《老子》面貌。我决定对《老子》作第四次翻译。

凡是翻译,必然加进译者的解释或阐发,古文今译,中外文互译,译文经常比原文的字数要多出约四分之一到三分之一。

"绎",有阐发、注解、引申的涵义,每一次关于《老子》的翻译都伴着我的理解和阐释,因此,这第四次译《老子》称《老子绎读》。

每一个民族都有自己的文化,各民族文化都丰富了人类文化宝库。但不是每一个民族都有自己的哲学,没有文字的民族产生不了哲学。地球上人类存在了二百万年,有哲学才不过三千年。

现在有世界影响的哲学思想共有三个原型体系,一个在欧洲,两个在亚洲(印度次大陆和中国大陆)。三个哲学原型体系,分别孳生出众多的哲学体系和流派。

西汉版本的《老子》和战国时期的《老子》,字句以至段落与今流行本有差别。这些差别,是研究老子必须关注的。比如《老子》的"大器晚成",马王堆本作"免"成。按《老子》原义及上下文"大音希声,大象无形"联系起来看,应"免成"更符合《老子》原义。魏晋时期王弼所注《老子》按"大器晚成"作注,"大器晚成"已在社会上流行了一千多年。

曹雪芹的《红楼梦》,生前只写完了前八十回。高鹗后续四十回,即今天流行的一百二十回的世界名著。这一悲剧结构的小说,震惊了中国文坛,也震惊了世界文坛。有些研究者专家们指出后四十回文学修养和语言文字运用比前八十回逊色得多。红学家的研究成果斐然,有目共睹。《红楼梦》之所以成为文学史的丰碑,并不是只靠前八十回,而是通行的一百二十回本。

《老子》的研究,也有类似的情况。

我的译本不是根据古本、善本,而是以社会流行广,影响大的王弼本为底本。战国时期的《老子》,汉初的《老子》的基本思想已定型、成熟。因为中国传统文化的经典著作,并不是那些善本、古本等稀见的版本,而是通行本。

哲学包罗万象,哲学的理论是高度抽象思维的精神产品,好像与现实生活不那么密切。但是越是高度抽象的哲学,它的根基却深深地扎在中华大地的泥土之中。

研究老子哲学,不能脱离中华大地,离不了中国的十三亿人民,也离不开全世界六十亿人民共存的现实世界。

为了适于不同读者的需要,书中《老子》原文和注释采用繁体汉字,每章的内容提要和译文则采用简体汉字。

作　者
2006 年 7 月

第六编
论古籍整理

中國近代古籍出版發行

史料叢刊

任繼愈署籤

整理古籍也要走现代化的道路 *

　　整理古籍,我国自乾嘉以来就有优良传统,当时大量有关古籍整理的成果,有的已被国内外学者所公认,有些结论已可视为定论。

　　乾嘉学者,处在封建专制主义占绝对统治的时期,客观上不允许他们有对君父不敬的言行,著作中当然要有所顾忌。当时学者们主观上也不能不带有几千年长期封建传统教育的烙印,思想还不解放。从整理经史子集的成绩来看,关于史、子、集方面的成绩较多,而对“经”的整理成绩,相对来说少些。其中原因之一,就是对圣贤经传不敢怀疑,从思想上就不敢放言高论。

　　就取材印证方面说,古人的眼界也还不够开阔,眼光多盯着古代典籍。典籍以外,如地下考古实物,如民间社会习惯,中原地区以外的兄弟民族文化(包括民族学、原始宗教、民族语言学、人类学、社会学等)没有涉及。当时的学者精通本国语文,而不通晓外国语文,或精通汉语,而不通晓其他兄弟民族语言。这也给他们的成就带来了局限。近代西方汉学者如高本汉、伯希和等人,整理中国古籍有所创获,不是他们读古书比乾嘉学者多,

---

　　* 据《任继愈学术论著自选集》。原载《古籍整理研究》1986 年第 1 期。

而在于他们有比乾嘉学者多一些的工具。当然,他们也只是在某一方面有所前进。

语言工具只是工具的一种。此外,还有整理古籍现代工具,像近十几年被普遍重视的计算机,西方已经用到古籍整理方面,编制索引分类,已取得可观的成效。

此外,乾嘉学者以及西方资产阶级学者所不具备的,那就是历史唯物主义。有了历史唯物主义,才能使人们心开目明,取得高屋建瓴之势,进退自如。这一方面,理论界、史学界早已注意,在整理古籍方面似当须更多地引起重视。历史唯物主义的原理不难懂,难的是把他运用到古籍整理的具体工作中去,而不是生搬硬套。不以历史唯物主义作为指导,就谈不到现代化。这要靠大家共同努力才行。

学问的发展趋势,今天大家看到的,有两个方向,一是向深度发展,一个部门学科的一个分支的一个局部的专题,在很狭窄的范围内越挖越深;二是学科之间要求开展横向的联系,一门学科解决不了,要众多学科的配合。比如整理古籍中的天文志、地理志,光靠古人的研究成果已不够,还要结合现代的天文学的推算,来加以验证;讲古代的地理,四夷的交往,要结合现代的地理研究成果,结合世界史,就更能说明问题。利用地下的发掘的古文物可以充实古籍中记载的不足。如秦始皇陵的车马坑的实物,可以明确无误地说明古书上的车制。参考我国少数民族流行的对歌及春游习俗,有助于对《诗经·国风》的理解等等。

再如整理古籍,古人受正统儒教的影响,对经史子集以外的佛、道两教,没有给以应有的重视。佛、道两教遗留下来的古籍很多,却没有人对此很好地整理,更说不上很好地利用其中的有用资料了。其实,佛教及道教典籍今天已不能用过去的旧眼光对待,把他们排斥在中华民族正统文化之外,它也是中国传统文化的一部分,而且是重要的一个部门。搞不清楚佛、道两教的文化,也就无法全面认识中国的传统文化。随着《中华大藏经(汉文部分)》的整理出版,我们将逐步建立起"佛典文献学",这将成为一个新的分支学科。世界宗教研究所今年将在这一方面招收硕士研究生和博士研究生。这也是古籍整理工作中待开辟的一块生荒地。道教古籍的研究也刚开始,因为道教内容比佛教更芜杂,有了文、史、哲的知识还不够,还得运用化学、生物、医学等现代自然学的知识和测试手段。这方面的工作,我们也开始注意,并已起步。

总之,整理古籍,也要开创社会主义建设的新局面。乾嘉学者的好传统,我们要继承,同时要提高、前进,超过他们。既然要现代化,整理古籍除了文、史、哲等传统文化知识外,还要吸收其他学科的知识,如上述的考古学、人类学、地理学、自然科学等等。表达方式也要相应地作些改变。乾嘉以来相延已久的整理古籍的术语已感不够,需要增加新的术语和表达方法。有时要有百分比符号(%)、现代数学公式、化学方程式,有的需要用图表、图片或绘图来表示。光靠语言文字,已不能满足需要。这是后话,暂时可以不讲。

第三次全国古籍整理
出版规划会议发言摘要*

古籍整理的质量差,主要是由三个因素造成:1. 是整理者不具备古籍整理的能力;2. 是整理者责任心不强,对自己的产品要求不高;3. 是编辑人员的水平不高。再深一层的原因就是古籍整理牵涉到的知识面特别广,比如这次《规划》列入的就有科学、医学、军事等方面。所以整理古籍要提高专业人员的水平。看来要整理好古籍先搞好今译是一条必由之路,不一定要许多人去从事这一工作,但整理者要具有今译的能力。传递文化的载体文字是不断地发展变化的,仅依靠文字训诂、考据是不能解决问题的。比如我国佛教史上著名的佛学翻译家鸠摩罗什和玄奘,他们的长处不仅是精通当时的外文,主要是精通佛理,所以翻译出来的佛经就可信贴切,产生了巨大的影响。我们现在整理古籍同样存在这样的问题。

关于古籍整理人才缺乏,有人提出文献专业招生不够,培养的学生太少。即使满足招生,也难以适应我们今天的需要和要求。因为古典文献专业培养的人才知识基本上属于中文系的体

---

* 原载《中国典籍与文化》1992 年第 2 期。

系结构,他们学过文字、音韵、训诂、目录、版本,这当然是必需的知识,但整理一本书,一定要有关于这本书的专门知识,文献专业的学生就难以胜任。比如研究比较语言,就要精通外文,这比段玉裁、王念孙他们那一代人的要求就更高了。如研究边疆史蒙古史,除了懂蒙文外,还要懂其他国家的文字,因为日本人德国人也从事这方面的研究。古籍整理要达到较高的水平,需要的条件很多。因此我想不妨从大学中挑选一批各种专业的毕业生,给他们补充有关古籍整理的知识如版本、目录、音韵、训诂等,这样将更会有效,也不需要三五年那样长的时间,半年一年就可以了,比文献专业的培养更能满足古籍整理的要求。比如整理《抱朴子》内篇,关于炼丹的部分就要用现代的化学方程式来表达当时的炼丹过程,才能表达得清楚,如果让学化学的人员从事这一工作,再对他们加以古籍整理知识的培训,整理的水平会更能保证质量。

与时俱进的古籍整理工作 *

　　我国的古籍整理工作,极盛时期在 17 世纪,清朝康熙、乾隆、嘉庆时期,人才辈出,整理成果也很显著,特别是经、史学方面特别突出,以后渐渐衰落。此后二百多年,解放后,古籍整理又掀起一个高潮。这个高潮的势头比乾嘉时期还要大,而且水平有所提高。之所以有这样的成绩,主要因为时代不同了,时代为古籍整理工作创造的条件更好了,乾嘉时期不具备的一些条件现在具备了,不具备的方法也产生了。我们有信心超过古人,原因就在于此。

　　1959 年,北京大学创办了古典文献专业,全面继承和发扬清朝乾嘉考据学,同时又吸收到近代西方汉学研究方法,使古音韵、古文字等研究有了新工具。北京大学培养的新中国第一批古籍整理人才,近五十年来,成为我国古籍整理战线上的主力军。他们读的古书不及清代乾嘉时代的学者那样精熟,可是他们具备乾嘉学者所缺乏的现代科学训练和外国语言知识及汉学研究的新方法,比如自觉地运用归纳法、统计学、比较语言学等

---

　　* 原载《古籍整理与出版专家论古籍整理与出版》(凤凰出版社,2008 年 2 月版)。

新方法,乾嘉大儒没有看到的问题,他们看到了。我们不能说今人比古人聪明,而是现代学者比前人增加了观察问题的工具,视野开阔了。

古人心目中的"天下",不出《禹贡》九州,只是今天的东部亚洲。人类共同生活的地球,除亚洲外还有欧、非、南北美洲。由于各地区发展的不平衡,有的进入文明社会,有的还过着原始社会的生活,古代社会的"活化石",给近代研究古代文化提供参考资料。"礼失而求诸野",我们今天的"野"可以远到拉美、非洲内部。对我们研究古代社会,民俗又提供了参考资料。闻一多先生治《诗经》《楚辞》,许维遹治《管子》《吕氏春秋》,他们的著作醒人耳目;罗常培、丁声树治古汉语在有些地方超过顾炎武、戴震。因为抗日战争时期,北大、清华迁到云南昆明,他们有机会接触云南汉族以外的多种少数民族的社会,调查过他们的语言、语音,借助当时的社会提供的活生生的资料,反过来印证古代汉籍记载的文物故事,从中得到启发。他们对《天问》的理解与解释,对女娲、伏羲这些历史传说人物的理解,得到令人信服的结论。这里只是随手举几个例子,说明时代在前进,古籍研究自然也随着前进。

甲骨文在20世纪被发现,当初被人当作"龙骨",用来配制中药。后来被学者王懿荣发现,王国维又加以系统研究、识别,与历史文献对照,进一步明确了殷代的帝王传承历史,从而把上古史的研究推进了一大步。以后,20世纪30年代,经过现代考古的科学发掘,发现了殷代历法、祭典。郭沫若利用甲骨文为原始资料,以历史唯物主义方法,初步构出中国古代奴隶社会的面貌,从此中国古代历史学开了新生面。

前一二十年来,整理古籍先解决重要而急需的,如断代的文史资料汇编、全集、大型工具书、丛书,成果丰硕。留下来未能整理的,多属于难度大,不专属于传统经学、史学、文学方向的,待整理的有很多属于自然科学、工程技术科学、天文、数学、化学、生物、农林、古地理、中国古代宗教(如佛教、道教)等等。

我国现有的古籍整理人才,我们的骨干专家,多能通晓训诂、目录、版本、校勘之学,对其他学科,尤其是自然科学知之甚少。如敦煌学起步已历百年,已成为世界性的显学。中外学者们的敦煌文献整理工作偏重于世俗文书,占敦煌遗书百分之九十以上的大量的宗教文献还没有着手,原因是难度大,专家少。湖北荆门市发现的战国楚墓出土的竹简,是秦统一以前用楚国文字书写的,有许多字不能辨认。这些大而难的课题,都要21世纪古籍整理者来解决。

新中国经历了恢复经济、发展生产的道路,曲折前进,已取得了空前的成绩,我们古籍整理也不能滞后,因为它是新文化建设的一个组成部分。

古籍整理出版工作从1958年制定了国家规划,有计划、有组织地开展,其规模之大,调动人员之广泛普遍,称得上是自乾隆修纂《四库全书》之后又一次文化工程,超过了历史上任何一个时代。直到20世纪末,断代的文史哲社会科学、自然科学的原始资料都有了整套的"汇编""全集"等。专家著作的注释,也有了划时代的整理成果,如李白集、杜甫集、《中华大藏经》《续修四库全书》《四库全书存目丛书》等等,现在又要重印《文津阁四库全书》。

为了迎接将要到来的文化建设高潮,我们已着手开展综合性整理古籍的新阶段。所谓综合性的整理,是说对同一课题,从不同学科领域、不同角度,与同一个研究对象进行考察。整理工作与科研工作紧密结合,同步进行,已取得明显效果的夏商周断代工程,发动了考古学、天文学、古地理学、历史学等诸多学科协同攻关,经过这样综合研究之后,我们对古代传说与古籍记载,如夏商周的朝代断层、传承世家、三代建都地址、古代天文记载以及史书记载武王伐纣的确切年月有了明确的结论。经过这样大规模综合研究,协同攻关,也给今后整理古籍提供了重要借鉴。

整理、标点、今译,今后还要进行,但这一工作量不会太大。剩下的一一些标点、注释都是一些学科专业比较冷僻、读者范围不太广泛的古籍,数量虽不大,难度却不小。因此,更需要发动多种学科的专家,协力解决。

古人治学范围比今人窄狭,《十三经》及史学占了主要部分。按古人传统分类为四部"经、史、子、集",近现代科学分类日趋详细,传统的经、史、子、集四部分类法已不能满足需要。研究古典文化的大型类书《中华大典》是按现代科学分类的中华五千年文献总汇编,共分为二十三个学科(典),每一学科(典)又分为若干子学科。这样的工作一经开始就遇到了单一学科专业的知识不能满足需要的问题。比如整理魏源的《海国图志》,如果能参照同时期的外国地图,注释的水平将超过不同版本的对勘。整理二十四史的边疆民族部分,如能附上有关相邻国家的地图,就更具科学性。今后整理古籍,如果再印二十四史,每一个专史附上这个朝代的地图(邻国地形,行政区,边界),就更能体现出现代科学整理的新方法新成果。《中国历史地图集》是新中国集体研究的成果,如果有了现成的新成果不用,就跳不出前人窠臼。又比如今天我们写清史,涉及中外交涉事件,如能在叙述中把对方的文书附上,就更能深入、全面地说明问题。古书中的民族语言、文字,过去只用汉字音译,有时不太准确,如能附上原书的原文,就增加了整理古籍的科学性。

又如,古书中的计算公式、专用名称,如能用近代通用数学形式予以注解,今人读起来会更容易理解。古人不用百分比表达数量比例,古人不可能用现代图表,今人整理古籍都可以考虑采用新手段。天文志如配以天象图,礼乐志配以音像光盘、五线乐谱,既省篇幅,又便于读者理解。

整理古籍,目的是为了今人的阅读,我们既要全部吸收前人优秀成果,又要表现出现代人的时代特色。前人已有的本领我们都学到手,又要有所增益、创新、发展。一概唯古是遵,不敢触动成规,学术就不能前进;前人的成果置之不理,一切从头开始,自以为是新见,其实不但不是创见,反而暴露其孤陋寡闻,实际上前人早说过了。两种办法都不可取。

过去古典文献的专业人才以乾嘉学派治学方式来培养,教学内容重点放在版本、目录、校勘、训诂等学科上,自然科学训练较少。中国古书,如道教的著作《道藏》中,有不少关于医学卫生及化学、生理学以及解剖学方面的内容。这些本来可以用现代科学语言或化学元素符号表达的,若我们不会运用,读者遇到这样的古籍难免被其中恍惚迷离的词句误导。整理古籍目的在于为阅读者提供方便。读不懂的经过整理读懂了,读不通的,经过整理,可以读通了。如果整理过的古籍,不能准确运用现代语言来表达,仍然使人看不懂,不解决任何问题,等于不整理。

还应看到,中国是个多民族的大国,汉文典籍最丰富,整理的任务也最重。其余五十五个民族,多数没有文字,也有几个兄弟民族有自己的文字,其古籍多为手抄本,他们也有悠久的历史。由于他们的社会发展基本处在奴隶制阶段,今天看到的少数民族的古籍主要是宗教典籍。这类古籍内容为原始宗教,他们的历史、文学、宗教及宗教祭祀活动混在一起,没有十分明显的界限。这些文献也是中华古典文献共同宝库的组成部分,缺了这一部分,对中国传统文化的认识就不全面,这一部分不研究,也难以看清楚中华民族多元一体、长期共存、互相交融的特色。整理少数民族的古籍也是今天建设社会主义新文化任务的应有之义。

这一方面我们做了一些有益的工作,但情况不同,发展也不平衡,藏文古籍整理做得多一些,其余如满、蒙、彝、东巴文也做了一些,还有那些已不使用死去的古文字,如回鹘文、且末、吐货罗、西夏、契丹等文字的古籍,还有大量文献有待我们去开发、整理。这要有通盘规划,逐步开展。当务之急,莫过于积累资料(有的已经流散到国外)和培养人才(人才不贵多而贵精)。现有专家人数少而且年事已高,亟待补充新人。培养这类专家,目前采用的培养方式,有些急功近利,在短期内不能要求青年学者写文章,发表文章。应当放眼未来,使青年人打下坚实基础,要求他们通晓两种以上的语言,一种是所研究的语言,一种是汉语,二者缺一不可。更进一步,则要求研究者通晓一种外语,以便及时了解和吸收这些领域国外专家的研究成果。

1981 年,中央 37 号文件上说过:"整理古籍是一件大事,得搞上百年。"这是实事求是的估计。持续不断地做下去要百来年,现在才进行了几十年。早期培养成才的专家现多已在六十岁以上。当年的中年骨干都已年过古稀,相继退休,少数未退休的人员精力日衰,总要后继有人,才能维持下去。

古籍整理又难学又枯燥,要甘于寂寞,十年寒窗的磨炼是必不可少的起码的要求。回顾一下,我们建国以来整理古籍,经得住历史考验的几部大书,如《汉语大字典》《甲骨文合集》《全宋文》《全宋诗》《尔雅释诂》《中国历史地图集》《中华大藏经(汉文部分)》,不论哪一部,都要十年以上,而且都是集体协作的产物。

古籍整理有似地质队的野外勘探,这支队伍要不畏荒寒,不怕险阻,甘于寂寞,不慕纷华。从领导方面,为了建立这门学科,建立一支强大的文化整理大军,希望为他们开一条绿色通道使他们安心工作,生活上足以养家糊口,他们的劳动受到应有的尊重和理解,他们就会从所从事的专业中得到一种精神安慰。因材施教,在学科带头人的带领下,只要有十来年,定会有成就的。他们通晓文字、训诂、校勘、版本、目录之学,再由此深入,接触到各有关专业天文、数学、地理、物理、化学、医学、农学,会成为新一代的专家。这样,我们的百年事业后继有人,前景无限。

记得当年清华学堂初办国学研究所时,聘请陈寅恪为导师。陈在日本、欧美留学多年,没有学历(硕士、博士头衔),没有一本著作,但清华认为他有真才实学。后来陈寅恪在清华任教多年,人们称他为“教授的教授”。北大“五四”时期蔡元培请青年教师胡适,他当时尚未通过博士答辩,还不算博士。梁漱溟连大学毕业的资格也没有,蔡元培校长看到他一篇文章《究玄决疑论》,决定请他来北大教课。熊十力当兵出身,自学成才,熊继梁漱溟之后,接替梁漱溟来北大哲学系讲授印度哲学。梁、熊几位先生都是学术顶尖大师。

现在通行的衡量工科、理科的尺度,“量化”尺度不适用于选拔人文科学、社会科学人才。至于用什么标准为宜,尚有待多方面共同研究。但是目前规定的选拔标准,对文科不适用,则是无可争议的。

古籍整理本身不是目的。古籍是中华民族共同拥有的精神财富。建设社会主义新文化,只能在吸收优秀文化基础上,不断积累。我们古籍整理工作者的任务就是为新文化铺平道路,提供原始资料,为迎接 21 世纪文化建设高潮添砖加瓦。能为未来新文化尽一份力是我们的夙愿,也是我们最大的光荣。

以往古籍整理成绩很大，
今后古籍整理困难不少*

自从《中央关于整理我国古籍的指示》下发后，近二十年来，当年的几项要求有的执行得比较好，列入整理规划的都能保证完成，有的完成得比较好。

也有的与古籍整理有关，但古籍无权办到的一些要求，问题还存在，无力解决。比如指示提出"把祖国宝贵的文化遗产继承下来，是一项十分重要的，关系到子孙后代的工作。过去我们的学校教育，注意理工科比较多，那时发展国民经济的需要。但是学理工的人也要有一定的中国传统文化的知识才行。今后在继续办好理工科的同时，应当加强大学的文科教育，并从小学开始，就让学生读点古文"。这是教育部门的事。我们在海外的留学生，绝大多数都能完成专业的学习计划，考试成绩优秀，但专业以外关于祖国历史文化知识，所知甚少，有的留学生，知道的并不比外国人更多。小学教材中，读古诗词，早已实行，"读点古文"似乎做得不够。

再就是我国的文字改革，简化字已通行了几十年，人们感到

---

* 据《竹影集》。原载《古籍整理出版情况简报》总第 367、368 合期。

235

方便。但施行后,也发现了文字改革有不完善的地方,需要补充完善,迄今尚未引起注意。比如说现在的简化字,有的把古人常用繁体字一对一地简化,问题不大;也有的三个繁体字简化成一个简化字,两个繁体字简化成一个简化字,由简体找回不到繁体的本字。也有的简化字考虑得不周全,简化后的字与原文的繁体字义不同,变成另外的意义。如苏东坡的《赤壁怀古》"雄姿英發"与"早生华髮",都简化成"发",格律造成重韵,犯了古诗词的规矩。发扬,头发两字不分,原作品的意思也变了。李翱诗"我来问道无餘说"成为无"余"说,"餘"简化成"余","我来问道"应当是给来问者的答复,怎么没有"(余)我的说法"呢?意思变得不可理解了。

第一批培养的古籍整理人才,都挑起了重担,成了骨干和学术带头人。第二批、第三批都走上了岗位。当年的青年今天也四五十岁、六十岁,当年的中年骨干今已七十左右,几年之内,都到退休年龄。古籍整理工作又难学而又枯燥,愿意坐冷板凳的青年越来越少,后继乏人的困境越来越严重。

前一二十年整理古籍,先解决重要而急需的,经过大家的努力,如断代的文史资料汇编、全集、大型工具书,成果丰硕。留下来待整理的古籍多属于难度大,不专属于传统经学、史学、文学方面的,待整理的古籍有很多属于自然科学,工程技术科学、天文、数学、化学、生物、农林、古地理,中国古代宗教如佛教、道教诸多方面。整理这些古籍,除了通晓一般训诂、版本、目录之学,还要通晓古代有关专业科学知识。当年古籍整理专业培养的人才,面对今后要整理的新的自然科学、宗教,感到生疏。敦煌文献发现已有百年。敦煌文献整理基本上是佛教以外的世俗文书,其中占百分之九十以上的大量宗教文献,还没有着手。因为难度大,专家少。湖北荆门发现战国楚墓竹简,是用秦统一以前的楚文字书写的,有许多字不能辨认。这些大而难的课题,都要21世纪的古籍整理者来解决。还有大量少数民族文字的古籍整理才刚刚起步。

根据我们的经验,重大的项目,没有七八年、十来年,难以完成。如汉语字典,《甲骨文合集》《全宋文》《全宋诗》《尔雅释诂》《中国历史地图集》《中华大藏经》……不论哪一项,都不能少于十来年。越是重大项目,越需要集体协作。能安心一项工程十年不松懈,没有时间发表个人文章,而目前的聘任制度,如评定职称,工资待遇等现实问题,对长期古籍整理者,处于不利地位。不计待遇报酬,甘心奉献的人难以找到。

中央文件说"整理古籍是一件大事,得搞上百年"。这是实事求是的估计。一代一代不断地干,要百把年,现在才干了几十年,已经感到后继乏人,百年事业又从何谈起?

古籍整理有似地质队野外勘探,这支队伍要不畏荒寒,甘于寂寞,我们为百年大计着想,希望能为古籍整理开一条绿色大道。为了人才不流失,培养后备力量,从现在起,要有计划地培养一批有志于古籍整理的青年人,给他们"吃皇粮",使人安心做他十年冷板凳。等他们通晓了文字、训诂、校勘、版本、目录之学,再接触古代相关科学,如天文、数学等基础知识,入了门,自然发生兴趣,他们专业有了兴趣,成果与人才双丰收,百年事业,后继有人,前景无限。

古籍整理本身不是目的。古籍为社会主义祖国更大的文化建设铺路,提供原始资料,为迎接21世纪文化建设高潮添砖加瓦,尽一份力,是我们最大的心愿,最大的幸福。

拥有与利用*

综合国力,标志国家强弱;典籍图书,反映国家文明。中华典籍,贯通古今。易象肇始于书契之先,卜辞踵武于虞夏之后。商周有占卜守藏之史,两汉置典籍勘校之府。周诰殷盘,典籍灿然。自上古以迄近代,宫廷藏书形成定制。据《史记》载"老子为周守藏史",老子盖为二千五百年前有姓可考之图书馆长。

承担现代社会职能之中国国家图书馆,九十年前创建于清末,初称京师图书馆,政府指令江南各省呈送图书以实馆藏。后又接受承德避暑山庄文津阁《四库全书》。本馆以皇家藏书为基础,先后接纳海内专家及江南诸大藏书世家捐赠,汇众流已成书海。甲骨原件、敦煌文书,馆藏居世界前列。宋刊元椠,明清精品,历代舆图、金石拓片,善本、古本、孤本、抄本、名家手稿,亦为海内外学者所关注。汉文典籍外,稀世珍品中尚有蒙、藏、回、满、彝、纳西等兄弟民族图籍多种。是以万里访书者,相望于道。

文化成果虽创自中华民族,而文化资源则愿与世界共享。为促进人类文明,提高国民素质,愿尽绵薄,襄此盛世。

---

* 据《竹影集》。原为《中国国家图书馆藏珍本古籍图录》(北京图书馆出版社,1999 年 6 月)弁言。

国强兴文化　盛世修巨典[*]

　　我觉得现在我们国家所处的地位和时代,需要我们把好的东西或是精华介绍出去。现在,在咱们这个世界看报纸,发现有一种压抑感,大国主义铺天盖地而来,它们的标准代替了世界的标准。我们一再提倡,要多极化、多极主义,一时得不到广泛的认同,这就需要大力弘扬我们自己,要理直气壮地宣传我们的优点,宣传我们的长处。过去,有些外国人也介绍中国,中国文艺界也有些人介绍中国的文化出去,但他们往往投外国人所好来介绍。外国人喜欢落后的、腐朽的,就迎合,虽也可以得到一些称赞,但是不符我们的真相。

　　我还有一个感觉,为什么今天能够出这么一套书^①,过去不行? 二十年前行不行啊? 我看不够这个条件。现在我们"沾光"在哪里? 我们国内经济力量上去了,经济发展了,综合国力上去了,文化也就跟着上去了。我们文化界在这方面做得很及时,很得力,也做得很合适。再晚,就耽误了;再早,也不可能。我感觉,国力的昌盛,是我们有力的支持、支柱,让我们今天能够出这

---

　　*　原载《中国出版》2000 年第 11 期。
　　①　指《大中华文库》。

么一套好书。

　　听到宏伟的出版计划,还在继续地不断发展,我很赞成,很希望看到它的成功。继续出的话,希望文学马上要跟上,回想起咱们接受外国的东西的时候,从"五四"以来,文学打头,先是《双城记》《黑奴》《复活》《茶花女》,慢慢才是哲学,后来才知道柏拉图、亚里士多德。现在这套书已经出了,以后接着我想文学应该跟上去,这很有好处,又便于普及,又便于提高,外国各阶层很容易接受,很容易了解。想起我们当初对外宣传的时候,也是京戏打头出去,才把局面打开。我们的文学赶快跟上去,对这个大好的局面有推动作用。这套书印刷质量还是很好的,拿得出去,够国际水平,能代表我们国家的水平,我很高兴、很自豪。

关于中文古籍的保存保护*

中国有五千年以上文字可考的历史,在世界上几个文明古国中(古希腊、古埃及、古印度、古巴比伦等),绵延不断,贯穿古今,又古老,又年轻,这在世界上是仅有的。中华民族生存活动的范围始终以黄河长江为中心。几千年来没有离开过这块土地。这块土地上的居民有五十六个民族,汉族人口占大多数。汉族使用的文字也最普遍。今天我们共同研讨的古籍修复保护问题主要指的是汉文古籍的修复保护。其实中国还有大量蒙文、藏文、满文、回文及少数民族的古文字书写的古籍。对它们的保护工作,也要适当关注。第一次研讨会讨论范围暂限于汉文古籍。

由于中国历史长久,有文字记载的历史也长久,中国古籍的历史也长久。中国发明造纸术以前,早已有了书籍。以前的书籍是写在竹简、木简上(根据书写材料的取得与用途不同而异)。贵重的材料也有些写在丝绸上的。用竹、木为载体的书籍以前,也有用文字记录的重大政治事件,用刀刻在甲骨上,我们称作甲

---

* 据《竹影集》。原为 2001 年 10 月在"中文善本古籍保存保护国际研讨会"上的发言。

骨文,也有铸在或刻在青铜器上、陶器上的。

我们这次会议所讨论的,主要是纸张发明后用来书写的书籍、手写本和印刷本。

世界上的事物,发生和毁灭总是相伴着存在。为了保存好,古人已有过很多经验和方法。古书不同于其他古文物,书籍是要供人们使用,不光是为了鉴赏陈列,阅读次数多了,会造成损坏。人们能做到的,只是使它自然地慢一些损坏,力求减少不必要的损伤。实际上损伤是不可避免的,有意外的水、火、虫蚀等造成的损失,也有载体的自然老化的损害,我们只能做到减少意外损伤,延长书籍存在的自然寿命。书籍修复相当于保健医生的功能。于是产生了修复技术和保护技术学。修复学在于使损坏的书籍恢复原貌,目标是使书籍"整旧如旧",保护的目标是使书籍维持正常寿命,不要夭折,终其天年。

保存古籍、整修古籍,既要有专门的学科知识,又有熟练的操作技术。书籍修复技术是印刷发明后与印刷共存的专门学问。

这次会议如果大家觉得开得好,对文化的发展有益,中国国家图书馆愿意牵头,联合国内外专家,定期开办"讲习班",招收国内国外的学者定期交流技术,传授经验,培养青年一代的专家。因为古籍修复整理的人才趋于老龄化,青年人才有中断的危机。修复技术讲习班重点在培养修复古籍的操作基本训练。如果认为有必要,我们还可以在讲习班的基础上举办"高级讲习班",进一步讲授有关古籍的系统知识,请海内外专家开设古籍讲座。是否可行,也请大家讨论,提出意见。国家图书馆有责任推进文化发展,开展国际文化交流。古籍整理属于国际文化交流的一个组成部分。

我们从事文化建设的每一个人都深感文化建设是一点一滴

地积累起来的。文化有继承性,不是一夜之间成长壮大的。文化有交融性、渗透性,通过交流,互相学习,互相借鉴,这是发展文化的必由之路。中华五千年文明史就是在文化交流中不断发展壮大起来的。中国文化发展的第一次高潮在汉朝,公元前2至公元1世纪,开通了丝绸之路,中国大陆与西方欧洲开展交流。第二次高潮在公元7世纪,在唐朝,加强了原有的丝绸之路,又开辟了海上丝绸之路。面临21世纪,我们有信心迎接第三次文化高潮的到来。今天是信息畅通、交通便利,给文化交流提供了前所未有的方便条件。我们大家携起手来,共同促进人类文明进步,文化发展。

当前世界还不太平,我们的文化事业做得好,对世界和平也是一种贡献。

变废为宝*

中华民族文化源远流长,拥有丰富的文物、典籍。有些文物、典籍的内容、作者与产生它的时代不符,称为赝品。典籍中的赝品,学术界称为"伪书"。

伪书的出现,可以有多种情况:有伪造假古董以谋利的(据沈兼士先生讲,甲骨片刚发现时,收藏家潘祖荫喜收集甲骨拓片,琉璃厂书商竟在烤制烧饼的背面拓出纹理冒充甲骨拓片。这是我当年在沈先生文字学课堂亲身听到的掌故);有的为了传播某种观点,挟古人以自重的(如汉初以黄帝命名的《黄帝内经》《神农本草》等);宗教经典多假托得自龙宫、仙山洞府以骗取信徒的(如大乘空宗典籍,道教典籍)。如果揭示出伪书出现的时代,伪书即成为可信的材料。《列子》一书托名列御寇作,经过研究,此书非列御寇作,它出于魏晋时期,反映了魏晋时期的一种流派的思想。从这个意义上说,《列子》一书用作研究魏晋时代思潮,有它不可取代的价值。放在先秦是伪书,放在魏晋就

---

* 据《竹影集》。原载《群言》1991 年第 6 期,名《"伪书"并不全伪》,曾收入《任继愈学术文化随笔》。收入《天人之际》时名为《充实的伪书与空洞的真品》。

不伪。

与世俗典籍并行的佛教、道教典籍中也有不少"伪经"。持正统观点的信仰者,为了保持宗教的纯洁性,不能容忍"泾渭杂流,龙蛇并进"(晋代名僧道安语)的现象存在。如果抛开正统观点,从客观研究的立场着眼,查明伪经出现的时代、作者(作者可能是某一人或某一流派),用它来说明作伪的时代以论证某时代思潮,找出它流行的地区以了解其传播的范围,其史料价值比号称"真经"的还矜贵。

有幸生为近代人,可以不受古人旧传统的局限,有可能从文化整体的高度来看待一切"伪书""伪文献",从而剖析它、驾驭它,使它为我所用。俘虏兵用好了,和正规军同样发挥战斗作用。好像对待污染环境的废气、废液、废渣三废一样,经过综合治理,收回利用,即可变废为宝。一切物质都在元素周期表中占有自己的位置。谁要说某种元素是有害元素、无用元素,那是无知。

人们习惯所指的伪书、伪经,无非是说它不是所标榜的那种作品。如确凿地指出它的来历,摆在应当安放的位置上,它就是"真书""真经",一点也不伪。《老子》说过:"圣人常善救人,故无弃人;常善救物,故无弃物。"(《老子》二十七章)这是说,只要善于用人,根本没有无用的人(弃人);只要善于用物,根本没有无用的物(弃物)。弃人和弃物,不过是那些未被认识,未被发现,没有派上用场的人和物罢了。这一层道理,一经说破,不难理解。

伪书之所以引起人们的关注,不在于它的伪,而在于它有充实的内容,这些内容是不可代替的。经历了历史的考验,最后找到归宿,在历史文献中占有一席之地,并从此摘去了伪书的帽子。

历史上有更多的不伪的书,号称学术著作,却没有学术性;号称科学著作,却缺乏科学性。因缘时会,也曾行时过一阵子。时过境迁,便被人遗忘的干干净净,因为这类"真作品"内容空洞,价值不高,不具备充当"伪书"的资格,日后自然无人提起。这种自生自灭的不伪的作品是大量的,它曾大量产生,大批消逝。主持这个淘汰选择的就是广大读者。靠了这个权威最大的裁判者,才使得伪书得以正位,劣而真的作品得以自然消亡。天地间之大公无过于是者。

关于影印汉文大藏经的设想*①

　　佛教传入我国后,即与我国古代传统文化结合,形成了独具特色的中国佛教,成为我国古代文化的一个重要组成部分。李一氓②同志说,对于佛典、道经,"我们把它们当成中国哲学的古籍来整理,不能仅仅意味为宗教"。我十分同意这个意见。整理佛教典籍,本应是我国义不容辞的责任。多年来,由于种种原因,我们一直没有一部完整的、有权威性的佛教全集。迄今世界上还以日本《大正大藏经》为权威版本。我国学者每当在使用《大正藏》时,心中总有说不出的沉重。其实,《大正藏》中不仅错误很多,即就所用参校版本也并不完善。我国现存的《赵城藏》《房山石经》等均为稀世珍本,为日本修《大正藏》时所未得见。为了维护民族荣誉,为了促进学术繁荣,更好地利用我们的文化

　　*　据《任继愈学术论著自选集》。原载《古籍整理出版情况简报》总 90 期,后发表于《文献》1982 年第 13 辑。

　　①　这一建议,得到国务院古籍整理出版规划小组的同意,于 1982 年组成《中华大藏经》编辑局,由任继愈负责。1997 年《中华大藏经》由中华书局完成出版。

　　②　李一氓同志担任国务院古籍整理出版小组负责人,他对中国古典文献学有很深的造诣。

遗产,有必要编纂一部完善的汉文大藏经。

现将我所了解的我国现存汉文藏经的情况,和编纂一部新编中华大藏经的设想报告如下:

根据现有资料,汉文佛教大藏经大约有下述的三种情况:

一、唐代以前入藏的写本,虽然在不同的历史时期曾编纂过二十余种经录,但所收经籍数目颇不一致,基本上可以用《开元释教录》作为代表,共入藏一千零七十六种,五千零四十八卷,千字文编次由天字至英字四百八十帙。

二、宋代以后的木板雕印本共有十九种不同版本;其中散失殆尽,基本不存者两种——《开宝藏》和《契丹藏》;仅有目录可能未刻者一种——元代的《弘法藏》。现存的十六种中,国内版本十二种,国外版本四种,兹略述如下:

1.《崇宁藏》1080—1104 年刻造,全藏五百八十函,千字文编次天字至虢字,一千一百四十部,六千一百零八卷。国内已无全藏。

2.《毗卢藏》1112—1151 年刻造,全藏五百九十五函,千字文编次天字至颇字,入经一千四百五十一部,六千一百三十二卷。国内已无全藏。

3.《圆觉藏》北宋末年(1132)刻造,全藏五百四十八函,千字文编次天字至合字,入经一千四百三十五部,五千四百八十卷。国内已无全藏。

4.《资福藏》? —1175 年刻造,全藏五百九十九函,千字文编次天字至最字,入经一千四百五十九部,五千九百四十卷。北京图书馆藏五千三百余卷。

5.《赵城藏》1149—1173 年刻造,全藏六百八十二帙,千字文编次天字至几字,入经约一千六百余部,现存五千六百余卷。北京图书馆及民族文化宫图书馆藏,但其中杂有明代万历二十年(1592)及清代雍正九—十一年(1731—1733)根据明永乐南藏本抄补的在内(共二百余卷)。

6.《碛砂藏》约 1225—1322 年刻造,全藏五百九十一函,千字文编次天字至烦字,一千五百三十二部,六千三百六十二卷。陕西及山西均存,但都略有残缺,1931—1933 年时,曾据陕西所藏本影印过五百部,缺佚者以资福、普宁、永乐南藏及陆道源本、亦黑迷失本等补入。影印本共六十函,五百九十三册(经文五十九函,五百九十一册,目录一函二册),约较原大缩小二分之一;但仍阙十一卷(字字函第四、九、十卷,更字函第一——三卷,横字函第七—八卷,何字函第八—九卷)。

7.《普宁藏》1277—1279 年刻造,全藏五百五十八函,千字文编次天字至感字,一千四百三十部,六千零四卷,此后又补入约字函七部六卷,加上武字至遵字号遗失目录的秘密部经轨二十八函,共五百八十七函,近一千五百部,六千余卷。云南、山西、陕西等省均存。

8.《洪武南藏》1372—1398 年刻造,全藏六百七十八函,千字文编次天字至鱼字,一千六百部,七千余卷。此藏在一千四百零八年板片被焚,印本仅存一部,略有残缺,并杂有部分坊刻本及抄补本在内。现藏四川省图书馆。

9.《永乐南藏》约 1408 年后至 1419 年刻造,全藏六百三十六函,一千六百一十部,六千三百三十一卷。全国现存者很多,仅北京地区估计即在五部以上。

10.《永乐北藏》1421—1440 年刻造,全藏六百九十三函,千字文编次天字至史字,一千六百六十二部,六千九百三十卷。全国各图书馆及所存者较多,北京地区估计在十部以上。

11.《径山藏》又称《嘉兴藏》1589—1676 年刻造,全藏分为正藏二百一十函,用千字文编次,系永乐北藏的复刻本,续藏九十函,收入藏外典籍二百四十八种,约三千八百卷,又续藏四十三函,续收藏外典籍三百一十八种,约一千八百卷,总计为三百四十三函,二千零九十部,一万二千六百余卷。北京、云南、浙江存有全藏近八部。

12.《清藏》1735—1738 年刻造,全藏七百二十四函,千字文编次天字至机字,入经一千六百六十九部,七千一百六十八卷。经版现存,全藏印本所存者亦多,1935 年还刷印过二十二部,北京地区大约有五一十部。

国外雕版本:

1.《高丽藏》共刻造过三次,前两次板片均被焚毁,第三次系 1236—1251 年刻造的,根据底本为北宋开宝本,板片现存。全藏六百三十九函,千字文编次天字至洞字,入经一千六百二十四部,六千五百五十八卷。国内可能存有伪满时期印刷的一部。1977 年日本曾缩印为精装四十余卷,发行一百部。

2.《弘安藏》日本最早的雕印本汉文大藏经,1287 年刻造,入经内容不详,现仅存少数印本。

3.《天海藏》1637—1648 年刻造的活字版,据元代普宁藏而有所增减。全藏六百六十五函,千字文编次天字至税字,入经一千四百五十三部,六千三百二十三卷。

4.《黄檗藏》1669—1678 年刻造,系以嘉兴藏正藏为底本而有所增补。全藏七百三十四函,入经一千六百一十八部,七千三百三十四卷。板片现存。

三、汉文大藏经的排印版本,共有六种,国内二种,国外四种。国内版本为:

1.《频伽藏》1909—1913 年排印,全藏四十函,千字文编次天字至霜字,入经一千九百一十六部,八千四百一十六卷,四百一十四册(目录一册)。系以日本《弘教藏》为底本而略有变动的一部藏经。

2.《普慧藏》1943 年编印未完的一部汉文大藏经,原计划是以汇集南传北传诸经论,校正前代印本之漏误,改订翻译名义之异同,广事搜集各藏以前之遗佚为目的;但经过数年经营,只印出一百册,内容有部分其他各藏未曾收入的经、论、疏释及日译本转译的南传大藏经中部分典籍。这是一部未曾编纂完毕的大藏经,发行面不广。印出的存书在 60—70 年代毁弃。

国外排印本:

1.《弘教藏》1880—1885 年编印,全藏四十函,千字文编次天字至霜字,共四百一十八册,入经一千九百一十六部,八千五百三十八卷。

2.《卍字藏》1902—1905 年编印,据《黄檗藏》校排,共三十七函(目录及索引各一函),三百五十七册,入经一千六百二十二部,六千九百九十卷,印就后不久, 即失火被焚,流传甚少。

3.《卍续藏》1905—1912 年编印,为《卍字藏》的续编,内容系广泛收罗中国及日本所存历代未曾入藏的佛教典籍汇编成书,曾受到金陵刻经处杨仁山及国内各大寺院和其他佛教居士们的大力支援。全藏一千六百五十九部,七千一百四十三卷,共一百五十一函,七百五十一册(目录一函一册),印就之后,存书和《卍字藏》所存者一同被焚。民国初年商务印书馆曾影印过五百部发行。

4.《大正藏》1924—1934 年编印。全藏共一百卷,正藏五十五卷,续藏三十卷,别卷十五卷(图像十二卷,总目录三卷)。正藏入经二千二百三十六部,九千零六卷,除传统入藏诸经、律、论、法之外,包括部分遗佚经论在内,续藏第五十六—八十四卷,系日本佛教徒有关经疏、论疏及各宗派的著述;第八十五卷收入南北朝及唐代古逸和疑伪经及疏释等一百八十九种。

　　根据以上的三种情况来看,历来入藏的基本经籍最少为千种左右(包括房山石经的九百六十余种在内),最多者为二千二百余种,平均数约在一千六百种左右。这个数字也是宋元明清各藏入经的基本数目,加上各藏特有的经籍,计《房山石经》约七十余种,《嘉兴藏》五百余种,《频伽藏》三百余种,《大正藏》六百余种(包括第八十五卷的古逸疑伪诸经在内),《续藏》一千六百余种,以及其他各藏特有的少数经卷等,共约三千余种,其中内容重复的不少,除去重复的,约为二千五百种左右,加上传统入藏的基本数目一千六百余种,现存汉文佛教经籍总数约是四千一百余种(二十二种大藏经通检稿总数为四千一百七十五号)。

　　如果我们考虑为了保存和中国文化有着较为密切联系的这些佛教典籍,而计划编印一部新的汉文佛教大藏经时,所收佛典似应概括全面,以此数据为准,最好采用影印办法。既可避免校核造成新的差错(日本《大正藏》即是前车之鉴),又可以保存古籍原貌。省去了繁重的校印排字的过程,还能大大缩短印刷时间。底本采用现存最有文物价值的《赵城藏》。所缺佚者以《资福》本、《普宁》本或《碛砂》本等补入。其他各藏的特有经籍及语录等,如《房山石经》和《嘉兴藏·续藏》的藏外典籍则可用原刻本影印。《大正藏》中的一些特有经籍大都来源于敦煌经卷,则可据敦煌写本复制。至于《卍续藏》所收的阙佚诸经论,恐原来底本已不易寻获,可另行排印,或据续藏本影印。这样编印的一部汉文大藏经,不但保留了古代佛教典籍的原貌,而且还具有中华民族文化的特点。经过千余年来的历史进程,各版汉文佛教大藏经在流传甚少或成为海内孤本或仅存零散印本的情况下,编印一部汉文大藏经是有着一定的历史意义和价值的,它将对哲学、文学、历史、考古、雕塑、建筑以及佛教本身等方面有关的研究工作提供丰富的资料。

当前随着我国国际交往的日益扩大,宗教文献的出版,对加强国际学术交流,增进人民之间友好往来,宣传我国古代丰富文化遗产成就,提高我国的国际学术地位,都有积极意义。

建国三十多年,我国在各方面取得了卓越成就,但对整理文化遗产和积累资料方面做得很不够,还没超过解放前商务印书馆所做出的成绩。这一薄弱环节现在应尽快补上。

我与《中华大藏经》*

一

佛教起源于印度次大陆,传播地区包括今天的尼泊尔、印度、巴基斯坦、斯里兰卡、缅甸、泰国等地,传入中国时间约有两千年。因为宗教传播不同于某一政治事件,可以有确切年月和时间。文化传播是渐进的,有它的群体性、社会性。传入须有一段被接受的过程。开始传播,虽然只有少数人,由少数人的传播到拥有一定数量的信徒,绝非一朝一夕的事。因此不能说出佛教传入中国确切年代为某某年。

佛教传入中国,有三条途径。一条在云南西部边境,经缅甸接壤地区传入;一条经尼泊尔传入西藏地区;一条经中亚细亚,传入新疆以至长安、洛阳。

这三条途径传入中国的佛教都有相应的影响,并形成了中国佛教的三个支派。传入云南的一支形成"云南上座部",传入西藏地区的一支形成藏传佛教,传入黄河流域的一支形成汉传

* 据《学林春秋》初编(朝华出版社,1999 年 12 月版)。

佛教。由于各地区的文化、人口、社会生活的差异,这三大支派发展的形势也有差别。信徒最多,影响最大的是汉传佛教这一支派。"云南上座部"人数最少,传播地区局限于云南省西部边沿地带。藏传佛教,传播较广,从西藏开始,沿中国西北到内蒙外蒙以及俄罗斯远东地区,都有影响。这两大支派自成体系,本文暂不论,只谈汉传佛教这一支派。

汉传佛教以汉文化为主体,以佛教汉文译本及汉文阐述,系统地介绍了佛教历史、经典、教义。传播地区首先从黄河流域开始,随后扩展到长江、珠江流域。此后又以汉文佛教译著向东部邻国扩散,经过朝鲜半岛东到日本,南到越南。

中华民族自古以来就是一个有高度文明的大国。它有深厚悠久的文化传统,对外来文化有鉴别、择取的能力。佛教传入时,并不是很顺利地被接受,而是经历了一段长期的交流、冲撞,才逐渐吸收其中的一部分,与中国传统文化相结合,从而形成了中国佛教。这一特点汉传佛教表现得最充分。中国藏传佛教及"云南上座部"也有类似的情况,这里不具论。

佛教传入开始是介绍性的翻译著作,这是第一阶段。第二阶段是相互沟通、理解。这一时期的佛教典籍多为注疏类著作。第一阶段的著作人为翻译家,是佛教典籍传译的主持人。第二阶段为该经典的传播者的著述,内容为中国佛教信徒关于该佛教典籍的理解、阐释。这一时期的作者已由外国佛教学者转移为中国佛教学者。著作的内容也从介绍、转述到阐发、发挥,继承了中国古代著作传统以述为作,以述代作。名为佛经的注疏,其内容主要是著注疏者自己的体系。

中国佛教不同于印度的佛教,可以分四点来谈:

(一)中国佛教随着中国社会历史前进而前进

佛教初传入时,与中国的黄老神仙方术结合,成为汉代道术的一种,首先流行于上层社会,在皇室、贵族中传播。汉桓帝在宫中立"黄老浮屠"之祠,与当时祠祀信仰同等看待。到了魏晋南北朝时,佛教与玄学配合,得到当时学术界的接受,形成了玄学化的佛教。以后,佛教随着中国社会思潮的变迁,由本体论进入心性论,佛教也以心性论为阐发重点。北宋以后,儒教取得统治地位,佛教开始儒教化。中国社会历史随时间变化,出现新的学说、新学派,佛教遂有与之相适应的学说、学派。不停顿,不断前进,这是第一个特点。

(二) 中国佛教的协调性

秦汉以来,中国是个多民族的统一大国,这是两千多年的基本国情。多民族,需要互相协调,取长补短,共同进步。多民族共同生活在一个共同体中,必然要求发扬协调精神。中华民族是从众多的部族融合而来,历史上至少有四次民族大融合①。这些融合,并不限于血统上,而在于文化上,血统融合反倒是次要的。

融合广大地区人民文化生活、风俗习惯,以至生活方式、生产方法,都有各地区的特点。在中央政府统一领导下,可以开展物资交流,人才交流。在同一中央政府领导下,集中南北各地人才,进行全国范围的经济建设、文化建设,必然经过协调才能发展。

佛教原来有早期、晚期,地区语言的差异形成的许多流派,古代印度曾引发过不少矛盾。中国佛教,即以判教的方法,来调和、消解佛教内部教义分歧,认为各种不同的学说都有道理,都是佛教主张,只是由于听众不同,说教的时间、地点不同,听众的理解水平不齐,才有不同的佛教典籍为听众解答疑难。经过判

---

① 西晋末期、南北朝、辽金元、清朝。

256

教的处理,看来水火不相容的教派,统一了步伐,协同前进。

中国佛教除了消除佛教内部的分歧争论,还进而协调了与道教、儒教理论纷争。如汉传佛教认真吸取了儒家的忠孝思想,把它纳入佛教的基本教义理论体系。显然不同于印度原产地的佛教,成了崭新的中国佛教,佛教与儒、道两教都讲忠孝等纲常名教。后来汇为三教合一思想。

藏传佛教也有类似情况,印度佛教与当地宗教(苯教)相协调,形成了藏传佛教,这里不详论。

(三) 中国佛教的创造性

中国佛教有两千年历史,大致分为三个阶段。第一阶段为译述阶段,从初传入到南北朝,历时约五百年。这时期的重要代表人物是外国译经僧人。他们的任务是介绍佛教的基本内容。由于中华民族有相当高深的文化素养,即使在介绍中也有所创造。如佛教般若学,是佛教理论中的重要流派。中国学者也十分看重般若学,但他们有独特的看法,如"六家七宗",即中国玄学的不同学派对佛教般若学的理解。"六家七宗"的出现,是中国佛教学者力图摆脱依傍,提出自己解释的成功尝试。

中国佛教第二阶段是创造发展阶段,历时约三百年。前一阶段的主要人物是外国僧人,这一阶段的创造发展者几乎都是中国僧人。隋唐以前介绍佛教典籍原著要借重外国僧人,隋唐以后,介绍翻译外国典籍比重减少,因为印度佛教的重要经典已基本有了汉译本[①]。中国人的汉文著作比重急剧增加。佛教传播中心已转移到中国。印度所有大小乘各种流派都可以在中国找到传承者。中国佛教离开佛教词句,注重发挥佛教的微言大义。有些发挥可以在印度佛教的某些经典中找到凭借而赋予新

---

① 有的佛教典籍有两种及多种译本以及编译本。

257

义;也有中国人著作脱离依傍完全阐发自己的理论体系。隋唐以来的几个大的宗派如天台宗、华严宗多有新创的理论体系。禅宗的理论在印度几乎找不到什么根据,他们自称"教外别传",得自佛祖的"心印"。南北朝中期以后,不断出现"伪经",这些"伪经",是当时时代思潮的反映,有很重要的思想史料价值,丰富了中国佛教内容,开创了佛教理论研究的新局面。从人类认识史、文化史的角度看,佛教史也等于中国文化史、中国思想史。

（四）中国佛教的会通性

中国佛教发展的第三阶段是儒、佛、道"三教合一"阶段,也可称为"佛教儒化"阶段。

佛教与中国传统宗教儒、道两教进一步结合,潜移默化,深入到中国文化的中枢部分。这一糅合过程,充实改造了儒教的世界观,把佛教长期发展的心性之学渗透到理学内部,在佛教心性之学的参与下,逐渐形成了中国的儒教。从此,佛教与儒教同命运,共兴衰,佛教得儒教而广,儒教得佛教而深。

三教合一,儒教居中,佛道两教为辅。从此中国的佛教与儒教同命运。学术界一致认为朱子(熹)近道、陆子(九渊)近禅,王守仁(阳明)近狂禅。事实上,没有佛教就没有儒教,以反佛教自命的宋明儒,没有不受佛教洗礼的,骨子里是佛教的嫡系传人。

以上四点都是中国佛教的特点。这些特点与多民族的统一大国有关,与中国传统的忠、孝、三纲学说有关,与中华民族善于熔铸外来文化的传统有关。

佛教传入中国经历了几千年的发展,积累了丰富的思想资料,这些资料,既是中华民族的精神财富,也是人类共同的财富。这些可贵的原始资料用"大藏经"的形式很完整地保存下来。

二

佛教经典初传入时,多凭传译者的记忆,口述原文,由译者笔录。这本来是印度传统教学方式。5世纪时,法显到天竺寻求律藏写本,他见北天竺诸国皆师徒口传,无本可写。据《付法藏因缘传》:

> 阿难游行,至一竹林,闻有比丘诵法句偈:"若人生百岁,不见水老鹤,不如生一日,而得睹见之。"阿难语比丘:"此非佛语,汝今听我演:若人生百岁,不解生灭法,不如生一日,而得了解之。"尔时比丘即向其师说阿难语。师告之曰:"阿难老朽,言多错谬,不可信矣。汝今但当如前而诵。"

这种口耳相传的教授法,一直延续到20世纪。抗日战争时期,我在昆明西南联大时,辅导一位印度留学生(中文名许鲁迦),他说:"印度农村,学生围绕教师环坐。教师念一句,接一句。学生一个接一个地接着念。都是向左边传着念,逐个念一遍,环绕一周,又传到老师耳边,老师可以知道学生是否念错了。"

中国发明造纸,传写方便得多,不像印度把典籍写在贝叶上那样艰难。中国印刷术未普及以前,造纸业已相当普及。现存手写佛教经卷,在敦煌千佛洞保存的唐以前的手写本,经编纂过二十余种经录,可以用《开元释教录》为代表。共入藏一千零七十六种,五千零四十八卷。千字文编次,由天字至英字四百八十帙。

北宋开宝年间开始有木版雕印的"佛教全集"——"大藏经"。在"大藏经"正式定名以前,没有统一的名称,最早晋道安时称"众经",后来唐朝称"一切经"。宋代开始称"大藏经"。

宋以后,历代雕版"大藏经"共有十九种不同的版本,其中

《开宝藏》《辽藏》散失殆尽,元代的《弘法藏》有目录,可能未刻印。现存的尚有十六种,其中国内版本十二种,国外版本四种。

国内有:

1.《崇宁藏》,1080—1104 年刻印。全五百八十函,千字文编号为天字至虢字号。共一千一百四十部,六千一百零八卷,国内已无全藏。

2.《毗卢藏》,1112—1151 年刻印。全五百九十百函,千字文编号为天字至颇字号。共一千四百五十一部,六千一百三十二卷,国内已无全藏。

3.《圆觉藏》,1132 年刻印。全五百四十八函,千字文编号为天字至合字号。共一千四百三十五部,五千四百八十卷,国内已无全藏。

4.《资福藏》,?—1175 年刻印。全五百九十九函,千字文编号为天字至最字号。共一千四百五十九部,五千九百四十卷,北京图书馆藏有五千三百余卷。

5.《赵城金藏》,1139—1173 年刻印。全六百八十二帙,千字文编号天字至几字号。共一千六百部,现存五千六百余卷,现藏北京图书馆及民族文化宫。其中杂有明、清版本及抄补本(共二百卷)。

6.《碛砂藏》,约 1225—1322 年刻印。全五百九十一函,千字文编号为天字至烦字号。共一千五百三十二部,六千三百六十二卷,陕西及山西均存,略有残缺。1931—1933 年,据陕西所藏本影印,五百部,缺佚者以《资福藏》《普宁藏》《永乐南藏》、陆道源本、亦里迷失本补,影印六十函,五百九十三册,仍缺失不全。

7.《普宁藏》,1277—1279 年刻印。全五百五十八函,千字文编号为天字至感字号。共一千四百三十部,六千零四卷,后又有增补,共五百八十七函,近一千五百部,六千余卷,云南、山西、陕西均存。

8.《洪武南藏》,1372—1398 年刻印。全六百七十八函,千字文编号为天字至鱼字号。共一千六百部,七千余卷,版片于 1408 年焚毁,印本仅存一部,略有残缺,杂有部分坊间刻本及抄补本,现藏四川图书馆。

9.《永乐南藏》,约 1408—1419 年刻印。全六百三十六函,共一千六百一十部,六千三百三十一卷,此书国内现存颇多,北京地区估计五部以上。

10.《永乐北藏》,1421—1440 年刻印。全六百九十三函,千字文编号为天字至史字号。共一千六百六十二部,六千九百三十卷,此书保存全国各地多有,北京地区不下十部。

11.《径山藏》,又称《嘉兴藏》,1589—1678 年刻印。正藏二百一十函,为《永乐北藏》的复刻本。《续藏》九十函,约三千八百卷,《又续藏》四十三函,约一千八百卷,总计三百四十八函,二千零九十部,一万二千六百余卷,北京、云南、浙江共约有八部。

12.《清藏》,1335—1738 年刻印。共七百二十四函,千字文编号为天字至机字号。共一千六百六十九部,七千一百六十八卷,经版现存,并印刷发行。

国外雕版本有四种:

1.《高丽藏》,共刻印过三次,前两次版焚毁,第三次刻于 1256 年,底本为北宋《开宝藏》本。全六百三十九函,千字文编号天字至洞字号,共一千六百二十四部,六百五十五卷。

2.《弘安藏》,日本最早雕印本。1287 年造,现仅存少数印本。

3.《天海藏》,1637—1648 年活字版。据元代《普宁藏》有所增减。六百六十五函,千字文编号天字至税字号,共一千四百五十三部,六千三百二十三卷。

4.《黄檗藏》,1669—1678 年刻印,以《径山藏》为底本有所增补,七百三十四函,共一千六百一十八部,七千三百三十四卷。

以上为木刻本及活字本。铅字排印本汉文大藏经共六种(国内两种,国外四种)。

国内排印本:

1.《频伽藏》,1909—1913,上海排印。四十函,千字文编号天字至霜字号。一千九百一十六部,八千四百一十六卷。

2.《普慧藏》,1943 年编印,未完成,共印出一百册。

国外排印本:

1.《弘教藏》,1880—1885 年印,四十函,千字文编号天字至霜字号,四百一十八册,入经一千九百一十六部,八千五百三十八卷。

2.《卍字藏》,1902—1905 年印,共三十七函,三百五十七册,共一千六百二十二部,六千九百九十卷。被焚毁,流传甚少。

3.《卍字续藏》,1905—1912 年印。收入前未收录的入藏的佛教典籍。全一千六百五十九部,七千一百四十三卷,一百五十一函,七百五十一册,民初商务印书馆,影印五百部发行。

这是日本军国主义为在我国旅顺口纪念日俄战争阵亡将士、超度侵略军死者亡灵印行的佛经。这部书的出版缘起记载着日本侵略者的罪行,记录着中华民族被列强宰割的耻辱。日本侵略者如果真正相信佛教轮回转世之说,这些侵略者承受三毒业报,不得超生。

4.《大正藏》,1924—1934 年编印。共一百卷,现在流行最广的一种汉文大藏经。因卷数浩大,编者人数杂,匆忙出书,错误很多。是学术界广泛采用而又普遍不满意的一种版本。

三

1982 年,国务院恢复古籍整理出版规划小组,在成立大会上,邀集国内专家、海外学者共同商讨整理古籍大计。这是由政府按计划、有组织地整理中国古籍,应当说是自清乾隆纂修《四库全书》二百年来的最重要的一次。《四库全书》贯彻以儒家为正统,推行种族歧视政策,在纂修过程中,把大量典籍存目而不入选,还有开列了一大批有违统治集团利益的"禁毁书",不使流传。号称"全书",其实并不全。当然,自从发明印刷术,又有今天的电子信息时代,出书条件十分便捷,书是永远编不全的。乾隆时期的《四库全书》则有意使它不全,这是不能原谅的。

古籍整理规划会议期间,我提出有必要编辑一套"佛教全书"《中华大藏经》。不同于过去的编者,主持者都是佛教文化的爱好者、研究者,而不是佛教信奉者,把"大藏经"看作古代典籍的宝贵遗产来整理。

现在国际通行的《大藏经》是日本出版的《大正藏》。《大正藏》的错误很多,断句错误几乎每一页都不止一处。至于版本选取也不完善。我国 30 年代山西的赵城金藏相当于世上仅有的古宋本。《房山石经》也是 50 年代出土的世上唯一的石刻珍本。以上两种珍本,日本编辑《大正藏》时还没有见到。我们有条件也有能力编辑一套比过去都完整的《大藏经》,为建设社会主义新文化提供可信资料。

这一倡议,得到国务院古籍整理出版规划小组的批准,于1982 年正式启动。

在开始编辑以前,我们先作了一次现存各种汉文佛经版本普查,走遍了国内外各大图书馆。

《赵城金藏》,刻于金熙宗天眷二年(1139)至金大定十三年(1173)。我们原来估计自"天"至"几"共六百八十二帙,每帙十卷,实数六千九百八十卷。

据题记:

> 昔潞州长子县崔进之女法珍,年一十三岁,断臂出家。发大誓愿,雕藏经版,垂三十年,方刻有成。大定十八年(1178)始印,藏进于朝。敕旨迎经于大圣安寺,建坛受具为比丘尼。仍赐钱千万,泊内阁施钱五百万起运经版。至二十一年至京师。其所进经版凡一十六万八千一百一十三面,为卷六千九百八十。敕命有司选通经沙门道遵等五人教正。二十三年赐法珍紫衣,敕号弘教大师。时永乐九年岁次辛卯仲秋吉杭州仙林讲寺祀殿谨题。

《赵城金藏》本来刻印于山西解州(今山西解县)的静林山天宁寺。正确定名应作"解州天宁寺金藏"。由于赵城县广圣寺首先发现印本,元世祖忽必烈中统年间(1160—1264)在燕京印刷后,散页运到赵城,由庞家经坊黏合装裱成卷,每卷首页加印释迦说法图一幅。因此名"赵城金藏"。

从印本保存的题跋看,应为山西省解州静林山天宁寺。雕版年月从经卷多处题跋看,应在金皇统九年(1149)到金世宗大定十三年(1173)。

据《永乐大典》辑出《析津志》赵渢撰碑记,刻经发起人为崔法珍。

每卷约七千至一万字,全部《赵城藏》约计六千万字。经卷为轴式装帧,每轴由若干版粘合成卷。行十四字,有上栏单线。版头刻经名、卷次、版次和千字文编号小字一行,为了粘卷时不致错乱。首次使用此种装轴式印版的大藏经为北宋初年的《开宝藏》。《赵城金藏》是依《开宝藏》为依据的覆刻本。部分经卷尚留有"开宝""咸平""天圣""绍圣"等北宋年代雕造、印刷的题记。此外,还杂有少数其他版本。开宝本每版二十三行,行十四字。但咸平以后入藏的宋代新译经、律、论、疏释等也有每版十五至二十三行,每行字数十至十六字不等。

金藏雕印完成后,共计印刷过四十三部。现在保存下来的记载,有崔法珍本一部,普照寺照公本二部,兴国院本一部,天宁寺本一部,元宪宗蒙哥六年大宝积寺本一部,元世祖中统年间广胜寺本一部。元世祖后期,印送国外三十六部。

《金藏》共印行四十三部,流传下来只有由不同版本集合而成的 1 部(广胜寺本八百一十三卷,大宝积寺本五百四十卷,兴国院本及天宁寺本各十余卷),共五千三百八十卷,比原来六千九百八十卷尚缺一千六百卷。这已经是世上仅存的卷帙最多的金藏佛经全集,也是稀世之珍。原存广胜下寺,1928 年移贮于广胜上寺。

1931 年冬,朱庆澜、叶恭绰等人发起影印宋元刊本《碛砂藏》,开始收集佛教古刊印本。1932 年夏,僧人性空提供山西赵城广胜寺有大批卷轴装佛经。1932 年秋,南京支那内学院专家根据《赵城金藏》零本,勘定为金元故物。为了考察清楚,派蒋唯心前往考察。经蒋唯心的逐卷核实,写成《赵城金藏简目》并写成《金藏雕印始末考》,1934 年发表于《国风》第 5 卷 12 期,次年南京支那内学院又自行刊印《赵城金藏》介绍。蒋文发表后,引起海内外学术界的普遍关注。1934—1935 年间,由北京图书馆、三时学会(佛教团体)与影印宋版藏经会,共同选印其中四十六种二百四十九卷影印成集,名曰《宋藏遗珍》,还照原书影印过《楞严经》(十卷)四百部流传。现存底本已缺佚,这个影印本已成为珍本了。

1936 年夏,我在北大哲学系,选了汤用彤先生的佛教著作选读。课余,汤先生问我照相技术如何,他想去山西广胜寺查阅《赵城金藏》,选些重要的拍照下来。因事,未能成行。第二年"七七"事变,日军侵华,学校南迁,汤先生在昆明度过了九年,未能去山西看到《赵城金藏》。

1937 年,日本发动全面侵华战争。华北广大地区陷于敌手。1942 年春季,日军对太岳地区发起"扫荡",4 月间,日军要抢夺广胜寺这部闻名世界的"大藏经"。太岳司令员陈赓、政委薄一波、党委书记安子文等同志上报延安党中央,得到指示,同意抢救这一批重要文物①。4 月 27 日夜,安排数百名战士及地方民兵配合,全力抢救经卷。我们的战士抢运时,立下誓言"人在经卷在,与经卷共存亡"。因游击战,行踪不定,为避免战斗中经卷损失,把它藏在废弃小煤窑里,指定专人保管,每年前往察看,晾晒一次。虽然尽力维护,还是有些压在下层的经卷受潮,有霉点,有的卷轴纸张与卷轴结成纸棒,难以打开。

抗战胜利后,《赵城金藏》移交当时北方大学保管,从矿坑搬到通风的阁楼上。范文澜任北方大学校长,对此十分重视。1949 年 4 月 30 日,把全部经卷由河北邯郸运到北京,移交北京图书馆收藏。北图为此召开一次座谈会。范文澜同志谈了此项珍贵文物抢救、保护的经过。北图版本专家赵万里、史学家向

---

① 1986 年初,《中华大藏经》(汉文部分)出版一至十五册后,李一氓同志给当年主持抢救《赵城金藏》仅存的负责人之一薄一波同志写了一封信:"一波同志:金朝所刻佛经,原藏赵城广胜寺,是极为珍贵的佛教典籍和历史文物。抗日战争时期,日寇企图掠夺。当时您和陈赓同志命令所属从敌伪碉堡丛立间奋勇抢运至安全地带。全国解放后,由中央人民政府拨交北京图书馆保存。嗣经北京图书馆用十七年时间精心整理,灿然恢复旧观。1982 年,国务院古籍整理出版规划小组委托任继愈同志主持,即以《赵城金藏》为基础,编成《中华大藏经》,共约七千卷,将分装二百二十册,由中华书局影印出版,现已出十五册,特检送第一册,藉留纪念。一九八六年一月二十日。"

达、晁哲甫等专家要求北京图书馆提出修复预算,政府拨专款抢救。修复经卷不同于一般书画装裱,要求有高等技术,保持原物原貌,有的经卷凝成一团,要用蒸气熏蒸,然后一点一点揭开。集中北京琉璃厂手艺最高的老技师,花去整整十七年的功夫,终于使几百卷的《赵城金藏》重新与读者见面。现在参加修整的韩占魁等四位老师傅早已逝世。他们修整的《赵城金藏》成为他们劳绩的纪念碑。

《赵城金藏》重见天日,列为国家最珍贵的善本,不对一般学者开放,借阅者须经特别批准。图书本来是为读者阅读的,有书不能发挥其社会效益,未免美中不足。学术界特别是有志研究佛教文化思想的学术工作者,希望能把这份国宝变成更有活力的精神财富,世界级的宝库应为全人类有所贡献。

1982 年,国务院古籍整理出版规划小组决定成立"中华大藏经编辑局",由我负责主持这一工作,重新编辑《中华大藏经(汉文部分)》,旨在编辑出版一部迄今为止版本最精,搜罗最全,代表新中国科研水平的《中华大藏经》。

我们没有把佛经整理看作是宗教界的少数佛教徒的事,而是看作中华民族共同的文化遗产之一。这正如中国文化界、学术界把敦煌莫高窟佛教艺术当作全民族的文化宝库而不把它仅仅看作佛教徒的宗教遗迹的道理一样。凡是有价值的文化遗产,理应为全人类所共同享有,共同关心,共同爱护,共同研究,而不能视为少数信奉者的私事。中国的佛教典籍,内容浩繁,它不止是佛教的经典,既是佛书,也涉及哲学、历史、语言、文学、艺术、天文、历算、医药、建筑以及保健气功等领域的包罗万象的古籍,对中国和世界文化都曾产生过深远的影响。

中国历代刊印佛教大藏经,都不外为国家祈福、为国君增寿、为刊印者祈求带来好运气。唯独《中华大藏经(汉文部分)》

的编辑宗旨与过去不一样,它是作为中国古籍整理工作的一部分而上马的。编辑者是为了建设中华民族的新文化,才下决心彻底整理中国佛教的传统文化遗产。

为避免过去刊印的许多种大藏经的缺失,《中华大藏经(汉文部分)》力求做到版本要"精"、内容要"全"。编辑《中华大藏经(汉文部分)》共用了八种版本与《赵城金藏》对校①。《赵城金藏》30年代初被发现后,引起国内外学术界的重视。它是《开宝藏》的覆刻本,装帧、版式保留着《开宝藏》的基本特点。在《开宝藏》几乎散失殆尽的情况下,它不论在版本方面,或在校勘方面都有无可比拟的价值。在我国现存藏经中,未经传世的孤本还有《房山云居寺石经》《辽藏》《元官版藏经》《洪武南藏》《武林藏》和《万历藏》六种。这几种大藏经,除残缺严重者外,多为《碛砂藏》和《永乐南藏》的覆刻本,所收经籍少于《赵城金藏》,不宜作为底本使用。《赵城金藏》所收经籍近七千卷,现存五千三百八十余卷,虽有缺佚,可用《高丽藏》补入。《高丽藏》和《赵城金藏》同属《开宝藏》系统的覆刻本,版式完全一致,用《高丽藏》补《赵城金藏》可谓"天衣无缝"。

《中华大藏经(汉文部分)》以《赵城金藏》为底本,与上述八种版本的大藏经对勘,逐句校对,只刊出几种版本的文字异同,不加案断。我们采用这种办法,有以下几方面的原因:

校勘版本学界习惯于崇信古本,我们经过实际勘察,发现任何版本都不是十全十美,都有不足之处。善本中(包括《赵城金藏》在内)各有优缺点,因此,我们要求集诸版本之长,不主张"定于一尊"。

《赵城金藏》以外的八种版本都有其特点,有的属于海内珍

---

① 高丽藏、碛砂藏、资福藏、径山藏、永乐南藏、普宁藏、房山石经、清藏。

本,有的是世界孤本,都可称为善本。众多善本不但专家学者个人无力备留,即是国家大图书馆也不能八种善本具备。我们借这次编辑整理《中华大藏经(汉文部分)》的机会,集诸善本于一编,有了这一部《中华大藏经》等于同时拥有九种版本的大藏,为庋藏者和使用者、研究者提供了方便。

我们校勘的目的,不在于勘误而在于会同。经过检查,这些不同版本出现的文句异同,多半不涉及义理,往往各有道理(当然也有明显错误的),如果一定由编辑者决定取舍,难免失之武断,徒耗人力,并不科学。还应指出,每一种善本的特殊价值并不是由于它的至美至善,而在于它体现了各自时代的某些特征,这些特征是别的版本不能取代的。如《房山云居寺石经》可谓善本,其中有些石刻佛经体现了《辽藏》的面貌,但其中也有刻工贪图省工,出现许多上下文不相连属的“一”字,从一般校勘原理看与字形、字音、字义或上下的错简毫无关系,只是由于刻工按版计酬,为了省力,又能占满版面,才出现了许多不应出现的“一”字,汉字中只有“一”字笔画最少,刻起来又省力,用来充字数最方便。像这类缺点,并不能动摇《房山云居寺石经》的历史地位,瑕不掩瑜。这里只是说明中国过去雕印的众多版本的大藏经,没有一种是尽善尽美的,《中华大藏经(汉文部分)》的出版,博取众本之长,避免众本之短,会同诸本合校,标出异同,不下案断,正是极端负责的客观精神。

《中华大藏经(汉文部分)》编定《赵城金藏》为底本的上编以后,还将编辑过去未入藏的许多佛教典籍为下编。为此,我们一开始就从最大数量的手写卷子本中进行了普查。敦煌卷子写本中佛经所占比重极大,比世俗的经史文书多得多。半个世纪以来,敦煌学者集中注意于搜求写本中关于社会、经济、民族文化等方面的资料,研究者利用的多为世俗文书,而对其中占绝大多数的佛教典籍注意得不够。手写卷子一则数量大,二则内容专业性比较强,其中断裂的,残缺的,要找到它的归属;有的卷子分裂成几段,有的上段在某国,下段在另一国,也有头尾不全,不易判断归类,这都是很艰巨而又必须做的工作。我们几年来已经一篇一篇地逐件审查,现已初步有了眉目,确实可以从中找出应当收入大藏经的佛教典籍。我们还可以从佛教手写卷子中推断出佛教在河西走廊传播的基本状况和唐代佛教经典大体流行的状况。我们在编辑中务期不发生遗漏,使《中华大藏经》上下编完成后,成为名副其实的"佛教全书",成为超过前人的最完备的版本。

为了使我们的编辑工作做到心中有数,我们花了两年的时间,在国内外开展了一次版本普查。国内走遍九州,并远及海外。

《中华大藏经》体现了中华民族对外来文化的高度融化吸收能力。华人著述在《中华大藏经》中所占比例越到后期越大。汉传佛教如此,藏传佛教也有同样现象①,如宗喀巴的著作在原有的佛教理论基础上有所建树,有所创造,不但丰富了佛教文献,也丰富了中华民族的文化宝库。以上只是举几个例子说明《中华大藏经》汉传藏传可以互补,相得益彰。

人们习惯地认为,佛教来自古印度,从地下挖掘资料和文献记载来看,中国的佛教最初来源不在印度,而在中亚(古称西

---

① 佛教文化不限于汉族。佛教大藏经除了汉文部分已开始工作了六年,藏文部分也由藏学研究中心负责着手编辑。这也是《中华大藏经》,由于中华民族包括多种民族成分,不同文种的大藏经将会给中华民族的文化建设带来新的繁荣昌盛新局面。比如佛教汉译本中,有关因明的部分比较薄弱,而藏文大藏经则保留较多,因明在藏传佛教中有所发展。将来随着研究工作的开展,汉藏两种大藏经得以互相补充,必将使中国的因明研究有所突破。

域）。新疆地下发掘文物中,有不少残存佛经,文字也多为当地语文。晋朝名僧、翻译家道安指出"译胡为秦"的种种困难。胡语不等于梵语,当时译经僧人都明白这一点。他们多自西域来华,用口诵记忆来提供译文,后来中印交通条件有所改善,才有较多的梵夹携来,供中国僧人笔译。

当我们今天看到以《赵城金藏》为底本,编辑成《中华大藏经(汉文部分)》上编一百零六册全部出版之际,我们自然想到当初支持这部重要文献编辑工作的李一氓同志。他前半生从事革命军旅生涯,解放后,从事外交工作。他晚年承担了古籍出版规划工作,这是一项为子孙后代建立基业的大事。如果不是李一氓同志的远见卓识,大力支持,这部《中华大藏经》也许要拖延到21世纪才能启动。到那时,物质条件会比现在好,但人力条件将更困难。这部佛教资料总集早一天问世,就能早一天对社会产生效益。《中华大藏经》在历代大藏经中增加了一个新版本,丰富了佛教文献资料宝库。

四

我考入北大哲学系时,北大哲学系的教授们专重讲佛教哲学的比较多。高年级同学向我介绍,熊十力先生讲《新唯识论》,马叙伦先生用佛教唯识宗的观点讲《庄子》。汤用彤先生讲佛教课,也讲佛教以外原著选读如《金七十论》《胜论》《入阿毗达磨论》,从最基本处打开了阅读佛教典籍的大门。后来又选修熊十力先生《佛家名词浅释》(此书正式出版时改称《佛家名相通释》)。他以古代《百法明门论》《五蕴论》为基础,用他自己的语言加以发挥。他的发挥虽不尽符合佛教原旨,但这个基本训练对我后来自学佛教典籍打下了基础。选修课有周叔迦先生讲

"天台宗",林宰平先生讲"中国哲学问题",也经常涉及佛教问题。外系周作人讲散文,选的有《杂譬喻经》。周讲课口才欠佳,但佛经文学颇能引发学生兴趣。特别是古代汉译佛经的一些习惯用语,既非印度的,又不同于中国传统的古汉语,而是一种独特的佛经汉译文体。

大学毕业时正当抗战开始,我的毕业论文是关于朱熹的哲学。朱熹的哲学用大力批判二氏(佛、老)。他反对二氏,却处处透露出他身上二氏的影子。我开始注意到,要研究中国的理学,必须上溯其源头。在读研究生时,即有意关注宋以前的社会思潮。宋以前,五代上溯到南北朝,首先碰到的是佛教。佛教思想成了打通中国哲学发展的一道隘口。隘口不打通,中国哲学史就通不下去。我的研究生论文为《理学探源》,重点放在魏晋、隋唐这一段。这也许是我与佛教文化若干年前的一段因缘吧。

国家委托整理、编辑《中华大藏经》,我虽知困难大,人手不足,但还是勇敢地承担下来了。

照我国当时的惯例,要报告上级,要编制,要分配大学生,成立机构等一系列的程序。我们没有走这一条路,而是采用现在正在推行的人才聘任制,人才公开招聘,试用上岗,一年一聘。这样,我们根据工作需要,任务的难易缓急,在北京招聘离退休的中学教师和机关干部。这些应聘者都是愿意干这一行的,有责任心。人员少的时候有五、六个人。开始打基础,定规模,我和几位研究生、世界宗教研究所佛教研究室的少数骨干参加。后来,工作开展起来,聘用人员多达五六十,六七十。其中老年人有七八十岁的,青年人有二十来岁的。文化程度较高的,从事校勘;青年人眼明手快,从事照片修整。制订了作业流程,流水作业。上下工序交接时要签字,责任分明。每年按成绩评奖。春秋季节,组织旅游。十年来,这个工作集体总人数约二三百人,人员不断更新。编辑工作结束时,大家依依不舍,十分留恋这个松散的集体。

面临 21 世纪,是摆脱贫困、走向富强的时期,是进一步推动祖国现代化的时期。每一个爱国的知识分子,都要给自己的专业定位,看看自己应当做什么,能做什么。从文化建设、精神文明建设这个任务来看,我们这一代人正处在为文化、精神文明建设,积累资料、整理资料的时期。社会主义文化高潮必将到来,那是 21 世纪后半段的事。因为文化工作、精神文明建设只能走在经济建设的后面,而不可能超前。这是古今中外的通例。

真正反映社会主义新文化的辉煌成果,传世的伟大思想体系的出现,要有三个条件,缺一不可:

第一,有经济繁荣、社会安定的环境;

第二,有充足的资料(中、外、古、今)积累;

第三,有卓越的思想家群体。

以上三个条件,第一、二两条正在发展前进中。当一二两条形成规模后,才有可能产生卓越的思想家群体。我们这一代知识分子,自己给自己定的任务是做文化资料积累工作,培养青年人,为后来人做些必要的准备工作。

自知无经天纬地之才,尽个人有限能力,做成一两件事,免得让后人再行返工,问心无愧就算不错了。

《中华大藏经总目》序 *

　　1982 年,在北京召开了规模空前的全国古籍整理出版规划会议,集中全国有关专家学者共商古籍整理出版大计。会议在京西宾馆一连开了好几天。这是以国家名义召开的,向全国、全世界宣布"四人帮"被粉碎后,告别极"左"思潮,中国政府重视古代文化,有计划、有步骤地以科学方法清理中国古籍的大会。与会者进一步加深了印象:我国古籍之丰富,学科门类之广泛齐全,为世界所仅见,是世界文化宝库中不可或缺的重要组成部分。

　　古籍规划讨论中,对流传在社会上的经史子集都做出近期、远期的整理出版规划,人力物力都做了安排。在开会期间,我发现大会议题没有把佛教大藏经考虑进去,便于当天写出一份《中华大藏经》整理出版建议提交给大会。大会认为整理、研究佛教典籍,不只是佛教信奉者们的事,也是全国人民共同的文化事业;况且佛教、道教典籍卷帙浩繁,亟待整理,便立刻采纳了这个建议,把佛教、道教古籍整理工作列入国家规划。《中华大藏经》整理出版工程从 1982 年正式启动。

＊　据《皓首学术随笔》。《中华大藏经总目》,中华书局,2004 年 1 月版。

　　大会委托我负全责。我会同几个学生,先做普查版本的基础工作。最初只有五个人,随着工作的开展,人员逐步增加。对外联系原来叫作编辑小组,李一氓同志说,叫作"组",名称与实际不相符,叫作"编辑局"为好。这个"局"并不是一个行政实体,只是个"假名",十几年来连个公章也未刻。因当时我担任世界宗教研究所所长,所以国家划拨经费、财务收支均由世界宗教研究所财会人员代管,中华书局负责印刷、出版。1987 年,我调到北京图书馆(现称国家图书馆),这个"编辑局"的工作地点又集中到北京图书馆,直到全书完成。

　　有了国家财力的支援,要编出一部既能满足佛教信奉者供奉咏诵的需要,又要供全国各界人士用来阅读、研究的可信的文献资料,就要超越古人以某学派、宗派为尊的宗派成见,要尽力避免已出版的十几种大藏经的印刷造成的差错,还要吸取过去已有佛教大藏经的特点,不抱成见,亦不盲目崇古,使其成为一部符合时代要求、反映时代面貌的佛教全书。

　　在编书之前,我们先在国内外进行普查,了解大藏经在国内外现存的状况及版本情况。还通过海外各界友好人士,及我国出国访问、进修学者,了解佛经流散在海外的情况。经过普查,并对照各主要版本进行比较,从第一部雕版大藏经《开宝藏》开始,直到清代的大藏经及民国以后铅字排印的大藏经(包括世俗典籍经、史、子、集)。我们认为所谓善本的"善",并不在于它的完美无缺,而在于它反映了该书的时代特点。世上没有尽善尽美的"善本"。从雕版佛经开始,至今已有千年历史,选任何一种为主,都不能代表佛教在中国的真实面貌。经过反复比较,最后选定山西《赵城金藏》为基础(原称为底本,后认为不太准确),与另外八种不同时代的大藏经逐字逐句对勘,发现文字歧异时,只指出它们的异同,而不判断其是非。这样,一编在手,等于同时拥有九种大藏经呈现在读者面前。这是历代汉文大藏经众多版本中最具时代特色的一种新版本。全体编辑者相信,我们为保存祖国文化遗产,为推进新时代文化建设尽了一份心力。

一 现存汉传大藏经概况

根据现有资料,汉传大藏经大约有下述三种情况:

(一)唐代以前的写本藏经。唐写本藏经虽然在不同的历史时期曾有过不同的形态,所收经籍数目也不一致,基本上可用"会昌废佛"后通行全国的《开元释教录》作代表,共入藏一千零七十六部,五千零四十八卷,千字文编次由"天"字至"英"字四百八十帙。

(二)宋代以后的木版雕印本,根据现在掌握的资料,共有二十种不同版本。其中散失殆尽,基本不存者四种——《开宝藏》、大字本《辽藏》、小字本《辽藏》《元代官刻大藏经》。现存的十六种中,国内版本十二种,国外版本四种。其中国内版本为:

一、《崇宁藏》,1080—1104 年刻造,全藏五百八十函,千字文编次天字至号字,入经一千一百四十部,六千一百零八卷。国内存有零本。

二、《毗卢藏》,112—1151 年刻造,全藏五百九十五函,千字文编次天字至颇字,入经一千四百五十一部,六千一百三十二卷。国内存有零本。

三、《思溪藏》,又称《圆觉藏》,北宋末年刻造,1132 年完成,全藏五百四十八函,千字文编次天字至合字,入经一千四百三十五部,五千四百八十卷。其后照原版式扩充补雕,全藏达五百九十九函,千字文编次天字至最字,入经一千四百五十九部,五千九百四十卷,改称《资福藏》。国家图书馆藏五千三百余卷,其中杂有若干《碛砂藏》本及日本抄补本。

四、《赵城藏》，1149—1173 年刻造，全藏六百八十二帙，千字文编次天字至几字，入经一千六百余部，共六千九百八十卷，现存五千六百余卷。国家图书馆及西藏萨迦北寺藏，但其中杂有明代万历二十年（1592 年）及清代雍正九至十一年（1731—1732年）根据明永乐南藏本抄补的二百余卷在内。

五、《碛砂藏》，约在 1225—1322 年刻造，全藏五百九十一函，千字文编次天字至烦字，入经一千五百三十二部，六千三百六十二卷。陕西、山西及国家图书馆均有存，但都略有残缺。1931—1933 年时，曾据陕西所藏本影印过五百部，缺佚者以资福、普宁、永乐南藏及陆道源本、亦黑迷失本等补入。影印本共六十函，五百九十三册（经文五十九函五百九十一册，目录一函二册），约较原大缩小二分之一；但仍缺十余卷。近年来，《碛砂藏》缺佚的经卷又有所发现。

六、《普宁藏》，1277—1279 年刻造，全藏五百五十八函，千字文编次天字至感字，入经一千四百三十部，六千零四卷，此后又补入约字函七部六卷，加上武字至遵字号遗失目录的秘密部经轨二十八函，共五百八十七函，近一千五百部，六千余卷。云南、山西、江苏等省均有存。

七、《洪武南藏》，1372—1398 年刻造，全藏六百七十八函，千字文编次天字至鱼字，入经一千六百部，七千余卷。此藏在 1408年版片被焚，印本仅存一部，略有残缺，并杂有部分坊刻本及抄补本在内。现藏四川。

八、《永乐南藏》，约 1408—1419 年刻造，全藏六百三十六函，入经一千六百一十部，六千三百三十一卷。全国现存者很多，仅北京地区估计即在五部以上。

九、《永乐北藏》，1421—1440 年刻造，全藏六百九十三函，千字文编次天字至史字,入经一千六百六十二部,六千九百三十卷。全国各图书馆、佛教寺院现存者较多,北京地区估计在十部以上。

十、《径山藏》,又称《嘉兴藏》,1589—1676 年刻造,全藏分为"正藏"二百一十函,用千字文编次,系永乐北藏的覆刻本;"续藏"九十函,收入藏外典籍二百四十八种,约三千八百卷;"又续藏"四十三函,续收藏外典籍三千八百种,约一千八百卷,总计为三百四十三函,二千零九十部,一万二千六百余卷。北京、云南、浙江存有全藏近八部。

十一、《清藏》,1735—1738 年刻造,全藏七百二十四函,千字文编次天字至机字,入经一千六百六十九部,七千一百六十八卷。经版现存,全藏印本所存者亦多,1935 年还印刷过二十二部,北京地区大约有五至十部。近年曾修复重印。

十二、《毗陵藏》,20 世纪初由江苏常州天宁寺配合金陵刻经处刻造,依据《清藏》重刻,但版式改为方册本。收经数目亦较《清藏》有所增加。

国外雕版本为:

一、《高丽藏》,共刻造过二次,初刻本传世稀少,版片被焚毁;再刻本系 1236—1251 年刻造,版片现存。全藏六百三十九函,千字文编次天字至洞字,入经一千六百二十四部,六千五百五十八卷。

二、《天海藏》,1637—1648 年刻造的活字版,据元代《普宁藏》而有所增减。全藏六百六十五函,千字文编次天字至税字,入经一千四百五十三部,六千三百二十三卷。

三、《黄檗藏》,1669—1678 年刻造,系以《嘉兴藏》正藏为底本而有所增补。全藏七百三十四函,入经一千六百一十八部,七千三百三十四卷。版片现存。

(三)汉文大藏经的排印版本,共有六种,国内二种,国外四种。

国内版本:

一、《频伽藏》,1909—1913年排印,全藏四十函,千字文编次天字至霜字,入经一千九百一十六部,八千四百一十六卷,四百一十四册(目录一册)。系以日本《弘教藏》为底本而略有变动。

二、《普慧藏》,1943年编印未完的一部汉文大藏经,原计划以汇集南传北传诸经论,校正前代印本之漏误,改订翻译名义之异同,广事搜集各藏以前之遗佚为目的;经过数年经营,只印出一百册,内容有其他各藏未曾收入的部分经、论、疏释及日译本转译的南传入藏经中部分典籍。这是一部未曾编纂完毕的大藏经,发行面不广。印出的存书在20世纪六七十年代被毁弃。近年有重印。

国外排印本:

一、《弘教藏》,1880—1885年编印,全藏四十函,千字文编次天字至霜字,共四百一十八册,入经一千九百一十六部,八千五百三十八卷。

二、《卐字藏》,1902—1905年编印,据《黄檗藏》校排,共三十七函(目录及索引各一函),三百五十七册,入经一千六百二十二部,六千九百九十卷。印就后不久,即失火被焚,流传甚少。

三、《卐续藏》,1905—1912年编印,为《卐字藏》的续编,内容系广泛收罗中国及日本所存历代未曾入藏的佛教典籍汇编成书,曾受到金陵刻经处杨仁山及国内各大寺院和其他佛教居士们的大力支援。全藏入经一千六百五十九部,七千一百四十三卷,共一百五十一函,七百五十一册(目录一函一册)。印就之后,存书和《卐字藏》所存者一同被焚。民国初年商务印书馆曾影印过五百部发行。其后日本编辑重排为《新纂卐续藏》。

四、《大正藏》,1924—1934 年编印。全藏共一百册,正藏五十五册,续藏三十册,别卷一十五册(图像一十二册,总目录三册)。正藏入经二千二百三十六部,九千零六卷,除传统入藏诸经、律、论、法之外,包括部分遗佚经论在内,续藏第五十六—八十四册,为日本佛教徒有关经疏、论疏及各宗派的著述;第八十五册收入南北朝及唐代古逸经和疑伪经及疏释等一百八十九种。

综观以上三种情况,历来入藏的基本经籍最少为一千种左右(包括《房山石经》的九百六十余种在内),最多者为二千二百余种,平均数约在一千六百种左右。这是宋元明清各藏入经的基本数目,加上各藏特有的经籍,计《房山石经》约七十余种,《嘉兴藏》五百余种,《频伽藏》三百余种,《大正藏》六百余种(包括第八十五册的古逸疑伪诸经在内),《续藏》一千六百余种,其他各藏特有的少数经卷等,共约三千余种,除去重复,约二千五百种左右,加上传统入藏的基本数目一千六百余种,现存汉文佛教经籍总数约四千一百余种(《二十二种大藏经通检》总数为四千一百七十五种)。

佛教是中国传统文化中与儒、道并尊的三大宗教的一个重要流派。我们有必要编纂一部新的大藏经,所收佛典理应概括全面。采用影印办法,既可避免排字造成新的差错(日本《大正藏》即是前车之鉴),又可以保存善本古籍原貌;省去了繁重的排字校对的过程,还能大大缩短印刷时间。基于上述考虑,我们决定采用现存最有文物价值的《赵城金藏》为基础,所缺佚者以《高丽藏》等历代藏经补入。

二 关于《赵城金藏》的刻印和流传

《赵城金藏》是我国金代(1115—1234)民间募资雕刻的佛藏。全书采用千字文编号次序,自"天"字起至"几"字止。计六百八十二帙,每帙基本为十卷,或略有增减。全藏计六千九百八十卷。卷轴装帧,每轴由若干版粘合成卷。绝大部分版式为每版刻二十三行,行十四字,有上下栏单线。版头刻经名、卷次、版次和千字文编号小字一行,遵循我国第一部木版雕印《开宝大藏经》的模式。部分经卷尚留有"开宝""咸平""天圣""绍圣"等北宋年代的题记等,也还杂有少数其他版本的痕迹。也有少数卷帙改为每行十五字、十六字的。与山西应县木塔中发现的十二卷《辽藏》相较,有一致处,或为《辽藏》版本的覆刻。

《赵城金藏》不仅保留了散失殆尽的《开宝藏》和《辽藏》覆刻的原貌,还有少数卷帙为辽代坊刻本,为研究木刻雕版提供了可贵的参考资料。

《赵城金藏》的刻造地并不在山西赵城,而是在山西的解州(今晋南地区解县)西十公里的静林山天宁寺。这部大藏的全名应叫作《解州金藏》更符合实际。由于这部金藏首先在赵城被发现,又由于元世祖忽必烈中统年间(1260—1264)在燕京印成后,将散页运到赵城,由庞家经坊黏合装裱成卷,并在每卷加上广胜寺刊印的"释迦说法图"一幅。因此命名为《赵城金藏》,沿用至今,也算事出有因。

这样一部在佛教大藏经中卷帙很多的藏经绝非一朝一夕可以完成,从经尾题跋中可以见到最早为金熙宗完颜亶皇统九年(1149 年,相当于南宋高宗赵构绍兴十九年),最迟为金世宗完颜雍大定十三年(1173 年,相当于南宋孝宗乾道九年)。还在经卷题记中发现有海陵王完颜亮天德三年（1151 年，相当于南宋高宗绍兴二十一年），贞元元年、三年，正隆二年、三年等年号。但未发现刻经人的姓名。《金史纪事本末》卷三〇，李有棠引旧文及《日下旧闻考》卷一五五存疑引《析津志》弘法寺条有"大定十八年（1178）潞州崔进女法珍，印经一藏进于朝，命圣安寺设坛为法珍受戒为比丘尼。二十三年（1183）赐紫衣为弘教大师，明昌四年（1193 年，相当于南宋光宗赵惇绍熙四年）立碑石，秘书丞兼翰林修撰赵沨记，翰林侍讲学士党怀英篆额"。《永乐大典》卷四六五〇记载："弘法在旧城。金大定十八年（1178）潞州崔进女法珍印经一藏进于朝。命圣安寺设坛为法珍受戒为比丘尼。二十一年（1181）以经版达于京师。二十三年（1183）赐紫衣为弘教大师，以弘法寺收贮经版及弘法寺两地与之。明昌四年（1193）立碑石，秘书丞兼翰林侍讲学士党怀英篆额。"赵沨碑已不存，但碑文仍在。1992 年，中国国家图书馆研究员李际宁整理《碛砂藏》时，发现鲍善恢补刊经版卷尾的"题记"中有《敕赐弘教大师雕藏经版院记》：

> 潞州长子县崔进之女，名法珍，自幼好道，年十三岁断臂出家。尝发誓愿雕造藏经，垂三十年，方克有成。大定十有八年（1178），始印经一藏，进于朝。奉敕旨，令左右街十大寺僧，香花迎经，于大圣安寺安置。既而宣法珍，见于宫中尼寺，赐坐设斋。法珍奏言："臣所印藏经，已蒙圣恩安置名刹，所造经板亦愿上进，庶得流布圣教，仰报国恩。"奉诏许之，乃命圣安寺为法珍建坛，落发受具，为比丘尼。仍赐钱千万，洎内阁，赐五百万，起运经板。至二十一年（1181）进到京师。其所进经板凡一十六万八千一百一十三，计六千九百八十为卷。上命有司选通经沙门导遵等五人校正。至二十三年（1183），赐法珍紫衣，号弘教大师。其导遵等亦赐

紫衣德号。其同心协力雕经版杨惠温等七十二人,并给戒牒,许礼弘教大师为师。仍置经板于大昊天寺,遂流通焉。韪哉! 眷遇之隆,古未有也。(中略)今弘教大师备修苦行,以刊镂藏板为本愿。于是协力助缘刘法善等五十余人,(中略)助修经板胜事,始终三十年之久方得成就。呜呼,可为难也哉! (后略)

赵沨碑亡于明中期,此碑文不期于明初鲍善恢的《碛砂藏》题记中发现。《日下旧闻考》《金史纪事本末》《析津志》《永乐大典·顺天府》等书均以赵沨碑为基础,辗转引述。此前,蒋唯心、童玮均对《赵城金藏》进行了有益的介绍。

金藏雕版完成后,印刷传布情况未见记载。见诸文字的,有大定十八年(1178)崔法珍一部,大定二十九年(1189)普昭寺昭公本二部,金大安元年(1209)兴国院本一部,天宁寺本一部(年代不详),元宪宗蒙哥六年(1256)大宝积寺本一部(燕京南卢龙坊张从禄施印),元世祖忽必烈中统年间(1260—1264)广胜寺本一部,元世祖忽必烈至元年间(1264—1294)印送外国三十六部。《赵城金藏》刻成后,百余年间有记录的印刷发行的只见到以上四十三部。目前尚存的只有广胜寺本四千八百一十三卷,大宝积寺本约五百四十卷,兴国院本及天宁寺本各十余卷,共五千三百八十余卷,国内已难以凑成完整的一套,流散到日本还有一些残本。

元代以后,金藏原版曾有过两次补雕。第一次在元代窝阔台执政时期(1229—1242),由中书省耶律楚材请设“编修所于燕京,经籍所于平阳,编集经史”。其《湛然文集》卷一四有诗云:“十年天下满兵埃,可惜金文半劫灰。欲剖微尘出经卷,随缘须动世间财。”元代至元二十二年(1285),大都道者山云峰禅寺住持如意禅师祥迈《至元辨伪录》卷四:“大元启祚,眷意法门。太祖明诏首班,弘护兹道。太宗则试经造寺,雕补藏经。"木版易朽,且经战乱,此次雕补版片约占全藏的四分之一。有雕补年月的有五处,我们《中华大藏经》中所据《赵城金藏》本均有记载。集资赞助者有政府官员,有寺院住持僧人,也有民间男女信徒。

元太宗补版《赵城金藏》前数年,南宋朝私版《碛砂藏》在吴县延圣院刻成。宋理宗端平元年(1234)编定目录(天字至合字共五百四十八函)。二十四年后,宝祐六年(1258)延圣院失火,经版被毁。元大德元年(1297),松江府僧录管主八主持补刻碛砂经版,共千余卷。增入"济"字至"感"字,增收《宗镜录》一百卷十函。元大德十年至十一年(1306—1307)增入从大都弘法寺中选出南方版本藏经中所缺的密宗经典八十七种二百八十二卷。

元代武宗到明代神宗的近三百年间,广胜寺迭经兴废,藏经颇有散失。中间曾经抄补。明清易代,又有散失。清雍正年间寺内开展过一次抄补缺卷工作。20世纪30年代蒋唯心住寺调查时,此类抄本尚存二百零七卷,现在此类补抄本已损失过半。此补抄本以寺内所藏《永乐南藏》为底本,故千字文编号与《赵城金藏》不同,间有误抄处。

1932年《赵城金藏》被发现后,附近村民进寺游览,信手取走,用来糊窗补壁,也有保存一两卷用以辟邪祈福。范成在寺院整理经卷时曾劝说村民送还,并出资购回二百余卷。其后外地古旧书商闻讯,不断派人前往收购,倒卖图利。抗日战争前,北京图书馆曾购得一百九十二卷。其他图书馆、博物馆、私人藏书家也有从书肆购藏的。全国解放后,个人收藏的零星经卷捐献给北京图书馆收藏,张筱衡、周叔弢、徐森玉、周一良、贾敬颜等人捐赠共一百五十九卷。分散收藏在上海图书馆、山西省图书馆、北京大学图书馆、南京博物馆、山西省博物馆、广西博物馆、赵城广胜寺、太原崇善寺、台北"中央研究院"等各机关三十三卷。蒋唯心调查时这些经卷中的一部分尚在,后来才流散出去,另有一部分是早已散失的。

1931 年,朱庆澜、叶恭绰等人发起,将陕西省开元寺和卧龙寺所藏之宋元刊本《碛砂藏》影印流通。由比丘范成负责调查各寺庙中所藏古本佛经中可补碛砂缺佚卷册者。1932 年夏,范成在西安遇一老僧性空从山西五台山归来,向范成提起山西赵城县广胜寺有四大书橱古本藏经,为卷轴装帧。范成根据这一重要资讯,随即赴山西赵城县,至洪洞千佛寺即发现十卷,到达广胜寺后,与带去的《大藏圣教法宝标目》逐一核对。范成在广胜寺发现古本藏经后,即电告上海"影印宋版藏经会",称赵城古本藏经中发现未经传世的"经""论""疏解""杂著"等四十六种。后由徐鸿宝赴广胜寺商洽,将这四十六种金藏特有的孤本典籍运至北京、上海拍照,1934—1935 年间,由北京图书馆、三时学会和"影印宋版藏经会"分别编成《宋藏遗珍》。另有保存完好的《楞严经》十卷,与通行本对校,勘出百余字的异同。照原样影印四百部,仿原来装帧出版。可惜此书原本现已缺卷二、卷三、卷八,这个复制本也成了珍本。

1932 年秋,南京欧阳竟无主持的支那内学院将赵城古藏经零本勘定为金元故物。为了查清实况,遂派蒋唯心前往山西赵城广胜寺做进一步考察。蒋唯心住在广胜寺内,逐卷检核,判定和区分兴国院本和元代初年弘法寺补雕本,旁及明万历、清雍正两次补抄的情况,并考证金藏雕印始末,对照高丽大藏经目录,参考《至元法宝勘同总录》,编定了《赵城金藏》简目。他的介绍文章 1934 年出版单行本。蒋唯心是向海内外全面介绍《赵城金藏》的第一人。他的考察报告引起了全国专家的注意,也引起了日本学者的注意,后来侵华日军也把它列为文物掠夺的对象。

二 《赵城金藏》的抢救和修复

（一）抢救

1937 年，抗日战争爆发前，山西广胜寺上寺弥陀殿的十二个藏经柜共贮有藏经三部半，计有：1. 金刻卷轴装大藏经一部；2. 明初刻印《永乐藏》一部；3. 影宋本《碛砂藏》一部。此外还有清刻《龙藏》，不全，只能算半部。

1939 年 7 月，日本侵略军侵占山西省雁北。广胜寺力空和尚为防止日寇掠夺，即将《赵城金藏》五千多卷砖砌封存在广胜寺上寺飞虹塔内。中国人民深知，日本侵略军除烧杀掠夺财物外，还有计划地掠夺中国文物。以《枫桥夜泊》闻名世界的苏州寒山寺钟即被日军劫走，该钟至今下落不明。文物古籍也被他们视作掠夺的猎物。当时广胜寺西十五公里处的明姜村有一个日军据点，驻一个小队；西南面同蒲铁路沿线有敌碉堡五六处；西南十五公里洪洞县驻日军一个大队；正南七公里的苏堡镇驻日军一个小队；南面的日军已逼近广胜寺二公里处山下的道觉村。除通往抗日根据地的寺东北方向外，三面均有敌人。1942 年春天传出消息，驻占赵城道觉村的日军要来抢取广胜寺的《赵城金藏》。1942 年 4 月 17 日，由八路军与地方武装把全部经卷安全转移出去。日军率部来抢夺时，迟了一步。

《赵城金藏》转移到亢驿后，存放在机关院内。本来计划转运到沁源县太岳区驻地保存，未及运走，日寇发动了"五一"大扫荡。八路军带着经卷，马驮人背，与敌人周旋于崇山峻岭之间。反扫荡结束后，才把经卷送到沁源县太岳行署。

当时日寇骚扰频繁，沁源县也不是绝对安全的地方，遂由太岳区主任牛培琮派人把经卷运到山势险峻的绵山县，藏在一座废弃的煤矿内,指定专人负责保管,每年前往查看,搬出晾晒。但由于矿洞内渗水潮湿,部分经卷受潮发霉,粘速成块,无法打开。

抗战胜利后,晋冀鲁豫边区政府决定将《赵城金藏》交给北方大学保存。经卷运到后,正值北方大学西迁,经卷运到涉县温村,存放在一所天主教堂内,由北方大学校长范文澜派张文教负责前往看管。张文教接管后,把经卷由温村搬到长乐村一个通风干燥的小阁楼上保存,未再转移。

1949 年北平解放后,经华北局书记薄一波批准,电令太行行署将《赵城金藏》运到北平,交北京图书馆(即今天的国家图书馆)收藏,共有四千三百卷,又有九大包。《人民日报》于 1949 年 5 月 21 日发布了《赵城金藏》运抵北平的消息。

(二)修复

北京图书馆于 1949 年 5 月 14 日邀请文化教育界专家多人举行展览座谈,并会商修复和保存的办法。北京图书馆赵万里介绍"《赵城金藏》的源流和价值",张文教报告守护和护送的经过,范文澜介绍共产党重视文化遗产的政策。晁哲甫建议北京图书馆制定修复计划,请政府拨给修复专款。会后北京大学向达教授撰写《记〈赵城金藏〉的归来》一文,发表在 5 月 23 日的《人民日报》上。

《赵城金藏》入藏北京图书馆善本部,由馆内修整组负责揭裱。文物版本专家郑振铎、齐燕铭多次来北图视察修整情况。有的经卷因受潮、挤压,结成纸棒,修整难度极大,进展缓慢。最后由韩占魁等四位装裱书画的高手承担下来,采取特殊工艺手段,经过十七年努力,终于把这部稀世瑰宝修整完毕,可供阅读。

四 《中华大藏经》不同于历代刊行的大藏经

汉文大藏经以其篇幅宏大、版本众多、历时久远闻名于世。雕版印刷术以前,佛经传播靠手写流传。南北朝时北方已有摩崖石刻佛经,刻凿在岩石上,与造像祈福同一目的。隋代已开始用石板刻经,那是为了保存佛教经典,以防止兵燹战乱的破坏。刻在石板上,每块石板重达百斤,利于保存,但不便阅读。10世纪,北宋开宝年间开始以木版印藏经,世界上第一部雕版大藏经问世,世称《开宝藏》。后来历辽、金、元、明、清都曾投入大量人力物力雕造藏经。现存公私家刊印的"大藏经"达二十种之多。辛亥革命后,还出版过铅字排印的两种"大藏经"——《频伽藏》和《普慧藏》。在国外,汉文版藏经有《高丽藏》《黄檗藏》《弘教藏》《卍续藏》《大正藏》等。纵观国内外已出版的各种"大藏经",都有这样那样的缺点,今天看来都不算理想的版本。

为了避免过去各种大藏经的缺点,我们编印的《中华大藏经》力求做到版本要"精",内容要"全"。我们慎重考虑,选用了八种有代表性的不同版本的大藏经,以《赵城金藏》为基础,进行对校。

《赵城金藏》是北宋《开宝藏》覆刻本,装帧、版式保有《开宝藏》的特点,在《开宝藏》散失殆尽的情况下,不论在版本方面、校勘方面,它都有无可比拟的价值。

国内现有藏经中未经传世的孤本还有《房山云居寺石经》、《辽藏》(又称契丹藏,用名不妥,因为它用汉文而不是契丹文)、《元代官刻大藏经》《洪武南藏》。这几种大藏经多为《碛砂藏》和《永乐南藏》的覆刻本,所收典籍均少于《赵城金藏》,不宜用作基本参校本。《赵城金藏》收录佛典近七千卷,现存五千三百八十余卷,虽有缺佚,但可用《高丽藏》补入。《高丽藏》与《赵城金藏》同属《开宝藏》系统的覆刻本,版式基本一致,用《高丽藏》补《赵城金藏》自然协调,便于操作。

《中华大藏经》的校勘方式亦与过去有所不同。《中华大藏经》编辑者申明以《赵城金藏》为基础而不说以《赵城金藏》为底本,是经过考虑的。

《赵城金藏》长期存放在矿洞中,有的经卷水湿、霉变,字迹有残损、有漫漶。在抢救搬运中,卷帙有破损。虽经过北京图书馆的精心修整,基本恢复旧貌,但有些经卷水浸后有霉点,原件可以辨认,照相制版后即不够清晰。我们还要在底片上除去霉点。有残缺不全的字,确定为某字的,如"菩萨"有缺损一半的,即用《赵城金藏》中相同的字剪贴补足。经卷中遇到一行半行或一版半版漫漶不清的也用此法补足。遇到整卷缺佚的,即用《高丽藏》补,并在该卷校勘记中说明。按照传统校勘义例,虽经过编辑人员慎重加工,《赵城金藏》已不能称为底本,而只能说是以它为基础。《中华大藏经》成为中国众多版本大藏经之后的另一种新版本,字迹清晰,既可供佛教信徒咏诵,又可为研究提供可信的原始资料。

《中华大藏经》以《赵城藏》为基础,与另外八种版本的大藏经对勘。这八种版本是《房山云居寺石经》《资福藏》《影宋碛砂藏》《普宁藏》《永乐南藏》《径山藏》《清藏》《高丽藏》,九种藏经逐句校对,只勘出各种版本文字的异同,不加案断。

我们校勘的目的,不在于勘误订正,而在于会同比较。因为我们长期整理中国古籍的经验表明,不同版本出现的文句异同,多半不涉及义理,古籍版本出现文字异同各有道理(当然也有明显错误的),如果一定要由编者决定取舍,难免失之武断,徒耗人力,并不科学。

　　还应指出，每一种善本的特殊价值并不真正由于它的至美至善，而在于它体现了各自时代的某些特征。这些特征是别的版本不能代替的。如《房山云居寺石经》可谓善本，其中石刻佛经体现了《辽藏》的风貌。但也发现有的刻工为了贪图省工，出现了许多与上下文不相连属的"一"字。从一般校勘原理看，这些"一"字与形、音、义的错简毫无关系，只是由于刻工按版计酬，为了省力，又能占满版面，才出现了不应出现的许多"一"字。汉字中只有"一"字笔画最少，刻起来省力，用来充字数最方便。像这类缺点，瑕不掩瑜，并不能动摇《房山云居寺石经》版本价值的历史地位，这里只是说明中国过去雕印的众多版本的大藏经没有一种是尽善尽美的。《中华大藏经》为读者提供一个会同诸本的机会，标出异同，不作案断，正是极端负责精神，尊重读者、研究者的判断能力。一卷在手，等于同时拥有九种版本的大藏经，为研究者提供了空前的方便，这是《中华大藏经》出版以前任何图书馆都无法办到的。

　　《中华大藏经》上编完成后，我们编辑者已准备编辑"下编"。"下编"将包括历代无千字文帙号部分与新编入藏部分，重点放在过去未入藏的佛典文献，以及逸散在前代大藏经之外，以及近百年新出的佛教文献，它包括：（一）近代由梵文、巴利文、藏文、蒙文等各种文字译为汉文的佛教典籍；（二）敦煌藏经洞保存的大量佛教典籍；（三）正史、地方志、丛书、类书、个人文集中保存的有价值的佛教资料；（四）与佛教有关的金石资料；（五）近现代的佛教著作与有价值的资料等。下编完成后与上编并立，为我国储备一套完整的佛教文献资料，《中华大藏经》将成为名副其实的一套汉文佛教全书。值得欣慰的是，在国家支持下，《中华大藏经》下编工作已于 2002 年 4 月开始启动。因为我们已有了编辑"上编"的经验，可以比"上编"较快地出版问世。

五　《中华大藏经》的完成

　　《中华大藏经》在国家大力支持下,1982 年开始编辑,1986
年初,已出版到第十五册时,古籍整理出版规划小组负责人李一
氓同志给薄一波同志写了一封信:

　　　　一波同志:

　　　　金朝所刻佛经,原藏赵城广胜寺,是极为珍贵的佛教典
籍和历史文物。抗日战争时期,日寇意图掠夺,当时由您和
陈赓同志命令所属,于敌伪碉堡丛之间,奋勇抢运至安全地
带。全国解放后,由中央人民政府拨交北京图书馆保存。
嗣后北京图书馆用十七年时间精心整理,灿然恢复旧观。
1982 年,国务院古籍整理出版规划小组委托任继愈同志主
持,即《赵城金藏》基础编成《中华大藏经》,共约七千卷,将
分装二百二十册,由中华书局出版。现已出十五册,特检送
第一册藉留纪念。

　　　　　　　　　　　　　　　　　一九八六年一月二十日

　　李一氓同志的这封信,简单地叙述了《中华大藏经》的编辑、
出版经过及今后的打算。当上编一百零六册接近完成时,我曾
给李一氓同志写信,说明"上编"完成在即,请求仍由国务院古籍
整理出版规划小组支持继续完成"下编"。可惜他已生病住院,
身体精力都不能执笔写字,由他的助手代写了一封回信:

　　　　继愈同志:

　　　　四月底以后,复多为心脏病纠缠,精神不佳。我意以专
力完成《大藏经》正编及目录,此项工程已经是了不起,如能
完成,当可告无罪于天下。至于续编及近代检索装备,只能
留及后人。特此致函,略述微意,并请见宥为荷。

　　　即颂

　　　　撰安

　　　　　　　　　　　　李一氓

　　　　　　　　　　　　五月卅一日

　　收到信不久,李一氓同志与世长辞,生前未能看到这部《大藏经》上编完成。如果没有他的大力支持,这部《中华大藏经》只能以《赵城金藏》的原始面貌沉睡在善本书库内,无从会同八种不同版本呈现在世人面前,更无从为建设新文化积累资料添砖加瓦。

　　编纂这部《中华大藏经》,我主要得力于两位青年助手。一位是李富华,他十二年如一日,审查校稿后,遂交中华书局;另一位是方广锠,他读博士生时,从事中国佛教文献专业,专攻版本目录之学,他还帮助制定编辑工作流程,对编纂工作起了重要作用。

　　上编出版到第三十五册时,我们编辑的主要成员——童玮教授不幸逝世。他一生致力于佛教经典版本目录之学,他编撰的《二十二种大藏经通检》凝结着他一生的心血。为了普查国内佛典古籍现存的情况,他不顾年高,走遍了大江南北、长城内外,南到苏州、南京、上海、南宁、昆明,北到雁门关外的宁武,东到东北吉林、长春、旅顺、大连,西到四川成都,山西晋城、太原、五台,经过他亲自访查,基本摸清了佛教古籍现存的概况。他在编辑《中华大藏经》工作中起着无可取代的作用。童玮还曾听山西晋城青莲寺僧人说,抗战时期,国民党第二战区司令部曾来人借走该寺的卷轴装佛经三十余卷,寺僧不敢不给,借走后未归还。当年的借阅者、借出者早已逝世。这几部《赵城金藏》卷子的下落,留下了永久难解之谜。童玮每次对我提到这件事,不胜唏嘘。

　　校勘组的石硪老师,在当年十分困难的条件下,工作勤奋认真,以致积劳成疾,本书第一册出版前因病逝世。张文苑先生负责底本组,承担着校勘工作的第一道工序。他认真负责,工作安排得有条不紊。不幸突发脑溢血逝世。还有湖北的王世安先生,他为校勘工作付出了劳动,也过早地逝世了。对逝世的这几位来说,是终生遗憾,也给我们全体编纂者留下长远的怀念。

为了搜求中原找不到的卷帙,我们还得到海外朋友的大力支持、协助。这里特别感谢美国的余英时教授,承他的协助,找到《赵城金藏》散佚的《佛国记》,得以珠还合浦。先后对编纂《中华大藏经》提供资料做出贡献的国际友人还有日本临济宗相国寺派管长的梶谷宗忍先生、日本临济宗相国寺派教务部长绪芳香洲先生等。

我们还曾收到没有留下姓名的捐助汇款两笔,一次一百五十元,一次二百元。感谢他们对中华佛教文化事业的支持,他们的心愿将与《中华大藏经》同在。

六　大藏经编辑人员总名录(以姓氏笔画为序)

丁明夷	王玉甫	王世安	王　立	王永清	王　安
王克禄	王育仁	王若兰	王　军	王惠仁	王　新
王震飞	王　静	王　鸿	王释非	王　铸	牛培昌
方　生	方广锠	尹清慧	石　砲	石静宜	白　梅
包兰秀	曲秀兰	朱红蕾	朱启贤	朱曙光	任今要
任道平	任　慧	任继愈	伊　晶	安月兰	李玉清
李若聪	李富华	李　硕	李璋元	李　莹	李　蕊
李锡琏	李铁钢	吴彩本	吴　莹	何　梅	余岫云
余涂才	汪颂圻	沈秀英	沈林红	宋启民	宋　璟
尚其康	金世光	金莲生	周立新	用悌闻	周维桢

屈小琦	孟淑玖	柯金康	柳本明	胡受之	郝继东
郑廷础	姜京春	姚京胜	荀俊恩	范庆文	袁文君
袁 祝	马彤谨	马鹏云	马艳霞	夏洛玉	乌红梅
郭建纲	郭卫东	郭 苹	高明赞	唐 洁	陆德明
陈 力	陈小平	陈兆明	陈亦男	陈贞辉	陈 军
陈 刚	孙小宸	孙 华	孙培育	孙爱东	曹 扬
娄春明	梁宝全	张大柘	张子静	张文苑	张方梅
张以林	张以鸾	张廷杰	张宏愿	张 岩	张佩兰
张 红	张桂元	张桂新	张凤喜	张 谦	张 馨
张跃生	单立经	乔 颖	程 昕	傅克勇	傅增褆
邹文莉	童 玮	鄂玉川	万淑惠	葛维钧	葛艳飞
董型武	叶祝华	叶龙先	杨世荣	杨 旻	杨素香
杨崇巽	赵湘君	赵瑞禾	翟瑞华	蒋兆华	蒋孟平
巩如旭	刘永平	刘伯涵	刘维彰	刘泽邦	刘 韵
刘艳青	潘桂明	潘翔九	卢守中	鞠 敏	萧越慧
魏广洲	钟 刚	庞瑞琦	苏珂孙	苏 军	苏刚健
苏燕孙	龚守缙				

参加人员先后共有一百六十人，分别属于底本、修版、调度、校勘、汇稿、定稿、总务、财务八个部门。各部门人员多少不等，少的一个人，多的四五十人。参加者年龄从二十到八十，老少不一，参加时间最长的从始到终十二年，最短的三个月，不等。他们的辛劳和业绩也将与《中华大藏经》同在。

《中华大藏经》编纂记[*]

　　1982 年 3 月 7 日至 24 日,在北京召开了规模空前的全国古
籍整理出版规划会议,集中全国有关专家及海外学者共商古籍
整理出版大计。这是以国家名义召开的,向全国、全世界宣布
"四人帮"被粉碎后,告别极"左"思潮,中国政府重视古代文化,
有计划、有步骤地以科学方法清理中国古籍的大会。

　　古籍规划讨论中,对传统的经史子集都做出近期、远期整理
出版规划,人力物力都做了安排。我发现大会议题中没有把佛
教古籍考虑进去,就写了一份《中华大藏经》整理出版建议提交
给大会。古籍整理规划小组采纳了这个建议,把佛教、道教古籍
整理工作列入国家规划。《中华大藏经》整理出版工程从 1982
年 8 月正式启动。

《中华大藏经》不同于历代刊行的大藏经

　　根据现有资料,汉文大藏经历来入藏的基本经籍最少为一
千种左右(包括房山石经的九百六十余种),最多者为二千二百

---

　　*　原载《光明日报》2005 年 7 月 14 日。

余种,平均数约在一千六百种左右。这是宋元明清各藏入经的基本数目,加上各藏特有的经籍,共约三千余种,除去重复,约二千五百种左右,加上传统入藏的基本数目一千六百余种,现存汉文佛教经籍总数约四千一百余种(二十二种大藏经通检稿总数为4175号)。

佛教是中国传统文化中与儒、道并尊的三大宗教的一个重要流派。我们有必要编纂一部新的一大藏经,所收佛典应全面,采用影印办法。既可避免校核造成新的差错(日本《大正藏》即是前车之鉴),又可以保存善本古籍原貌。省去了繁重的校印排字的过程,还能大大缩短印刷时间。基于上述考虑,我们决定采用现存最有文物价值的《赵城金藏》为基础。

汉文大藏经以其篇幅大、版本众多、历时久远闻名于世。雕版印刷术以前,佛经传播靠手写流传。南北朝时北方已有摩崖石刻佛经,刻凿在岩石上,与造像祈福同一目的。隋代已开始用石版刻经,那是为了保存佛教经典,以防止兵燹战乱的破坏。刻在石板上,每块石板重达百斤,利于保存,但不便阅读。10世纪,北宋开宝年间开始以木版印藏经,世界上第一部雕版大藏经问世,世称《开宝藏》。后来历辽、金、元、明、清都曾投入大量人力物力雕造藏经。现存公私刊印的"大藏经"达十七种之多。辛亥革命后,还出版过铅字排印的两种"大藏经"——《频伽藏》和《普慧藏》。在国外,汉文版藏经有《高丽藏》《黄檗藏》《弘教藏》《卍续藏》《大正藏》。纵观国内外已出版的各种"大藏经",都有这样那样的缺点,今天看来都不算理想的版本。

为了避免过去各种《大藏经》的缺点,我们编印的《中华大藏经》力求做到版本要"精",内容要"全"。我们慎重考虑,选用了《房山云居寺石经》《资福藏》《影宋碛砂藏》《普宁藏》《永乐南藏》《径山藏》《清藏》《高丽藏》等八种有代表性的不同版本的

"大藏版",以《赵城金藏》为基础,进行对校。只勘出各种版本文字的异同,不加案断。

《赵城金藏》是北宋《开宝藏》覆刻本,装帧、版式保有《开宝藏》的特点,在《开宝藏》散失殆尽的情况下,不论在版本方面、校勘方面,它都有无可比拟的价值。

国内现有藏经中未经传世的孤本还有《房山云居寺石经》《辽藏》(又称契丹藏,用名不妥,因为它用汉文而不是契丹文)、《元官版藏经》《洪武南藏》。这几种大藏经多为《碛砂藏》和《永乐南藏》的覆刻本,所收典籍均少于《赵城金藏》,不宜作基本参照本。《赵城金藏》收录佛典近七千卷,现存五千三百八十余卷,虽有缺失,可用《高丽藏》补入。《高丽藏》与《赵城金藏》同属《开宝藏》系统的覆刻本,版本基本一致,用《高丽藏》补《赵城金藏》自然协调,便于操作。

我们校勘的目的,不在于勘误订正,而在于会同比较。因为我们长期整理中国古籍的经验表明,不同版本出现的文句异同,多半不涉及义理,古籍版本出现文字异同各有道理(当然也有明显错误),如果一定要由编者决定取舍,难免失之武断,徒耗人力,并不科学。

还应指出,每一种善本的特殊价位并不真正由于它的至美至善,而在于它体现了各自时代的某些特征。这些特征是别的版本不能代替的。如《房山云居寺石经》可谓善本,其中石刻佛经体现了《辽藏》的风貌。但也发现有的刻工为了贪图省工,出现了许多与上下文不相连属的"一"字。从一般校勘原理看,这些"一"字无论从形、音、义的错简毫无关系,只是由于刻工按版计酬,为了省力,又能占满版面,才出现了不应出现的许多"一"字。汉字中只有"一"字笔画最少,刻起来省力,用来充字数最方便。像这类缺点,并不能动摇《房山云居寺石经》版本价值的历史地位,毕竟瑕不掩瑜。这里只是说明中国过去雕印的众多版本的《大藏经》没有一种是尽善尽美的,《中华大藏经》为读者提供一个会同诸本的机会,标出异同,不作案断,正是极端负责精神,尊重读者、研究者的判断能力。一卷在手,等于同时拥有九种版本的"大藏经",为研究者提供了空前的方便,这是任何图书馆都无法办到的。

《中华大藏经》的完成

《中华大藏经》在国家大力支持下,1982 年开始编辑,1986年初,已出版到第十五册时,古籍规划小组负责人李一氓给薄一波同志写了一封信。这封信简单地叙述了《中华大藏经》的编辑、出版经过及今后的打算。当上编一百零六卷接近完成时,我曾与李一氓写信,说明《中华大藏经》完成在即,请求仍由国务院古籍整理出版规划小组支援继续完成《续编》。可惜他已生病住院,身体精力都不能执笔写字,由他的助手代写了一封回信。

我收到回信不久,李一氓同志与世长辞,生前未能看到这部《中华大藏经》完成。如果没有他的大力支持,这部《中华大藏经》只能以《赵城金藏》的原始面貌沉睡在善本书库内,无从会同八种不同版本呈现在世人面前,更无从为建设新文化积累资料添砖加瓦。

《中华大藏经》出版到三十五卷时,我们编辑的最得力成员——童玮教授不幸逝世。他一生致力于佛教经典版本目录之学,编撰的《二十二种大藏经目录索引》凝结着他一生的心血。为了普查国内佛典古籍现存的情况,他不顾年高,走遍了大江南北,长城内外,基本摸清了佛教古籍现存的概况。他在编辑《中华大藏经》工作中起着无可取代的作用。童玮还曾听山西晋城青莲寺僧人说,抗战时期,国民党第二战区司令部曾来人借走该寺的卷轴装佛经十余卷,寺僧不敢不给,借走后未归还。当年的借阅者、借出者早已逝世。这十余个卷子的下落,留下了永久难解之谜。童玮每次对我提到这件事,不胜唏嘘。

当年在十分困难的条件下,校勘组的石砲老师工作勤奋认真,以致积劳成疾,本书第一册出版前因病逝世。张文苑先生负责底本组,承担着校勘工作的第一道工序。他认真负责,工作安排得有条不紊。不幸突发脑溢血逝世。还有湖北的王世安先生,他为校勘工作付出了劳动,也过早地逝世了。对逝世的这几位同志来说,生前未能看到这部《中华大藏经》完成,是终生遗憾,也给我们全体编纂者留下长远的怀念。

为了搜求中原找不到的卷帙,我们还得到海外朋友的大力支持、协助。这里特别感谢美国的余英时教授,承他的协助,找到《赵城金藏》散失的《佛国记》,得以珠还合浦。先后对编纂《中华大藏经》提供资料做出贡献的国际友人还有日本临济宗相国寺派管长的梶谷宗忍先生、日本临济宗相国寺派教务部长绪方香州先生等。

从 1982 年 8 月整理出版工程正式启动,到 1994 年底编纂完毕,参加人员先后共有一百六十人,分别属于底本、修版、校勘、调度、汇稿、定稿、总务、财务八个部门。参加者年龄从二十岁到八十岁,老少不一,参加时间最长的从始到终十二年,最短的三个月。他们的辛劳和业绩也将与《中华大藏经》同在。

《国家图书馆藏敦煌遗书》序*

　　1900 年敦煌藏经洞被发现,公之于世。国家为了制止珍贵文物继续流失,把余下的敦煌遗书交给京师图书馆(即今中国国家图书馆)保管收藏。1922 年,陈垣先生主持整理《敦煌劫余录》;同年,胡鸣盛等先生对这些敦煌遗书继续整理、编目,做了大量工作。中国国家图书馆的这批敦煌遗书,部分曾以缩微胶卷的形式公布,但缩微胶卷有不少不足之处;部分从未公布,不为人们所知。今天全部公之于众,给世界文献宝库增添新的内容,意义非同寻常。

　　解放后,1982 年,国家制定古籍整理规划,大规模、有计划地对中国古籍进行全面评估,制定规划。佛教、道教古籍也在规划之内。先着手编订《中华大藏经(汉文部分·上编)》。中国国家图书馆所藏的一万多号敦煌遗书中,绝大多数为佛教典籍(汉文以外,尚有藏文等其他文种)。有很多为历代藏经所未收。《中华大藏经(汉文部分·下编)》已决定收录这一部分珍贵资料。

　　我们自己几千年的历史经验证明,建立新国家,首先应该发

---

　　* 据《古籍整理出版情况简报》总 425 期。《国家图书馆藏敦煌遗书》(北京图书馆出版社,2005 年 10 月版)。

展生产,接着就是文化建设、思想建设。中国古代最强盛的时期首推汉、唐。汉朝建国七十多年以后,经过四代人的努力,创建了灿烂的汉代文化。唐朝盛世号称贞观之治,当时主要在于恢复生产,真正富强是在唐玄宗开元时期,也经历了四代人的努力。清朝的文化繁荣在乾隆时期,经历了顺治、康熙、雍正三代,近百年之久。

新中国建立刚五十多年。目前我们正处在承先启后、继往开来的伟大转折时期。我们已经进入了21世纪,这将是经济有长足发展、建设有中国特色社会主义、多民族统一大国取得成效的时期。我们"继往",继承的是五千年文明灿烂之往;我们"开来",开创的是五千年从未有的社会主义新文化的未来。

时代赋予我们的使命是建议21世纪,为创建新文化准备充足的思想资料。只有我们所处的新时代,才有可能摆脱前人的局限,吸收古今中外前人的一切有价值的遗产,敦煌遗书的佛教文化当然受到应有的重视。

从事敦煌学研究的研究者遍布于全世界。外国学者同中国学者比较,他们对中国历史、社会、风俗民情毕竟隔了一层,难免受到一定的局限。中国学者对敦煌学研究,前几年人数较少,国内的外部条件尚不完备,显得不及外国热闹。随着中国经济发展,政治安定,教育制度改善,我国有计划地培养青年专家学者,涌现出大批有才干学识的中青年学者。他们有中国传统文化的基础,又有现代科学的训练,有对祖国文化的爱国热情。从近十年来已发表的学术论著来看,中国学者从事敦煌研究已形成群星灿烂的学者群体。各种学科门类齐全,著作的质和量都已达到相当水平,有些领域已超过外国专家学者的造诣。

建设中华民族文化,主力军只能依靠中国人自己,客卿有他们的优势,可以联合并肩前进,主力还得靠我们自己。外国学者根据他们的兴趣。依托有关财团资助,可以完成某些专项课题,但他们没有建设中国新文化的任务,历史主义的研究方法也难以被他们接受,在研究方法上有他们的局限。

新学科的建设,离不开新材料、新手段的发现。敦煌千佛洞石室藏书的发现,引发出敦煌学。但是还应指出,一种新学科兴旺发达,主要在于时代的需要、社会的需求。近代自然科学的兴起,动力在于大工业的兴起。西哲有云,一种学说在某国流行的程度,取决于这个国家需要的程度。历史证明,这种看法有道理。敦煌学已有近百年的历史,而敦煌学的大量成果出现,大批学者成长,主要在于符合祖国文化建设的需要。"需要"是主观的要求,个人的需要,如秦皇汉武求神仙不死之药,即使有强有力者的推动,也没有生命力。如果出于民族的需要、历史的需要,这种群体的需求却反映着客观实际状况,它具有客观独立的实力。如历史上王朝的兴亡,无非民心的向背。新中国建国以来敦煌学的兴旺,完全是适应祖国文化建设的需求必然出现的景象。

近百年来,中外学者在敦煌研究方向——民族学,宗教学,文学,艺术,语言学,音韵学,古代社会经济,历史考订,诸多方面都有可观的成绩。

敦煌学研究还有待加强,综合研究的体制尚未确立。近百年来,对佛教以外的文书用力较多,而对占总量百分之九十以上的佛教文书,投入的人力相对较少。敦煌文书分散在世界各地(主要集中在伦敦、巴黎、彼得堡及北京四处,散在世界各地及中国各地区也还不少)。我们今天已有条件,采用现代科学手段,用电子技术,把分散在各地的敦煌文书作为信息资源集中起来;把过去无法整合的卷子,尽可能使它得到缀合,恢复原貌;把敦煌资料与有关史书、考古实物综合考察;把民俗记载与现实民族调查综合对比；把佛教与同时流行的道教、祆教、摩尼教对比研究，汉传佛教与藏传佛教对比研究等等。这一切工作都是为了一个共同目的——为建设中国的新文化提供丰富可靠的资料。

敦煌遗书发现于祖国河西走廊，涉及民族主要是汉、藏等几个民族，时限只有东晋到北宋几百年。所保存的文献资料，有完整的，有不完整的，在整个中华民族文化宝库中，不过是一个局部和剖面。这已经引起举世瞩目，世界学者研究了近百年，解决了疑难问题的一部分。整个中华民族遗产比敦煌遗书不知要丰富多少倍，只是由于人为战争和自然灾害，没有很好地保存下来，因而敦煌遗书更加珍贵。可以毫不夸张地说，中华民族历经千劫百难，屡踣屡起，屹立于世界民族之林，不能不承认它有根基深厚、源远流长的文化传统。

我们出版中国国家图书馆馆藏敦煌遗书，是为了把有用的珍稀文献公诸天下，为新中国，为全世界做出应有的贡献。世界上的文明古国，有的衰落，有的不复存在，只有中国这个文明古国，古而不老，旧而常新。

此次影印《国家图书馆藏敦煌遗书》，不是简单地影印翻拍，我们对每件遗书，冠以条目式的简明目录，除了描述式的介绍外，还有涉及卷子的内容。因此，每一篇遗书都注入研究者的心力，力求向后人，向世界提供可以信赖的第一手资料。力图不让后人费第二遍补正之劳。实在不能解决的，宁可缺文，以待后贤。不敢强不知以为知。

敦煌遗书庋藏在英、法、俄三处者，近二十年来，均已先后影印出版向世界公开。人类文化遗产资源共享，是学术界的共同愿望。由于诸多原因我国所藏的敦煌遗书只公布了很少部分，迄今研究敦煌学者未能窥见全貌。敦煌遗书虽源于中国，一旦成为世界文化遗产，它就是人类共同的精神财富。珍贵古籍，作为文化的载体,具有双重身份,既有文物价值,又有知识教育价值。本书的出版,力求为研究者提供一些阅读方便。几十年前陈垣、胡鸣盛等前辈敦煌学者所致力的,也是我们这一代人所关注的。

我们坚信一条真理,社会进步靠发展生产,文化繁荣是生产发展以后必然的结果。中华民族蒙受着屈辱进入 20 世纪,敦煌遗书的发现正值八国联军入侵中国之时。经过几代人的努力,中国人民站起来了。我们正满怀信心地为建设有中国特色的新文化而在各自的岗位上尽力。路虽长,靠我们自己走,问题复杂,靠我们自己群体解决,我们的路子会越走越广,前途光明无限。

20 世纪的文化国耻 *

　　1900 年敦煌藏经洞被发现,公之于世。国家为了制止珍贵文物继续流失,把劫掠之余的敦煌文书交给京师图书馆保管收藏。1922 年,陈垣先生主持整理《敦煌劫余录》,1929 年,胡鸣盛、许国霖先生继续整理、编目新收集的敦煌文书,做了大量工作。北京图书馆的这批敦煌遗书部分曾以缩微胶卷的形式公布,但缩微胶卷有不少不足之处;部分从未公布,不为人们所知。今天全部公之于众,给世界文献宝库增添新内容,意义非同寻常。

　　解放后,1982 年,国家制定古籍整理规划,大规模、有计划地对中国古籍进行全面评估,制定规划。佛教、道教古籍也在规划之内。先着手编订《中华大藏经(汉文部分,上编)》。北京图书馆所藏的二万卷敦煌遗书中,绝大多数为佛教典籍(汉文以外,尚有藏文等其他文种)。有很多为历代藏经所未收。《中华大藏经(汉文部分)》下编已决定收录这一部分珍贵资料。

　　我们自己几千年的历史经验证明,建立新国家,首先发展生

---

　　* 据《皓首学术随笔》。原载《敦煌——纪念敦煌藏经洞发现 100 周年》(朝华出版社,2000 年 1 月版),曾收入《竹影集》。

产,然后才是文化建设、思想建设。中国古代最强盛的时期首推汉唐。汉朝建国七十多年以后,经过四代人的努力,创建了灿烂的汉代文化。唐朝盛世号称贞观之治,当时主要在于恢复生产,真正富强是在唐玄宗开元时期,也经历了四代人的努力。清朝的文化繁荣在乾隆时期,经历了顺治、康熙、雍正三代,近百年之久。

新中国建立刚五十年,真正找到发展经济的规律才二十年。我们正处在承先启后、继往开来的伟大转折时期。21世纪将是经济有长足发展,建设有中国特色的社会主义、多民族统一大国取得成效的时期。我们继往,继的是五千年文明灿烂之往;我们开来,开的是五千年从未有的社会主义新文化的未来。

时代赋予我们的使命是迎接21世纪,为创建社会主义新文化准备充足的思想资料。只有我们所处的新时代,才有可能摆脱前人的局限,吸收古今中外前人的一切有价值的遗产,敦煌遗书的佛教文化当然受到应有的重视。

从事敦煌研究者遍布于全世界。外国学者中也不乏有成就的专家。今天看来,研究中国的文献资料,参加者不嫌人多,但外国学者同中国学者比较,必然受到一定的局限,他们对中国历史、社会、风俗民情毕竟隔了一层。中国学者对敦煌学研究,前几年人数较少,国内的外部条件尚不完备,无形中显得不及外国热闹。随着中国经济发展,政治安定,教育制度改善,我国涌现了大批有才干学识的中青年学者。他们有中国传统文化的基础,又有现代科技的训练,有对祖国文化的爱国热情,却没有西方学者孤傲自大的偏见。从近十年来已发表的学术论著来看,中国学者从事敦煌研究已形成群星灿烂的学者群体。各种学科门类齐全,著作的质和量都已达到相当水平,有些领域已超过外国专家学者的造诣。

　　建设中华民族文化,主力军只能依靠中国人自己,客卿有他们的优势,可以备用,但不能任主力。外国学者根据他们的兴趣,依托有关财团资助,可以完成某项课题,但他们没有建设中国社会主义新文化的任务,历史主义的研究方法也难以被他们接受,这也是一种研究方法上的局限。

　　路虽长,靠我们自己走;问题复杂,靠我们自己群体解决,我们的路子会越走越广,前途光明无限。

　　新学科的建立,离不开新材料、新手段的发现。敦煌千佛洞石室藏书的发现,引发出敦煌学。但是还应指出,一种新学科兴旺发达,主要在于时代的需要、社会的需求。近代自然科学的兴起,动力在于大工业的兴起。西哲有云,一种学说在某国流行的程度,取决于这个国家需要的程度。历史证明,这种看法有道理。敦煌学已有近百年的历史,而敦煌学的大量成果出现,大批学者成长,主要在于符合祖国文化建设的需要。"需要"是主观的要求,个人的需要,即使有强有力者的推动,如秦皇汉武求神仙不死之药,没有生命力。如果出于民族的需要、历史的需要,这种看似主观的需求却反映着客观实际状况,它具有客观独立的实力。如历史上王朝的兴亡,无非民心的向背。

　　新中国建国以来敦煌学的兴旺景象,完全是适应祖国文化建设的需求而呈现的景象。

　　近百年来,中外学者对敦煌学的研究方向,民族学,宗教学,文学,艺术,语言学,音韵学,古代社会经济,历史考订,诸多方面都有可观的成绩,足以为中国建设社会主义新文化添砖加瓦。

　　敦煌学研究还有待加强,综合研究的体制尚未确立。近百年来,对佛教以外的文书用力较多,对占总量百分之九十以上的佛教文书,人力投入相对较少。敦煌文书分散在世界各地(主要集中在伦敦、巴黎、彼得堡及北京四处),此外散在世界各地及中国各地区也还不少。我们今天已有条件,采用现代科学手段,用电子技术,把分散在各地的敦煌文书作为信息资源集中起来,把过去无法整合的卷子,尽可能使它得到缀合,恢复原貌;把敦煌资料与有关史书、考古实物综合考察;把民俗记载与现实民族调查综合对比;把佛教与同时流行的道教、祆教、摩尼教对比研究;汉传佛教与藏传佛教对比研究等等。

这一切工作都为了一个共同目的——为建设社会主义新文化提供丰富可靠的资料。

敦煌遗书发现于祖国河西走廊,涉及民族主要是汉、藏等几个民族,时限只有东晋到北宋几百年,所保存的文献资料,有完整的,有不完整的,在整个中华民族文化宝库中,不过是一个局部和剖面。这已经引起举世瞩目,世界学者研究了近百年,解决了疑难问题的一部分。整个中华民族遗产比敦煌遗书不知要丰富多少倍,只是由于人为战争和自然灾害,没有很好地保存下来,因而敦煌遗书更觉珍贵。可以毫不夸张地说,中华民族历经千劫百难,屡踬屡起,屹立于世界民族之林,不能不承认它根基深厚,源远流长的文化传统。

我们出版北图馆藏敦煌遗书,既是为了把有用的珍稀文献公诸天下,也为了迎接 21 世纪,为新中国,为全世界做出应有的贡献。自己的困难靠自己解决,自己犯的错误,靠自己纠正。世界上文明古国,有的衰落,有的不复存在,只有中国,这个文明古国,古而不老,旧而常新。

北图馆藏敦煌遗书此次影印,不是简单地古籍翻拍,其中每一篇都注入研究者的心力。我们向全世界,向后人,提供可以信赖的第一手资料,我们力图不让后人费第二遍补正之劳。同时也不敢强不知为知,不能判断,宁可缺文,避免盲目武断。

此文写成,正值东南亚金融危机,长江及东北洪水为患。这些外在的困扰将会给中国的经济带来一定困难,也会影响文化建设的进程。伟大的中华民族,比这些困难更大的困难都闯过来了,目前这点困难不在话下。

说到底,我们坚信一条真理,社会进步靠发展生产,文化繁荣是生产发展以后必然的结果。中华民族蒙受着屈辱进入20世纪,敦煌遗书的发现正值八国联军入侵中国之时。经过几代人的努力,中国人民站起来了。我们正满怀信心地为建设有中国特色的社会主义新文化而在各自的岗位上尽力。

修订本《二十四史》及
《清史稿》的现实意义*

——接受《光明日报》记者采访谈话

　　担任修订工作总撰稿的任继愈先生 4 月 3 日接受了记者的采访。在谈到修订工作的意义时,任先生认为,每一个国家、每一个民族都要有自己的根,这个根就是历史。中国的历史记载五千年,代代相续未曾断绝。这在世界上是独一无二的。这值得每一个中国人自豪。中国的文化有着自己独特的魅力,能够给后人宝贵的启迪。

　　通过史书,我们看到,中国历史上有许许多多英雄人物,有无数的发明创造。像最早发明用火的燧人氏,没名没姓,但他对文明做出的贡献被史书记载下来了。还有有巢氏,在树上搭屋,这也很了不起。人类不用在洞穴里住了,能够住房了,这可以避免潮湿,是一个很大的进步。还有伏羲氏教人畜牧,神农氏教人耕种、发展农业,开始定居。这都是很大的功劳。从中国的远古

---

　　* 据《皓首学术随笔》。

神话里可以看出,中国自古以来就具有自己的特色。古希腊关于人类开始用火的神话,"普诺米修斯从天上盗火,传到人间,把用火看作天神的恩赐,中国的古代神话不是天神而是人。

我们关注的是人间,还不是天上的神。我们的进步是靠自己的努力而不是靠天。一代一代,克服困难、创造业绩的人物和事迹数不胜数。这些都被我们的史书传承下来。积累起来,就丰富了我们的历史文化知识,增强了我们对中华民族、对国家的热爱。

现在中国有五十六个民族,大家和睦地生活在一起,共同构建了中华文明。从历史上看,我们区分民族关系,主要不是用血缘区分的,而是以华夏文化作为民族、文明的标准。这就是我们国家民族团结、共同进步的一个重要的原因。

孔子说:"夷狄之有君,不如诸夏之亡也。"还说:"道不行,乘桴浮于海。"两千多年前孔子区分夷夏标志是文化的认同而不是血缘的继承。

我们国家汉族人数最多,但是几千年来汉族已经融合了许多其他民族的血脉。像隋、唐的皇帝,其母系是少数民族。汉族公认的皇帝就是混血的。还有非汉族的兄弟民族做皇帝的,比如辽、西夏、金、元、清,他们并不是另外的文化传承,而是以华夏文明为骨干,他们同样读孔孟的书、讲忠孝、爱国。像元朝统一中国后,就把文庙修到了云南。在那之前,云南是没有祀奉孔子的文庙的。从史书上看,历朝历代的典章制度都是接续前朝,绵延下来的。有了共同的世界观、价值观,民族团结、融合就有了认同感。爱国主义是我们民族的优秀传统,这种文化的认同是构成爱国主义的重要内容。

我们前人早已指出,"灭人之国者,必先去其史"。可见历史传统对一个民族的重要。事实证明也是如此。香港回归以前,香港的中学教材不讲鸦片战争,日本篡改第二次世界大战的侵华史。吞并了朝鲜半岛,说是解放朝鲜人民。日本在侵华战争中建立伪政权,不让学生学中国历史。这些眼前例证,足以从反面说明学习祖国历史对我们是多么重要。

中华民族五千年来,一直生活、栖息在长江黄河两大流域,活动范围差不多等于欧洲。而且,这些人民,这块土地,五千年持续不断地发展、前进。一部中国史,等于欧洲史。但欧洲列国林立。欧洲五千年无法连贯起来。而中国的五千年是连贯不断的。这部奇迹般的历史不值得好好总结,深入研究吗?

我们的教育要加强历史教学,从小学就开始讲。小学可以以历史故事为主,到了大学再以历史规律、社会内涵学习为主。了解历史会增强对祖国的热爱,这是对青少年进行爱国主义教育的很重要的一个方面。今天修订点校本《二十四史》的价值就应该从这个高度认识。

二十八年前,历尽艰辛完成的点校本《二十四史》和《清史稿》使我们得见一代前辈学者的学术品格与水准。今天的修订工作相信也会让后人看到当代中国历史学家对于典籍延续和学术传承的责任感与学术风范。

为了提高全民的道德素质,加强爱国教育,中央向全国人民发出号召,每一个公民都要懂得"八荣八耻"。第一条就是"爱祖国"。《二十四史》向全国各族人民提供了共同的学习主修课的基本教材。从小学到大学,从基层干部到高级干部,都能各取所需,从中收取营养,我们的《二十四史》可以向全世界各国贡献出我国处理多民族共同交融、繁荣、和谐相处共同进步的经验。

创时代辉煌　对后代负责 *

——介绍《中华大典》

　　编纂《中华大典》是我国著名资深专家学者倡议,经国务院批准立项的我国建国以来最大的一项文化出版工程,受到党和国家领导同志的关怀和支持。

　　中华文明是世界几大古代文明中唯一没有中断而绵延至今的伟大文明。我们的祖先创造了光辉灿烂的古代文化。中国历代聚集的大量文化典籍,是中华传统文化的主要载体和文化遗产的结晶。为了充分运用和发挥古代文献典籍的作用,我们的先人创造了中国独有的类书形式。

　　在中国古代文化史上,不乏鸿篇大著的类书。《中华大典》就是继以博稽众籍,撷其菁粹的《皇览》《太平御览》《册府元龟》《永乐大典》《古今图书集成》等大型类书之后,由当代专家学者在总结中国历代类书经验的基础上,按照现代科学分类方法编

---

　　* 　原载《中国图书评论》1999 年第 11 期。

纂的一部新的巨型工具书。它涵盖全部的古代文化典籍,其范围比明代的《永乐大典》,清代的《古今图书集成》都广得多,其字数将超过历代类书的总和。

类书被人们称为中国的百科全书。中国古代没有使用百科全书一词。在我国学术界,"百科全书"一词出现比较晚,但我国古代学者两千多年编纂类书的传统早已为世界学术界所称赞。我国正式编纂类书,学者公认从三国时期魏文帝曹丕组织编纂《皇览》开始。

中国类书与西方的百科全书有很大的不同。西方近代的百科全书是理论知识系统,以学科分目,组织专人进行撰写,叙述有关学科的历史、现状和理论知识。中国类书是资料汇编系统,不论是官修还是民纂,从一开始便是以历史文献典籍汇编的方式出现。按类别把所要研究的有关资料,从古到今,分门别类系统地收集在一起,给研究工作者和实际工作者提供完整的资料或资料线索。

中国古代类书充分发挥了其历史作用,有些至今仍有实用价值。类书记载了先人们的社会实践经验和认识,一直为海内外学者所重视和利用,是进一步探索、总结和深化认识社会和自然发展规律的重要依据之一。我国著名科学家竺可桢撰写的《中国五千年的气候变迁》论文中,就大量引用了《古今图书集成·历象汇编》中的《乾象典》和《岁功典》的资料。1965年《地理学报》上,刊登的上海市气象局原局长蒋德隆等在1962年所作的《1963—1993年三十年间旱涝趋势展望》课题中,对江淮一带可能发生严重洪涝灾害作过早期预测。他们"根据回转周期群所相似分析及太阳双磁周总激发量达到空前强度的预测。1991年至1993年间,我国长江下游(含太湖流域)可能有严重水涝"这一预测,就是他们从《古今图书集成》和一些古籍中,收集了从周代到清末 2812 年（前 903—1909）有关各地气象的记载，用统计、分析、对比的方法，经过精心研究做出的。他们的预测得到了印证。英国李约瑟博士在编纂《中国科学技术史》一书时，不仅将《古今图书集成》列为常用参考文献，而且在其著作中大量引用其中的资料和图表。类书在保存中华民族最珍贵的文化遗产方面也发挥了重要作用。明代《永乐大典》成书以后，有不少古代典籍原有刻本亡佚了，如今得以流传，当属类书的最大贡献。修《四库全书》时，从《永乐大典》中辑出的佚书就达五百多种，许多系重要著作，共计四千九百多卷。另外，《永乐大典》征引的书籍来自明代南京文渊阁收藏的宋金元精刻本，利用它校订一些典籍，可以改正不少讹误。

毋庸讳言，古代类书因受时代局限和观点局限，也都存在着很大的缺陷和不足。如分类方法不尽科学，不便检索。古代类书已经不能满足当今研究和检索的需要。

正在编纂和陆续出版的《中华大典》，是一部包罗百科、内容广博、学术性很强、规模宏大的文化出版工程，全书达七亿多字。它的经目从上至下一般分为四级，即典、分典、总部、部，一级经目设典二十二个，二级经目分典近百个，三级经目总部超千个；纬目依次按题解、论说、综述、传记、纪事、著录、艺文、杂录、图表等九项展开。这部具有社会主义新时代特点的大型类书；包罗门类齐备；采取现代学科分类，便于检索；资料准确可信。

任何一种文化都有其历史的延续性，后代的进步离不开前代的基础。《中华大典》注意吸收古代类书的长处，避免其不足，加以改造和创新。人们常用浩如烟海，汗牛充栋来描绘我国古代典籍的繁复。从大量文献资料中检索所需要的资料，如不采取科学分类方法，将会困难重重。编纂《中华大典》就是为了解决这个难题，给今人及后人提供方便。对于传统文化中重要的不同学派、不同观点的资料,在辑录中兼收并蓄,力求做到客观、完整和全面。《中华大典》所设的不论社会科学典还是自然科学典,都以积累丰厚的史料为基础,推动人们从历史变迁和社会发展中进一步认识本学科领域的重要意义。如《林业典》就考虑从生态环境、水土保持的角度去搜集资料,进行加工整理,使其反映出中国历史上大规模造林及大规模毁林的情况,给人以借鉴。

《中华大典》涵盖百科,需要调集各方面的专家、学者参加,才能保证达到当今已达到的国内外要求的水准,我们征聘了各方面公认的专家,负责编纂工作。在编纂经费、资料等十分困难的条件下,他们发扬奉献精神和敬业精神,担负起典、分典、总部的重要编纂任务。有的编纂人员抱病坚持,甚至病逝在工作岗位上。他们从体例设计、普查资料到资料分类爬梳、书稿审定,都亲自动手,使书稿达到了质量要求,体现了专家学者全面、客观、系统的研究精神。十年来,专家学者们兢兢业业,不敢懈怠,务期无负于我们这个辉煌时代,对子孙后代负责。

编纂《中华大典》是出版界的一件大事,也是学术界的一件盛事。它的出版发行,对于保护和弘扬中华民族优秀传统文化,促进社会主义物质文明和精神文明建设,具有深远的意义,将为海内外学术界以及愿意了解和研究中国古代优秀传统文化的广大人士,提供丰富的资料和重要服务。作为《中华大典》编纂者,愿向海内外推荐这部工具书。

任继愈同志在《中华大典》工作、
编纂会议上的讲话稿*

　　经过几年的努力,《中华大典》终于进入了正式编纂的阶段,这是一件值得庆贺的事情。在这里,我谨向那些为大典的编纂准备工作付出艰辛努力的同志们,对大典工作给予热情支持的有关领导和各界人士表示衷心的感谢。

　　我们今天所要编纂的《中华大典》,是在继承、弘扬我国类书优良传统的基础上,参照现代科学的图书分类法进行编纂的巨型类书,是上自先秦,下迄"五四",我国古代典籍的资料性总结。

　　我国历代都有编纂类书的传统。实际上,类书就是摘引各种文献典籍中的资料,分类编排在一起的百科资料汇编。从曹魏时期的《皇览》以来,每个朝代都有类书出现。宋代到清代,我国类书有《太平御览》《永乐大典》《古今图书集成》等大型类书,一改前代只注重知识性和实用性的特点,而将其资料性提高到了重要地位。这一时期的官修类书卷,资料包容量很大,保存了许多古代的珍贵典籍,例如《太平御览》收书二千五百七十九种,其中十之七、八的古籍都早已亡佚了。因此,宋以后的历代学问

---

　　* 原载《中华大典简报》1993 年第 2 期。

家都将其作为挖掘古代资料的宝库。《永乐大典》保存的古籍资料更为丰富,有些早已亡佚的书籍甚至能从中整本地抄出。另外,类书中所保存的珍贵版本,更是历代学问家校勘古籍的珍贵材料。

类书的编纂体例也有一个发展的过程。前代的类书大都是部、子目二级。这种结构的优点是简明扼要,一目了然。但因结构层次少,资料包容量不大,字数一多,查找就显得费事了。到了清康雍时期的《古今图书集成》,类书的框架结构有一个大的发展,由单纯的二级经目发展为汇编、典、总部、部四级经目,汇考、总论等九个纬目而构成的经纬交织结构,这是类书体例的一大进步。它的主要优点是:资料包容量大,便于查找。但由于时代的变迁,它的经目分类已与现代不相适合,因此现代人在查找资料时也往往会遇到一些麻烦。

鉴于古代类书的特点,我们今天来编纂这部大型类书,要吸取前人编纂类书的宝贵经验,还要以现代的科学分类方法补救古代类书不足。《中华大典》原则上采用《古今图书集成》经目与纬目相交织的统一框架结构,但对其经目和纬目,考虑到我国古籍的特点,又参照现代科学的分类方法,每一大类的名称,均以现代科学命名,其内容也尽可能纳入现代科学分类体系之中,从而体现新型类书的特点。

《中华大典》与前代类书相比,除了体例上的创新之外,还在于它在资料收辑上超过历代任何一部类书。《古今图书集成》一亿六千万字,中国古代最大的类书《永乐大典》在散佚之前,也不过三亿七千万字,而我们的大典预计数字达七亿字以上。这个数字不是凭空想象出来的,而是通过大量的古籍调查及对比,测算而得出的。在《中华大典》中,一方面,要将《古今图书集成》之后的典籍补充进去,另外一方面,历代类书所漏收之书也要在这部书中整理编排。一些古籍、版本的新的发现,以及考古学成果的收入也将使我们这部书在资料收辑上比历代类书有大的发展。

另外,我们编纂《中华大典》将利用现代的技术设备,发挥社会主义大协作的优势,在图书版本的选择、校勘标点等方面超过古人所编类书,使类书的发展在我们这一代达到一个新的水平。要达到以上目的,还有一些值得注意的问题,我现在在这里强调一下。

一是图书资料的普查问题,这是开展工作的基础。《中华大典》是对中国古籍的全面总结,要体现一个"全"字,这就需要全面掌握中国古籍的历史发展及现有状况。另外一方面,中国古籍浩如烟海,不可能把要选入的古籍有关篇章全文收入。必须精选。全面和精选的关系要妥善解决。我们选用最好的或较好的版本,才能保证这部书的质量。值得高兴的是,近几年试点工作中已经有编委会这样做了,今后我们每个典或分典在动工之始都要进行选用版本的工作。

另外编纂类书就得有类书的特点。一是资料完备,二是便于检索。古代类书中有一个好的传统,就是引书的完整性,许多资料都是被整段、整篇,其至整部书引入某一部类。正是因为这样,我们今天才能从类书中见到许多早已亡佚的古书的原貌,这是一个好传统,应该继承。编纂类书要求资料要引得完整一些,不要搞断章取义,也不要将材料分解得大琐细,这不符合类书的要求。

类书就是要便于查找。这需要一个合理的框架结构。经过几年的探索,我们已经有了"大典"的总体方案,各典和分典还要拟出与大典整部书的体例一致的框架。各学科都有自身的特殊性,这是不言而喻的,但不应过分强调其特殊性,要局部服从整体。尽力保持体系的完整,不要自乱体例。分类不能过于琐细,要使读者查找方便。古代类书中有好的经验,我建议参加大典工作的同志着手编辑之前,先研究一下古代类书。

前面谈到,《中华大典》要在体例上,资料收辑上及校点的质量等方面超过历代类书,这是我们的要求,只要所有参加大典工作的同志共同努力,是可以做到的。有党和国家的支持,有社会各界人士的支持,一定能高质量地编纂出一部无愧于时代的新型类书。在这里,我预祝《中华大典》的编纂工作圆满成功。

1992 年 9 月 9 日

任继愈同志在《中华大典》工作、编纂会议开幕式上的讲话*

为节约时间,讲话稿我就不重复了。下面我再讲几个问题。

李彦同志工作很有经验,很有办法,组织了一个很好的班子来领导大典工作,我认为是很好的。

大典的重要性前面讲得很多了,这里我就不讲了,现在就几个编纂问题讲一讲。

资料的问题是在"文化大革命"以后引起我注意的。当时提出要与以前的文化彻底决裂。但文化是不可割裂的。我们大家都知道文天祥用生命保卫宋朝,但元朝代替宋朝后,其文化是承袭宋朝的,并且还有发展。比如宋朝的文庙还未达到云南,到了元朝,云南也有文庙了,各县都建。说明文化是继续发展的,割不断的。清朝对明朝也是一样的,清人入关之后,其文化也是继承了明朝的。为了建立新的,一定要继承旧的,这是文化的特点。

在这次会上,我们要在一起议论框架、方案,我们要好好议议分类问题,分类弄好以后对今后是大有好处的。分类的一个

---

　*　原载《中华大典简报》1994 年第 7 期。

标准是继承旧的传统,另一方面更要考虑到我们这部书的读者对象,要想到下一代的人是一个什么样的文化基础,他们是怎么样查东西,不要光迁就旧的习惯。如《册府元龟》有它的分法,它那个分法整起来很不方便,它的天文、地理等等概念与现在很不相同,因此要考虑到今天的习惯。另一方面要考虑到怎么样适应现代科学技术,怎样纳入电脑系统,怎样联系现代检索手段、光盘之类等等。希望考虑一下这个问题。

另外是用书的问题。古本、善本当然好,宋刊、元刊离古代近,失真度小,但是也应想到建国四十年整理古籍有很大成绩,要尽量利用建国以来的标点、校勘成果。比如《二十四史》,中华书局的校点本我认为是现存版本中最好的,现在我们对它提出的怀疑和指出其错误只是局部的,如果再成立一个班子要超过顾颉刚先生领导的那个班子所搞出的成果,是不可能的。

另外一方面,否定几十年来的整理成果,从面子上也讲不过去。要尽量利用后代整理成果,《资治通鉴》也应这样。这样做还可以省钱。宋朝的文集当然宋版很好,但现在《全宋文》出来了,做了大量工作,这个本子也很好,省事。又如医学书籍,我们也搞了很多的整理工作,敦煌卷子也出了很多,有国内的,也有海外的,应尽量利用这些成果,不清楚的再去查对原文,这是可以的,这样又省事,又快,而且又体现了我们现代的古籍整理水平。文化没有积累不行,要尊重前人的劳动成果,采用前人的成果可以少走弯路。又比如佛经,我们编《中华大藏经》,参考了八种版本,校证不在于评判它的是非,而是找出它们的异同,这样一书在手就等于有了八种本子。现在没有一个图书馆能存有八个版本的。这个成果也可以应用。再就是古典小说,已经出版了不少,影印的也很多,就用不着再去找古本来搞了。

另外就是整体布局问题,要考虑到全局的比例,有的要忍痛割爱,不要搞得比例悬殊太大。《中华大典》这件事我们要将它搞好,就要充分估计到它的困难度。社科院有的同志反对搞这件事,不是在于这件事没有意义,不该搞,而是觉得困难太大,怕搞不好。

再就是出书的进度问题,我认为应该边搞边出,不断地搞,不断地出,这样做一是可以鼓舞士气,使大家看到成果;另外一方面是提供样子,使后面的有所遵循。现在已经在搞的几个试点应该先拿出书来。

最后,对于李彦同志讲话中所提到的一些办法,我表示赞同。

1992 年 9 月 9 日

任继愈同志在《中华大典》工作、编纂会议闭幕式上的讲话*

现在编委会已经正式成立了,这个机构应该做些实事。大家在这个会上提出了一些意见,我根据这些意见以及自己的想法,把一些设想给同志们汇报一下。

编委会要涵盖全部的古代文化典籍,面太广,其范围比清《四库全书》、明《永乐大典》都广得多。那时没有现在的先进技术,接触外来文化也比较少。现在条件好了,应该能干好这件事。范围这么广,我觉得编委会是有局限性的,因此只能依靠集体、依靠专家。要正确地认识自己,才能把这件事干好。编委会要做的事是各典、分典不方便做的事,如拾遗、补缺、协调等方面的事务。第一件事,要保证大典的质量,已经上马的典就不说了,将要上马的典、分典主编和编写人员,编委会要做些普查、审查工作,要找最合适的人来搞最合适的典,要在全国范围内来找。根据"大百科全书"的经验,各典要有一个挂靠单位,否则,光靠主编一个人是行动不起来的。如《大百科全书·哲学卷》挂靠社科院哲学所,再由主编去邀请全国有关学者,这样事情就好

办了。分典主编人员选好之后,下面的工作就好办了,编委会不要亲自指挥。我们大典的典、分典主编找好了,这件事就有成功的希望,如找不好,就会失败。

另一件事是确定分类的框架,已上马的典、分典就不说了,将上马的典、分典要好好考虑,要照顾学科性质,这个分类做不好,编纂工作就进行不好。要依靠专家,除分科编委会之外,还要找本学科的专家学者共同来论证分类框架问题,这样才能搞得好一些。

第三个问题是理顺资料供应的渠道,这件事做起来困难不小。有的图书馆日子过得很艰难,需要有点儿收入。北图情况好一点,但也有经费不足的问题,现在的购书量在逐渐下降。北图情况如此,其他就不用说了。因此,如何理顺资料供应的渠道还得认真研究,文件发了就推行无误的想法是不对的。出版社也应在这个问题上做做努力,一些整理项目如《二十四史》标点本的版权问题应怎么办,也得考虑。

第四个问题是大家应遵循的条例,也应定下来。

另一个是协调古籍整理小组与我们的工作。如我们的一个"书目文献典",匡老领导的古籍领导小组,那里有一个"图书总目提要",这件事应如何协调才能避免人力重复,今后的成果如何算,这些问题都得有人去解决,回避是不行的。如"古代科技汇典"是古籍领导小组的重点项目,与我们的科技典的关系如何处理,也应考虑。

另外就是海外资料的征集,这方面的资料很多,面也广。这方面的工作光靠国家恐怕不行,如果靠一些专家学者的关系来搞这件工作恐怕要顺利一些。

为了工作的顺利进行,经常开会条件不允许,我们采取两方面措施。一个就是请各典、分典的有关人员到北京来,大家接触一下,商量一下;另一方面就是编委会的委员到各地去,哪里有典、分典,就到哪里去,到那里住几天,直到把有关工作完成。双方这样协调一下,加强双方的交流,工作会完善一点,以免今后造成返工的现象。

另外是信息交流的问题。要出一个内部刊物,把大家遇到的困难,取得的经验以及教训刊出来,以利交流,这样会促进工作的顺利进行。

大典的横排竖排以及简体繁体字问题,用阿拉伯数字还是中文数字等也得考虑。这些还得从长计议。要避免出现新的差错,校对要负责,还要采取现代化手段,尽量把这套书搞得完善一些。以上是编委会要做的事,都是实事。另外,我们也不要把典、分典管得太多,管得太死,各典不便管的才由编委会管。

今天上午我们编委会开了会,为了便于工作,在编委会基础上设立了常务编委,我在这里口念一下名字:程千帆、戴逸、席泽宗、葛剑雄、刘乃和、庞朴、李学勤、戚志芬、马继兴、任继愈,一共10个人。成立办公室的问题,我们也要积极去做。

1992 年 9 月 11 日

任继愈先生在《中华大典》工作会议上的讲话*

　　这次《中华大典》工作会议,是继1992年工作、编纂会议之后,召开的又一次很重要的会议。根据目前编纂出版进展情况和经费条件的改善,会议对今后五年编纂出版工作做出新的部署安排,提出了完成时间的要求,我很赞成,各部门领导同志的重要讲话,充分肯定了专家学者和出版工作者多年艰苦奋斗的精神和所取得的成果,是对他们今后工作的有力支持和士气的鼓舞。

　　按照这次工作会议定下的规划目标,专家学者和出版工作者会在各级有关领导部门的大力支持下,继续团结合作,齐心协力,认真积极地抓紧工作,力争尽快取得预想的效果。

　　编纂类书是我国古代文献学上的一大创造,在我国有很长的历史,有很好的传统。自公元200年《皇览》成书以来,历朝历代都比较重视类书的编纂。在近两千年来,我国古代编纂的类书约有一千六百多种,其中卷帙浩繁,容纳五百万字以上的只有五部,在今天仍是学者和实际工作者查阅的重要文献和依据。由于历史的局限,所汇集的资料并不完整,而且采取用韵以统

---

　　*　原载《中华大典简报》第131期。

字,用字以系事的分类方法,查检不易,已经不能满足目前国内外学术研究和文化交流的需要。所以,在近二十年前,我国专家学者和出版工作者即开始酝酿筹组编纂和出版《中华大典》,以适应我国改革开放和各项建设,以及国际文化交流的形势。现在,世界许多国家的学者在考察、研究中国,呼吁我们提供中国文献资料。编纂《中华大典》的必要性已经超出中国的范围,具有世界意义。

《中华大典》这种新型类书,是继《古今图书集成》成书三百年之后,由当代专家学者倡议构筑的一项最大文化出版工程。说其最大是指规模宏大和工程的艰难而言的,内容包罗百科,涵纳儒家、诸子百家、佛道诸教,以及志书的优秀文献资料。全书原计划分设二十二个典(工作全部开展后,根据实际情况还要作适当调整,有所增加),一百多个分典,收书两万多种,七八亿字,是《永乐大典》的两倍,《古今图书集成》的四倍,超过中国所有古代类书字数的总和。

《中华大典》所录用资料,都是自中国古代浩如烟海的汉文资料中筛选出来的。出版一个千万字的分典,查阅的图书资料难以统计,仅初选摘录的资料也是成书的几倍,经反复筛选、爬梳、点校,最后编纂成书的只是其中最精华部分。正在编纂出版的九个典,据统计,现在收集的资料超过二亿字,经过精编精校已出书五千万字,争取今年再出书五千万字。这些成果,是在经费十分困难,报酬很低,经过编纂者和编辑者多年艰苦奋斗获得的,来之不易。他们还在编纂、编辑、出版工作的过程中,摸索和创造了编纂类书的一些经验,走过一些弯路,这些经验十分可贵,可供新启动的各典借鉴,有利于今后提高书稿的质量,加快工作的进度。

从现在起,《大典》编纂出版的条件有很大改变。同是国家项目,在作法上,过去是领导机关支持,国家财政予以少量垫支款帮助,专家学者编纂,编辑出版均由各地企事业性质的出版社承担,这个办法实践证明不可行,由于经费困难,编纂工作进展缓慢,有时工作陷于停顿。现在情况改变了,国家财政拨专款给予保证,政府部门列入政府出版工作规划;工委会和编委会也做了调整和充实,增加了与编纂工作有关的党政部门在职的领导同志,今后编纂出版工作中的问题能够及时解决,《大典》工作前进的步伐一定会更快。

我提出几点意见,供各位参考。

一、要高质量完成《大典》编纂出版工作。

书的质量是书的生命。《大典》的质量问题贯穿编纂出版工作的全过程,每条资料的选录,每个符号的使用,以致最后印装成书,都同质量息息相关,要认真对待。希望各位专家学者和出版工作者根据这次会议的精神,把保证书的质量放在头等地位,继续齐心协力,艰苦奋斗,发扬奉献精神,抓紧时间,集中精力作好编纂工作。资料普查是《大典》工程的基础和第一道工序,编纂工作各个环节的经费应优先考虑,保证每个典前期工作的正常运转,编纂出高质量的书稿。质量和进度都要重视。会后各位典的主编还要同出版社共商具体安排,前九个典要力争在三年内全部完成出书,新启动的十四个典,要力争在 2010 年前全部完成书稿的编辑和终审工作,并完成大部出书,达到精品要求。全赖专家学者和出版工作者的协作和奋斗。我相信只要大家齐心协力去做,上述时限的要求是可以实现的。

二、要按倒计时的要求安排编纂出版进度。

为了在规定的时间实现已确定的任务目标,每个典的资料普查、编纂交稿、审定发排、印制出书,都应做出倒计时的安排,在规定的时限内完成规定的工作量和质量要求。《大典》的事,从酝酿到现在已近二十年,形势要求我们抓紧做,不能再拖延了。时间不等人,《大典》启动以来参加工作的领军专家学者已谢世九位。在某种意义上,编纂《大典》也是一种抢救工作,步子慢了,不利的条件和困难会更多。《哲学典》起步较晚,他们仅用了五年多一点的时间(实际工作时间只有四年),就完成了书稿的二校,现在已进入三校,准备6月送《大典》终审,争取今年出书。《大典》编辑的《工作简报》已出版116期,哪一个典有什么好的经验和做法,《工作简报》会及时向其他各典介绍,以供参考。大典办公室要把《简报》继续办下去,争取办得更好。

三、要组建好老中青相结合的编纂班子。

《大典》编纂实行主编负责制。编纂《大典》是古籍整理,也是学术研究工作,主要在老一辈有声望的专家学者指导和支持下,充分依靠和发挥中年专家学者在编纂工作中的骨干积极作用。同时,也要吸收一批学文史和科技史专业的青年参加。对他们来说,是一个进一步学习、深造的机会,通过三五年实际工作的磨炼,培育出一批具有较高专业水平的青年人才,得到书成人就的结果。为了调动他们的积极性,各典要配合有关部门认真解决中青年学者职称职务的评聘,经费报酬的多少,工作量的计算,以及承担编纂任务是否在本单位立项,十分重要。希望政府有关部门发文,把编纂《大典》作为国家项目正式下达到参编人员所在单位,要求承担《大典》编纂任务的学术研究单位、高等院校,都要给予承认和立项,计算工作量,职称职务的评聘要与其他国家重大科研项目同等对待。

四、《大典》办公室继续发挥沟通、促进、协调、服务的作用,切实解决编纂出版过程中出现的问题。

这里着重说一说《大典》办公室的职责和任务。按过去的规定,办公室是两委会的日常办事机构,主要任务是组织实施两委会制定审核的各项规章制度和各项决议,了解落实的情况,协调各典之间、典与出版社之间、作者与所在单位之间的关系,帮助解决工作中出现的困难、矛盾和问题,推动编纂出版工作的进度。

应该说,这些年来,《大典》办的同志紧紧把握住了自身承担的任务和工作职责,始终兢兢业业,认真负责,积极为编纂出版工作服务。编纂者和出版社的矛盾和争执,办公室的负责人都能及时协调,化解矛盾,保证编纂和出版工作的顺利进行。工委会和办公室的负责同志还利用各种机会,开会和专访的形式,多次会见承担《大典》编纂出版任务的江苏、四川、浙江、云南、上海、湖北等省市委书记和有关部门的领导同志,争取他们对《大典》工作的了解和支持,先后解决了《文学典》《语言文字典》的困难。在山东大学、湖北大学等高校的立项问题,上述各省市都给了该省市相关出版社一定数额的专款补贴,提供了办公用房和设备,改善了工作条件。特别是江苏省有关部门对《文学典》的编纂出版工作,一贯给予了经费的保证和人员的支持。出版集团的负责人常说,要钱给钱,要人给人,砸锅卖铁也要把《文学典》编纂好、出版好。

还应该说的是,十多年来,《大典》办公室的工作条件极差,工资补贴很低,工作人员却从无怨言。办公室成立于1991年,一没有编制,二缺乏经费,三人手很少,少时只有一两位,多时三四位离退休的同志坚持坐班工作。办公室办公经费无固定来源,从出版社借用垫支款中提留百分之四,筹集四十万元,中宣部、新闻出版总署拨款六年,共计九十万元,另外筹集几十万元,总计一百八十万元。平均每年使用办公费十一万元左右。办公环境和条件非常简陋,办公室是租赁新华书店总店食堂楼上搭建的两间简易房,既作办公室又当书库。冬天室温最高在十三度左右,夏天太阳烤的像蒸笼。没钱购置办公设备,桌椅、复印机、书架、文件柜,大都是从中宣部淘汰的破旧家具中带来和借用的,有的是从总店扔的破烂中捡来的。因无会议经费,多年不开人多的大型会议,终审书稿会议费也由有关出版社承担,外地各典邀请办公室负责人参加会,也多由组织会议方付差旅费。办公室的工作人员外出办事尽量节省开支,不乘出租车而骑自行车。他们在很长的一段时间里,每人每月只补助九十元,不够一人每月中午一餐的盒饭钱。现在的工资补助每月也只有八百元。十六年来,他们始终保持着旺盛的工作热情和艰苦奋斗、克勤克俭的工作作风,是可贵的。现在国家拨了经费,工作环境和条件作相应的改善是应该的和必要的。希望那种努力为编纂出版工作服好务的精神更好地发扬。

总之,现在我们面临着编纂《大典》的极好机遇,国家给我们提供了很好的条件,投入了很大的财力、物力。我们要在社会各界的支持下,使这一精神产品足以反映我国当代学术研究和古籍整理的水平,在社会主义建设中发挥作用,对中华文化建设做出积极贡献。为祖国争光,为后代留下一部完备、可信、可用的工具书。

我深知,承担各典的主要负责人及编纂者,多是他们本专业领域的骨干,手头都有较重的教学或科研项目。既然承担了国家的这个重大文化建设工程,希望能妥善、周密地安排好手头工作,出国访问、应邀讲学、参加学术评估审议等活动,能推迟的、能委托别人的都安排好,给大典编纂工作留出足够的时间和精力,务期不负国家的重托。愿与大家共勉。

2006 年 5 月 30 日

任继愈先生在《史学理论及
史学史分典》付印样稿评审会上
的总结讲话(摘要)*

　　任继愈先生 10 月 27 日在《史学理论及史学史分典》付印样稿评审会上作了总结讲话。讲话针对该分典样稿评审会上发言中提出的问题,同时对其他典的编纂和编辑工作也具有普遍的指导意义。现记录讲话要点数条,供参考。

　　1. 大家提的意见都要记下来,海纳百川,择善而从。我们大典实行的是主编负责制,遇到不同意见,最后由主编决定。

　　2. 对编纂和编辑工作都要认真负责。中华民族是重视历史的民族,广大读者都有一些历史知识,因此编纂《历史典》取得广大读者的认同,难度更大一些。我国历史长、史料多,更要高要求。《历史典》,还有《文学典》,编起来难度更大些。

　　3. 关于编纂采用的版本,不是版本越古越是善本,善本是指代表一个时代特色的版本,善本不是尽善尽美。近现代人整理过的版本,好的可以选用,标点是不具有版权的。

---

　　*　原载《中华大典简报》第 134 期。

4. 天人问题,《哲学典》要讲,《天文典》要讲,但要有所侧重,比如天道讲到关系到政治、治乱、国家兴亡的,《历史典》也必须讲。有些重复在所难免,但在一个典内不要重复。

5. 关于摘录资料的字体,可改可不改的就不要改。要查对原著,对原著负责,尽量不要改动。必须改的要慎重。

6. 编纂者和编辑出版者要随时交流,《文学典》在这方面有很好的经验。书未出版前,编纂者和出版者就要交流,不要形成对抗。

7. 有人对《四库全书》评价很低,主要是批评对民族问题方面有篡改。我们曾认真核对过,《四库全书》编者都是当时的专家学者,错别字比较少。

8. 用资料要和原书相同,不要改古书,在原基础上加以改善。

最后,任先生对《史学理论及史学史分典》比后来的其他分典先走一步,这个分典的经验对后来的其他分典有参考借鉴价值。

2006 年 10 月 27 日

任继愈先生在《中华大典》编纂工作经验交流会开幕式上的讲话*

很难得有机会跟朋友们见面,交流意见,今天大家聚集一堂,很高兴。先说我们这个《大典》的编纂,为什么要编这个典,"工作条例"上都有了,在这就不重复了。现在讲讲我个人的感想:《中华大典》的编纂,我觉得是时代的需要,《大典》的前身是康熙年间开始编纂的《古今图书集成》,这么一部书,是资料性的东西,现在那本书还能用。李约瑟编《中国科学技术史》,他要求工作人员手头必须摆一部《古今图书集成》,这就说明这个资料三百年以后还能起作用,这说明资料性的工作是基本建设。康熙皇帝的想法是盛世修典,国家强盛,有了武功……文治也要跟上。乾隆编《四库全书》也是这个意思。

我们今天来编《大典》这个工具书,不像皇帝为了表扬自己,我们经济连续三十年增长,这是当前世界上没有过的。我们持续三十年不断地发展,这是给我们今后的文化发展创造了条件,如果在二十年以前,十年前我们搞不了这么一个规模。国家经济大发展以后,文化发展高潮就要到了,我们《大典》所做的资料

＊　原载《中华大典简报》第 141 期。

性的工作,是为今后文化高潮准备基本的资料。我们无愧地说,五千年的文明发展持续不断,在世界上只有我们中华民族这一家。世界上文明古国不少,还有比我们更古老的,可是他们那些文明古国,如埃及、巴比伦、古希腊等都没有持续下来,中断了。还有些国家有文明也很发达,可它有今无古。美国的历史只有二百多年。只有中国,五千年来持续不断地发展,我个人理解,文化就是人类创造的一切成果,都叫文化,有精神的,有物质的。

我们《大典》编纂的下限到辛亥革命为止,到1911年为止。因为辛亥革命以后,资料容易得到,古代的资料比较困难,古代也有工具书,可那个时候的工具书范围很窄,分类也不一样,我们现在编这一工具书为迎接文化高潮的到来,为我们后来文化建设提供方便。哲学,中国古代就没有这个名词,学科分类没有它,可是哲学的内容中国是有的,我们照现在的科学的分类,后人检索方便。我们必须做得可靠、可信,后人根据这个资料作研究就有了坚实的基础。我们为文化发展的高潮铺路。我们在座的各位都是文教界、出版界有经验的。回顾建国五十七年以来,我们有一个很明显的失误,就是旧的文化和现代社会主义新文化割断了,文化是不能割断的。可是中华文化五千年,这份丰厚的遗产要十分珍视。我们这个乱的时候世界进步非常快了。有些耽误,失误就是文化的特点把它割断了。政治的革命,政治的转换,它可以以哪一天为限划开了。只有文化不可能切得开,五四运动学生游行,发生在1919年的5月4日,"五四"精神绝不是5月4号那一天才有的。

时代需要我们作资料工作,为后来文化的发展做准备。时代要求我们整理资料,整理可信的资料,为后人所用,历史的使命给我们这么一个位置。整理资料,为后来文化建设的高潮作准备,这样我们的责任就非常的重大。大家不要轻视一个标点符号,古时候没有标点的,一个点点错了,意思就不一样了。《大典》的标点要求还是很高的,要有深厚的学问根底才能做到这一点。

大家都是比较忙的人,我们偏偏找的就是比较忙的人。没有什么专长我们还不吸收。难度比较大,其难度不在写专著以下。编者动手不要自己写作。印刷条件也方便了,出书比较容易了。市场上出现了一些印刷精美、内容空泛的专著。对社会没有什么用处,书能够长寿吗?清朝大学者顾炎武说过:著作者要写出前人所未及就,后世不可无者,整理古籍怎样才算及格呢?不要后人再费事,就算质量及格了。工业上防止低水平的重复性建设,我们文化建设也同样要避免低水平的重复性建设。现在我们《大典》做成以后也像《古今图书集成》那样,不说管三百年,能管一百年也好。

还有一个意思想提出来,现在参加的工作者都是学术界比较有地位的专家,国内也找,国外也找。希望大家接受任务以后,外来的应酬写作,要尽量减少,能够放一放,先把《大典》这件事做完。不要搞“胡子”工程。这是个系统的工程,哪一个环节出了问题,这个书就不能发挥社会效益,等于没有完成。一切都完了,印刷没有跟上,装订没有跟上,这个也不行。这个系统工程大家合作才能做成。

今天我们参加的人有出版界的、有作者、有组织者,凑起来才能完成它,才能把这个东西送到读者的手上,这才算完成。这个国家工程代表国家的水平,做得好以后为国争光,只能做好,不能做坏。责任重大,任务艰巨,我们对学术负责,成果不是能用金钱衡量的。我们编纂《中华大藏经》,前后编纂十二年,开始在社科院编,后来到图书馆接着编,编成了。编成以后,这个书作为国礼送给佛教国家,也得了国家图书奖。一块钱一千字,后来增加到二块钱一千字。最后增到八元千字,我编这书不是冲着稿费我才编。既然时代要求我们做,需要我们做,我们应当做,这是心安理得的。这次编《大典》的稿费有所增加,并不算高,大家不要计较。港澳台这些地方稿酬比较高,如有要求讲学、写书,可尽量推后,尽量减少外来的干扰。

　　*　　*　　*　　*　　*　　*　　*　　*

　　大典有一个工作委员会,一个是编纂委员会。工作委员会的任务是排除外在的障碍和困难,编纂委员会的任务是一心一意地编书,保证质量。这两个分得比较清楚。我们大典办公室是协调这两个委员会所有的问题,大家有什么困难、问题,都可以向大典办公室提出来,这是为大家服务的机构。

　　还有一个意见要说明,我们大典主编负责制。有些问题争论不下,主编决定。

2006 年 12 月 22 日

任继愈先生在《中华大典》编纂工作
经验交流会闭幕式上的讲话[*]

　　参加这几天的会感觉很兴奋,也感觉到担子上压力很大,因为过去经费不足,没有条件,只有苦干。现在这个条件好了,舞台搭好戏要唱砸了的话,怨不得别人,只能怨我们编者了。一方面是高兴,一方面是很重。这次会开得很好,刚才永湛同志讲得很全面,有些话我就不再重复了。我就讲些具体的事。咱们这二十四个典,与1988年1992年设计的典有点变化,从科学体系上来说并不令人特别满意。比方我们原来就有《考古典》和《民族典》。后来取消了,考古研究所有规定,没有公开发表之前,任何人不可以报道,后来就没有上。《民族典》,还有一个《其他社会科学典》,这些典都取消了。社会学边界不清,取消了。《民族典》我感觉问题也很难,五十六个民族中有的民族没有文字,古代汉文记载关于少数民族更不全面,有的多,有的少,古书大汉族主义有的对少数民族记载有偏见,也不利于民族团结,就取消了《民族典》,增设了《民俗典》,《民俗典》就丰富多了,自由也多了。二十四个典的设置,在科学体系上不是太理想,但基本上可

---

　　*　原载《中华大典简报》第141期。

以涵盖我国古代文化的全部。《农业典》筹备工作中间停顿了一段，停了以后我们仍很注重《农业典》，农业立国五千年，外国就知道我们农业很有成就。刚才《农业典》的主编已经说充分利用数据库，我希望建立数据库，先满足《农业典》的需要，先满足《农业典》的要求。再一个国家图书馆的资料比较丰富，可以保证供给。

资料取得，有红头文件发到，这个不再说了。还有一个途径，就是我们各个典的专家们尽量利用个人的关系，国内的，海外的都有，有时候私人的交谊比红头文件还要快捷。我过去编《中华大藏经》有过这种经验，《医药卫生典》也有类似的经验。过去台湾跟我们也没来往，我们通过美国的朋友再到台湾。除了国家支持以外，尽可能用些关系来取得资料。

再一个就是奉献精神。奉献精神我主要指的是我们在座的几个主编。对于年轻人要给予充分的体谅，因为拖家带口的，他们上有老下有小，有时候小孩的费用比大人还多，这是实际困难，必须考虑到。给他们解决点实际困难。

再就是这个"一发千钧"，或者说"千钧一发"这个典故，现在理解就是危急时刻，字典里就这么讲的。原来"千钧一发"出于《墨子》，两千四百年以前讲如果你拉动千钧的东西（一钧就是三十斤），千钧原则上、理论上，一根头发能拉得动的，断裂处往往出在拉动物体的绳子的薄弱环节上。如果消灭薄弱环节，是可以拉得动千钧。现在我们材料力学研究薄弱环节，现在我们工作里头也有它的薄弱环节，各个典的主编考虑考虑薄弱环节，能弥补的就赶快弥补，要是实在弥补不上，我们又得保证质量，我们宁可把这一部分已经有的有把握的材料分解使用，这样就忍痛取消一个部门充实别的部门，不得已的一个办法，忍痛的办法，弥补一下。

　　各个出版社的领导层,各出版社要指定有一个领导层的专人管《大典》工作。光找第一把手不行。一定要个专人,这个专人要有权利,自始至终盯到底,比责任编辑再高一层的领导要出一个专人。兼顾不行,因为他没工夫看稿子,几千万字他怎么看得过来,他想看也看不过来,没工夫看。希望各个典最近期间,根据自己的情况出个样章,内部讨论,自己给自己挑毛病,哪些不够,哪些符合体例,哪些不符合体例,这是保证质量的第一步。体例都熟悉了,下面的工作就好办。要是生米煮成饭,你要是再改就很难。

　　我很放心的一个典就是《军事典》,我们这个解放军作风我也信得过,由解放军编《军事典》,这个没问题。《文献典》的人力集中,有较好学术传统,不会有大的问题。我很担心的是两个典,一个是《历史典》,一个是《农业典》。原主编戴逸调去搞清史去了,不能兼顾,《历史典》中途换将,对我们的工作的损失很大,耽误了一段时间。再就是《农业典》,我们是农业立国,人家就看我们的《农业典》。《医药卫生典》也很重要,《历史典》和《农业典》就不一样了,农业立国这是国家的本钱,这是几千年靠农业立国的;《历史典》,对《历史典》的要求高,很多人都能挑毛病。《文学典》走在前头,给我们大典立了大功,他取得的经验非常有参考价值,《文学典》值得特别表扬。我记得第一次讨论高纪言同志带来的稿子,大家批评得体无完肤,高纪言也不生气,笑嘻嘻地说我们要改,不合要求的一定改。从编出的成果看,《文学典》很好,评价也很高。《文学典》已经开始用现代技术,《宋辽金元分典》起步晚,完成得快,他那个典的作者都用电脑,时间就省了。这个典编成后,很多副产品也跟着出来了。《中华大典》编成后,除了培养人才以外,副产品也是很丰富的。《艺术典》起步晚难度也很大,昨天下午我参加了《艺术典》的会议,艺术也是代表中国文化思想的重要方面。各个典的难度不一样,希望咱们各典都注意消灭薄弱环节,从而保证《中华大典》这一工程胜利完成。

2006 年 12 月 25 日

任继愈先生在《中华大典》
工作会议上的总结讲话(摘要)*

任继愈先生在 6 月 30 日中华大典工作会议上作了总结讲话。他首先表示,刚才伍杰同志的讲话,代表了大典编委会和大典办公室的意见,我完全同意,下面我再讲几点意见。现根据记录整理讲话要点数条,供参考。

1. 各典在编纂工作中要注意收集稀见的资料,要做到不滥不漏,这样会对后人有很大好处。

2. 收集到的原始资料要多校几次,使之做到准确无误。现在用机器操作,有时会成行脱落。出版社要定制度,规定各级主编要亲自校阅多少数量。出版社要设专人校对。

3. 标点是不具有专利和版权的,经过近现代人整理过版本上的标点有用,可以参考。

4. 使用数据库,有的典可先行,逐步推动。

5. 现在的《四库全书》,比原宋刻本更精一些,只是对民族、政治等部分有改动,历史上政权更迭史料都要有变化。把《四库全书》贬得很利害不对,应择善而从。

---

*　原载《中华大典简报》第 164 期。

6. 保证质量的工作无尽无休,差错率规定万分之一,只是治标的办法。出版书并不费事,能否保证质量,这是需达到的标准,要依靠专家,主编是负有责任的。质量一定要搞好,各典要定出自己的要求。《大典》这种大型类书,近期不可能再有重编的,我们一定要注意质量,给读者提供一部可信实用的工具书。

2007 年 6 月 30 日

任继愈先生在《中华大典》
编纂出版工作会议上的讲话*

永湛同志和斌杰同志刚才的讲话，我完全同意，就不再重复。现在，我从编委会的角度谈几点意见。今天这个会，是全面向《大典》工程进攻的一个誓师大会，外部的条件都有了，就看我们内部的条件做得怎么样。

我们一再要求也是共同的愿望就是保证《大典》的质量。保证质量工作的第一步就是编纂工作的质量要保证。编纂编坏了，编歪了，以往所有的工作都没有用了，是不能补救的。各典编纂工作的第一步就看编的质量，编委的工作责任重大，这与质量的高低，典编纂的成败很有关系，请大家引起充分的注意。《大典》是长期被人引用的工具书，一部收集文献资料的书。它是长销书，不会变成畅销书，它是供人们长期使用的，就更要细心，这是保证质量很重要的一点。各典的质量要靠全体编纂和编辑人员的保证，谁编谁就要承担保证的责任。

现在有一个多年来就有的问题。我们二十四个典的主编都比较忙，任务比较多，有的兼了一些行政事务，所以，要集中精

---

*　原载《中华大典简报》第189期。

力,保证质量。全力以赴难做到,那就希望做到主力以赴。各个典主编开始尽量地全力以赴,在一段时间里把主要的力量用在《大典》编纂上,看能不能安排,其他活动能够推迟点的往后推一推。各位主编年纪都比较轻,身体也比较好,往后推推有时间了再作,请你们自己掌握,硬性规定也不可能,自己要掌握一下。要求你们在二年之内集中力量放在编《大典》这部书上,往后外面请你讲学你可以推一推,做报告可以不去的尽量不去,集中精力保证编《大典》。

再就是二十几个典都有各自的难处,也不能统一规定要怎么样就怎么样,希望各个主编了解自己典的薄弱环节在什么地方,加以克服。这样,典的学术价值就会提高一步,上一个台阶。希望各典主编心里都有数,薄弱环节给补上,补上以后典的面貌就会为之一新。首先是人力,人要找对,人找不对以后就很麻烦。

还希望大家在开始的时候要注意体例。比如古代帝王年号后面加一个公元多少年,有的写中文,有的写阿拉伯数字。出版时要统一。这点小事一开始注意,就可以避免返工,因为我们是几亿字的大书,返工时间耽误不起。所以开始的第一项要注意体例。

再有一点请注意,就是交叉重复问题。一个典内的科学领域有些接近的,会有交叉,可以有点重复,但分典的内部尽量避免交叉,避免重复。不同的典之间允许有重复,像《历史典》讲司马迁,《哲学典》也讲司马迁,这是不可避免的。像韩愈既是文学家也是哲学家,可能在几个典里出现。各典内部要自己调整好。

还有一点,希望大家经常交流情况。全体的会不能常开,但通气的会即小会尽量多接触接触有好处。现在通讯方便,不一定全靠开会。各个典有什么经验,都也可以利用通信工具多交流。

最后一个要求是，典是长期使用的，保证质量就是要准确。准确就是不要与引用的原书、原始材料不一致。这样人家才能信任这个书，人家查到资料信不过，不放心，还要再核对原书，就说明我们没有做到保证质量。一定要使人信得过才算质量合格。

衡量质量，标准是选材要有代表性，选资料时，有代表性的没选，没代表性的又选上了，这就不妥当。第二选可信的资料。可信，信得过，查完《大典》以后，不必查引文的原始资料，信得过，不会有错。这也是保证质量的要求，不算太高，做到也不那么很容易。

最后的一个感想是，这个文化建设比别的建设更难，不像修高速公路比较容易，只要有钱有材料就干吧，文化这个可不行。比方说我们这个任务前十几年没有启动，现在开始启动，也给那么多设备和经费，也给你保证一切要求，我们能拿得出来吗？拿不出来。这不是很快就能够完成的。科技发达的今天一个人一年出十几本书都不稀奇，也不难，十年磨一剑的很少。我们这个大典不只十年了，希望大家认真地保证质量，做好。

2008 年 2 月 24 日

哲学社会科学关系国家和民族命脉*

——《续修四库全书》出版的重大意义

　　《续修四库全书》这样大的一项文化工程几年内竣工,这是文化出版界的盛事,值得祝贺。

　　《续修四库全书》是清朝《四库全书》的续编。讲到《续修四库全书》,不得不提到乾隆"四库"。当时正逢乾隆盛世,政府集中全国人力,用了十年时间才完成了这一套大书。它涵盖了中华文化的全部内容。按当时的科学分类标准,学问不出经、史、子、集四大门类。这部大书反映了清朝国力昌盛,人文科学、社会科学繁荣的实际情况。

　　"五四"时期,一些学者对《四库全书》评价不高。这是事出有因的。清朝以少数民族统治了广大地区众多民族。清朝皇帝发现汉文典籍中有涉及民族问题的记载,便作了删改,这是乾隆

---

　　* 原载《中国图书评论》2002 年第 6 期,题目《〈续修四库全书〉出版的重大意义》。

皇帝做的一件蠢事。自从有了印刷术，一部书不会只印一部，即使《四库全书》不收，还有其他版本流传。这部大书汇集了很多有价值的学术著作，给后人留下有用的资料。其优胜之处，也不应忽视。

《续修四库全书》数量大，品种多，它反映了乾隆以后二百年来学术著作的新成果。我们采用现代印刷手段，编辑人员也比乾隆修书时少得多。《续修四库全书》，避免了"四库"的损失，短期完成这项宏大事业，很了不起，它将载入中国出版史。

乾隆皇帝用全国人力，十几年才抄写成七部书。今天我们编的《续修四库全书》为成千上万的读者提供方便，它的社会效益更远远胜过乾隆"四库"，我和大家一样十分高兴。

高兴之余，又不得不引起一些忧虑。近年来，我接触到的不少青年学者（包括学生、教师及某些研究生的导师），生活在书籍的海洋里，却沉不下心来读书。不读书而喜欢写书。才思敏捷的，一年之内写它三五本，毫不吃力，写得又多又快。现代信息方便，从网上下载，连缀成篇，著作后面附有长长的参考书单子，令局外人莫测高深。当年我带研究生时，要求学生必须掌握第一手材料，读不懂原著不能写文章。这几年风气大变，有些教师考核研究生，只要求他每年写多少篇文章，还要发表在某一级别的刊物上。这就助长了浮躁学风。我们的出版界，对学者作品不按质论价，而是按字数计酬。长而空的文章有了市场。

我现在只说文科（哲学、社会科学）。文科研究的对象是人，是社会。最能体现一个国家和民族的品格的是哲学和社会科学，它关系到民族和国家的命脉。

哲学、社会科学的成绩，短期看不出效果，它的弊病的潜伏期也较长，其症状不会当时发作。正因为哲学、社会科学有这种持久性的特点，它们的作用往往被忽视。

以史学为例,前人说过:"亡人之国者,必先亡其史。"史学关系到国家的存亡。从反面来看,也许更清楚。日本当年占据我国东北,禁止中小学学中国史;越南沦为法国殖民地后,法国禁止越南人学习越南史。日本近年几次修改他们的历史教科书,有意掩盖二次大战时期日本侵略邻国的罪行。可见社会科学是国家兴亡之学,民族盛衰之学。

自然科学落后要挨打,早已引起人们的关注,哲学社会科学落后也要挨打,甚至亡国,似乎还未引起更多人的关注。

《续修四库全书》中绝大多数典籍属于哲学、社会科学领域的资料。我希望这部大书得到充分利用,发挥其社会效益。这是一个老教师发自内心的祝愿。

为《四库全书》正名[*]

经国家有关部门批准,商务印书馆将印行国家图书馆所珍藏的文津阁本《四库全书》,这是中国出版史上的一桩伟业,更是中国文化发展史上的一件盛事。

对文津阁本《四库全书》的出版,中国出版集团和商务印书馆组织专家队伍进行了多次学术论证,大家都一致认为,无论是从文物保护还是学术研究均有出版的价值和必要。我们国家图书馆也表示大力支持。现借这次出版之机,我谈三个方面的问题:

十多年来,国家图书馆专门组织人力对文津阁本《四库全书》和文渊阁本进行比较研究,杨讷先生带领助手们一页一页、一卷一卷、一书一书地对比,花费了大量的精力和时间,发现两阁本差异很大。从书名到篇、卷、收书到版本等都有歧异,文字上的差别则更多。这种差异或区别大大出乎原来的想象。就目前初步的研究来看,两阁之间差异较大,不同的阁本有不同的价

---

　　* 原载《中华读书报》2003 年 8 月 13 日。后曾以"中国文化发展的一件盛事——为影印文津阁《四库全书》鼓与呼"为名,刊载于文津阁《四库全书》宣传册,商务印书馆,2003 年版。

值。因此,我们率先安排将集部中文渊阁本所没有的文章内容刊刻为《文渊阁四库全书补遗(集部)》,共达十五册之多。这还不包括个别的文字差异。此书的出版,给学术研究带来了很大的帮助。这当然还很不够,全部印行才是办法。我们应该认定其作为阁本的地位和价值,文渊阁本是不能取代文津阁本的,文津阁本《四库全书》具有特殊的内涵,这一点尤其值得我们的重视。至于为什么会形成这样大的差异,还有待深入细致的研究。全部印行是最好的体现。我相信,学术界会翘首以待。

尽管学者们都在用《四库全书总目》,但对《四库全书》本身各种评价差异较大,做学问的人著述一般也不引用《四库全书》作为版本依据,这里面的原因很复杂,主要是认识上的误区。我认为,过去学术界、文化界对《四库全书》的批评性意见过多,过激。所以,我认为有必要趁此机会为《四库全书》做一些"正名"工作。

无论如何,《四库全书》的编纂是一项前无古人的文化伟业,迄今为止,她也是最能代表中华文化博大精深的载体。二百三十多年前,乾隆依托鼎盛的国力和个人的雄心,费去十余年的心力,动员全国成百上千的优秀学者的力量编成此书,这在世界文化史上是无可比拟的。《四库全书》为学术文化界所诟病、诋毁之处是其禁书、改书。说到禁书,这实际上是历代封建王朝皆有的事情,历代统治者莫不为之,在《四库全书》编纂之前、完成之后,亦皆有之。实际上,这是两回事,不能说与《四库全书》的编纂有必然的因果关系。当然,两者是有因果关联的。至于删改典籍,这恐怕也不是乾隆一个人的专利。乾隆从政治需要出发,对许多文献进行删改,其实也是符合历史逻辑的,这是历代统治者所惯用的做法。我们不能因噎废食。《四库全书》的编纂集中了当时众多的著名学者,他们的判断力和学识对《四库全书》的贡献非常巨大,仅从《永乐大典》中辑出的佚书就有三百多种,这本身便是一项了不起的贡献。我们应该充分挖掘出蕴藏在其中的学术文化价值,简单、粗浅地否定这样一桩举世皆知的文化伟业不是狂妄,便是文化虚无主义。值得注意的是,许多否定《四库全书》的人,大多对《四库全书》本身没有多少了解,但往往攻其一点,不及其余。其所发表的评论也多耳食之言。真正研究过《四库全书》的学者,反而对《四库全书》十分的重视。像陈垣先生就是一例。

因此,从历史的角度认识《四库全书》的编修,从学术的需要深入了解《四库全书》自身的价值,对今天的学术界来说是十分必要的。所以,"正名"之说并不过分。

商务印书馆和国家图书馆的姻缘从两家创立伊始便发生了,二者都是中国传统文化走向现代化的先驱,同时又都在不遗余力地弘扬和保护传统文化。值得介绍的是,商务印书馆从文津阁本《四库全书》于1915年拨入本馆起,就谋求刊刻。上世纪二三十年代,张元济先生便一而再,再而三地希望将其刊刻出版,或欲与政府合作,或欲独立运行,只是因时代及政治等各方面的原因而始终未成。上世纪30年代商务印书馆所刊行的《四库珍本初集》,是《四库全书》成书以来出版印行的第一次。不过,囿于当时的条件,《四库珍本初集》也有它的不足,一是选用文渊阁本为底本,一是选印量仅全书的二十分之一。当然,众所周知,上世纪80年代,台湾商务印书馆始得以印行全套文渊阁本《四库全书》。虽然是两家机构,但属于同一个品牌。今天,商务印书馆踵事增华,刊行文津阁本,既是赓续其历史的承诺,又有更为重要的文化意义,那就是两阁并行于世,化百成千,不再拘于深藏密封,既大大便利于学术文化界取资,也对建立和推动《四库》学研究起到根本性的作用,其意义与价值是不可估量的,也是百年商务追求文化理想的完美体现。

我们可以期待,文津阁本《四库全书》的出版不仅是一件有历史性意义的大事,也必将让世人更加深切地体会到民族文化的伟大与辉煌。所以,我谨为此巨制的问世可期而鼓与呼。

《四库全书研究文集》序*

　　清代乾隆年间编纂的《四库全书》是一项史无前例的巨大文化工程,这部名举中外的大型丛书,汇集了中国古代乾隆以前的主要文化典籍,长期以来被人们誉为"传统文化之总汇,古代典籍之渊薮",许多学者都将它与长城、京杭大运河联系在一起,被视为中国历史上最伟大的三大工程,视为中华民族的骄傲。

　　二百三十多年前,雄才大略的乾隆皇帝,在全国范围内发动了历史上规模最大的一次征书活动,又动员了全国三百多名优秀学者,以十余年的心力,编成《四库全书》,同时还附带编纂了《〈四库全书〉总目》《〈四库全书〉简明目录》《〈四库全书〉考证》等一些极富史料价值的书籍,这在世界文化史上都是无可比拟的。《四库全书》修成后,乾隆又谕令将《四库全书》抄成七份,分别藏于紫禁城的文渊阁、沈阳故宫的文溯阁、圆明园的文源阁、承德避暑山庄的文津阁、扬州的文汇阁、镇江的文宗阁和杭州的文澜阁,起到了"嘉惠艺林,启牖后学"的作用。可惜,在《四库全书》修成后的百年之间,先是"南三阁"中的扬州文汇阁和镇江文宗阁毁于太平天国,相继是"北四阁"中的圆明园的文源阁毁于

---

　　*　《四库全书研究文集》,敦煌文艺出版社,2005年6月版。

英法联军,至今我们能看到的只有四阁全书,而文澜阁还是经过大规模补抄而成的。因此,对于这一笔珍贵文化遗产的保存与研究,是我们文化工作者义不容辞的责任。

20 世纪是《四库全书》研究的重要时期,像陈垣、余嘉锡、杨家骆、胡玉缙等,都以毕生的精力对其进行深入的研究,其成果足以令人叹为观止,其精神也令人敬仰。20 世纪八九十年代对《四库全书》的研究很是令人欣慰的,无论是大陆、台湾还是海外学者都在研究中取得了很多成果,而且研究面也越来越宽,有不少学者开始提出"四库学"一词,以便促进《四库全书》研究的进一步发展,这在学术发展上是一件好事,希望能继续保持并进一步发扬。然其中仍有不少问题需要我们去解决,我在《为〈四库全书〉正名》中曾提出各阁《四库全书》存在着差异问题,还有待"四库学"者做深入细致的研究。

甘肃省图书馆从上个世纪 60 年代开始负责文溯阁《四库全书》的保存工作,近四十年来,该馆为文溯阁全书的保管与利用做出了巨大的贡献,同时还积极地组织一批专家学者对《四库全书》作深入的研究,不断取得新的成果。在文溯阁《四库全书》迁居新藏书楼之际,又总结了近二百年来的优秀论著,从上千篇文章中精选出七十余篇清末民初至 20 世纪 90 年代以来的优秀研究成果,编为《四库全书研究文集》予以付梓,这是对"四库学"研究成果的一次很好的总结,文集的出版必将推动《四库全书》研究的进一步深入,也会对中国传统文化的研究起到促进作用。

谨以此序期待"四库学"研究有更多新成果问世,中国传统文化的研究更上一层楼!

评马学良等彝文《劝善经》译注*

　　彝族是我国古老的民族之一。有传统的文字和丰富的彝文古籍,记载历史、历法、谱牒、哲学思想、诗歌文学,以及原始宗教等经典,是研究彝族历史文化的重要文献资料。

　　这些经典主要是手抄本,刻本很少,这本彝文《劝善经》算是仅存的最早彝文刻本。书中以道家《太上感应篇》的章句为母题,于每章之后用彝文加释义与解说,全文约二万二千九百字,为今存彝文古籍中内容丰富、字数最多的一部著作。

　　现存的手抄本彝文古籍,多为记述原始宗教的祭经,而这部《劝善经》的内容多为宣教说理,传授知识,通篇以《太上感应篇》为题,结合彝族哲学思想、风俗习惯作释,可谓借题以发挥。名为劝善,实际是按奴隶社会和封建社会所谓善的标准说教,即宣扬忠君(奴隶主)思想,因果报应等宗教观念。该书作者尽管有他的阶级烙印,但其中也有不少破除迷信、发展生产、改革陋习、移风易俗的篇章。如旧时代彝族有病就延巫祭神、禳除。该书

---

　　* 据《竹影集》。曾载《世界宗教研究》1986 年第 3 期,收入《任继愈学术论著自选集》《念旧企新》《皓首学术随笔》等。彝文《〈劝善经〉译注》(中央民族学院出版社,1986 年 1 月版)。

则劝人不要信巫师的话，有病要吃药，传染病要隔离，并且指责巫师以鬼神欺骗病人。提倡保护牲畜，向汉民学习先进思想和技术，发展生产等等，这在当时条件下是十分可贵的进步思想。

彝文《劝善经》真实地记录了彝汉兄弟民族的思想文化的交流源远流长，它从另一个侧面说明中华民族的文化是各兄弟民族共同创造的，汉族离不开少数兄弟民族，少数兄弟民族离不开汉族。

彝文古经书，多为五言诗歌体，该书打破五言体，而以浅近流畅的文笔，宣教说理，遣词造句，井然有序。因此该书也是研究彝族语言文字的重要资料。

该书是马学良教授在四十年代初，在云南省彝区调查研究彝族语言文字时请彝族经师讲解，随文加以译注，但译稿迄未付印，十年动乱中译稿荡然无存。1981 年马学良教授和他的助手范慧娟又与云南禄劝县彝族经师张兴、唐承宗重译此书，历时年余，全书完成。

回顾四十年代时，我曾应马君之邀，去云南寻甸、禄劝彝区小住，考察云南少数民族民俗。当时马君深入彝区，与彝族同胞结下深厚友谊。寒夜荒村，一灯如豆，与几位彝文经师逐字逐句翻译此书。此情此景历历在目，回首往事，已过了四十余年。全国解放后，党的民族政策得到贯彻，对兄弟民族文化、民族文献的整理工作，也与国运更始，彝族文化的发展已成为中华民族文化发展的组成部分。喜见此书的问世，因记其始末，以志老一辈学者开创研究彝族文献的艰苦，又为今后青年学者研究彝族文献得一指导性的著作而庆幸。

彝文《劝善经》译注，中央民族学院出版社 1986 年 1 月出版。

彝族文化研究的重要资料
《爨文丛刻》(增订版)*

　　《爨文丛刻》由丁文江编辑，于 1936 年出版，约十余万字，是我国刊行的最丰富的彝文资料汇编。这部书出版后，引起国外学者广泛注意。解放后，民族研究、民族调查普遍开展，国家培养了一批少数民族语文专家，不断发现新的资料，原先出版的《爨文丛刻》已不能适应新中国彝文研究新形势的需要。1982 年由中央民族学院约请云南、贵州、四川彝文专家，发挥集体力量，在专家马学良先生主持下，编辑《爨文丛刻》增订版，资料由十万字增加到三十万字，还对初版误译处有所纠正，新发现资料有所增补，就原编辑中收集不当不全的资料予以调换。为了标音准确，不用注音字母，采用国际音标。1986 年由四川民族出版社陆续出版上、中、下卷。增订版《爨文丛刻》比旧版更完善，为今后开展彝族文化研究提供可以信赖的资料，值得向读者介绍。

---

　　* 据《文献》1990 年第 2 期。《增订爨文丛刻》,四川民族出版社,1986 年版。

一

当人们初步把自己从自然界分离出来时，便开始文化的创造。文化是人类自身创造的成果，这种创造不仅停留在制造工具，满足生活需要，因为鸟兽也会构筑巢穴。人的创造在简单生活需求之外，还要比鸟兽的制造更多一些文饰。制作衣服，除了在于遮体、御寒，还要增加一些华丽的装饰附加物，这种附加物所费的工作量和所用的心思，甚至比原衣饰本身还要多。鸟类筑巢，兽类掘洞，从远古到现在没有多少发展。本能生活与文化生活的差别就在此。有衣穿，进一步要求华美；有饭吃，进一步要求滋味；有房子住，进一步要求壮丽。文化生活所以能够被提到日程上来，只能在生活资料比较充足以后。这个极简单的道理，就是历史唯物主义的依据。

人类本来没有宗教，社会发展到一定的阶段才有了宗教，动物就没有宗教。根据中国考古材料，人类的历史约有二百万年，产生宗教意识（不是系统的成型的）不过两万年。

宗教要解决的不是直接生产活动，它企图解决社会生活中发生的疑难问题。天灾人祸，给人们带来苦难，苦难的原因来自外部，还是产生于自己？如果来自外部应当如何消解？如果来自内部，如何求得解脱？一般说来，苦难来自外部的观点是宗教意识的低级阶段，或称为原始宗教阶段；苦难来自内部的观点是宗教发展的高级阶段，或称为系统宗教阶段。

我国西南民族地区流行的许多宗教，基本属于原始宗教。彝族的《爨文丛刻》中所反映的宗教信仰，也应归属原始宗教范畴。

原始宗教的特点是宗教活动与生产活动、文化娱乐活动混和不分。宗教活动中有集体娱乐，有欢庆丰收。殡葬死者，不单纯表示哀恸，也为后人祈福。

原始宗教既包含着迷信、崇拜，也反映着人类的追求和向往。对待有害于人类的神鬼，不光是希求它的恩赐，也有用强力使之不能为害的一些措施。

原始宗教包罗万象，涵盖人们社会生活的全部，所以这一部《丛刻》的内容值得深入剖析，系统研究。透过宗教的外衣，探求其中的十分丰富的社会、历史、文化、信仰的内容。原始宗教包罗万象，不光彝族是这样，征诸世界各国无不如此。中国的古代文化形诸简牍的如《尚书》，保存在器物上的如甲骨卜辞，都带有宗教色彩。看待历史，说明施政方针，以至建立城市、迁都、新政权代替旧政权，都离不开求神问卜。这种处处占卜，后来人看来，也许认为未免多此一举。这种行为，在当时人看来，是十分严肃的大事。因为从人类认识史的角度回顾前人走过来的道路，可以发现，这些方面正说明人类认识世界的必由之路。人们要求认识世界，改善生活环境，求得某些符合自身利益的结局，但外界事物在变化着，有些变化的结果可以预知，有的不能预知。在可知不可知之间，存在着某些偶然因素，这类偶然因素，重大的古人叫作"命运"，一般性的古人叫作机遇。命运和机遇都是一个未知数，但是人们又不甘心受未知数的摆布，要问一个究竟，这是人类不断深化认识，推动文化科学发展的内在动力。因此，神的问题也就是人的问题。求神问卜与科学追求，就其性质说，是两种对立不相容的体系，这两种体系，都共存于同一个认识主体中（即人类）。《易经》本来是占卜之书，但占卜之书，却包含着探求世界之谜，掌握未来命运的合理企求。

《爨文丛刻》分为许多章节，各有侧重，但是总倾向及其思维方式则未逸出"人神之际"这个大的范围。其中有祓除不祥的祈求，有追索世界起源的传闻，有指导生活的一些民族古训，有温习本族历史的回溯。它是彝族的"百科全书"，这部百科全书被宗教外衣笼罩着。只要透过笼罩着的宗教外衣作进一步探索，就会是有所收获，掘进得越深，收获也会越多。

二

中国人从事翻译已有近两千年的历史。大量翻译在东晋南北朝时期。翻译的主要著作是把佛经由外文翻为汉文，由汉文翻为外文的较少。唐、宋以后，有由汉文译为藏文的。唐朝也有把汉文译为梵文的，翻为契丹、西夏文字的。明清以后，有从汉文佛经翻为蒙、满、回等文字的。由于西欧与东方接触较多，也有传教士把西方著作从欧洲文字（如拉丁、希腊）译成汉文的。

曾有千余年的翻译经验，究竟以什么方法最好，现在还没有定论。总之，不外两派意见，一派主张意译，翻大意，不必与原文的字句完全一一相当；一派主张直译，主张译文与原文的一字一句都要相当。这两派都有成功的经验，也都拥有一些追随者。直到今天，这两派都有自己的市场。翻译家严复的"信""达""雅"原则，似乎已被广大群众所接受。三者之中，"信"与"达"尤为重要。"雅"属于修辞方面的问题，三者之中不得已去其一，只能保留"信"与"达"。这两条不能再减少了，因为信而不达，等于未翻；达而不信，等于新作。直译意译也不具有绝对的界限，有过翻译经验的人，都有这样的体会。

翻译少数民族文字的著作，为了保持信与达，还有另一层困难，有似当初魏晋南北朝时的译经情况。熟习原著文字的，不熟悉汉语；通晓汉语的，又不熟习原著文字。必须双方合作，互相补充，才能完成任务。而且语法习惯各异，一句话的叙述次序，汉语与西域方言及梵语也有所不同。古人翻译佛经，往往要有"缀文"这一道工序，先把焚文的句子中的词句照原文记下来，然后再按汉文的语法结构把它颠倒过来，服从汉文的表达方式。彝文翻译也遇到了类似的困难。《爨文丛刻》的初刊，采用丁文江先生的办法，"四行译法"。先把彝文的读音用音标注出，再把与原文相当的汉字与彝文一一相当地摆出来，最后把每句的意思照汉语习惯标出来，这种办法称为"四行译法"。（第一行是原文）。这种翻译的好处是科学性强，便于从中发现问题。问题发现后，也便于及时纠正。还有一种好处，是给后来翻译者以充分发展的余地。发现字形字音如有不妥或错误，也便于查找。这种"四行译法"已得到我国民族语言翻译者的认可，并用以翻译其他民族典籍。云南丽江，东巴文研究所翻译东巴经，也采用这个方法。即使目前译文质量没有达到要求，但这个成果可以给后来人提供可信的依据，后人在这个基础上便于继续前进。

三

　　我国为多民族的国家，几千年来，民族之间不断融合，不断取长补短，才取得今天各民族共同前进、繁荣发展的局面。

　　汉民族在我国人数最多，是构成中华民族主要的组成部分。汉族，并不是一开始就是今天这个样子，它也是从居住在中原地区的诸多民族长期融合的结果。秦汉以后，中国内地各民族不断融合，以华夏民族为主体，把众多民族结合起来，形成汉族。晋、南北朝时期，北方有五胡十六国，南方也有许多山地边远地区的民族，经过三四百年的融合，北方各民族逐渐形成北方文化的共同体。南方形成南方文化的共同体，南北朝后期，双方对峙的局面已不再是民族矛盾，而是南北双方两个封建政权的竞争。由于北方政权注重生产，政治管理胜过南方，最后由北方统一了南方。隋、唐两朝开国皇帝都不是纯汉族，都杂一半的北方少数民族血统。

从汉到唐，是中国文化、政治、经济十分发达的时代，达到了当时全世界高度发达的水平。这个现象反映了文化传播的规律。文化要发展、要传播是文化的本性，但传播发展，却是沿着既定的方向前进的。文化是社会生活的反映。社会发展有快有迟，总的趋势是从低级向高级。按照历史唯物主义的原理，人类社会是由原始公社、奴隶制、封建制、资本主义制，最后到社会主义共产主义制。西方资产阶级学者有的不肯承认社会发展有规律可循，但他们也不能不承认社会在进步，人类是由穴居野处，茹毛饮血的社会进入文明社会的，经历了由低级向高级过渡的历程。

如果两种社会文化相接触，首先是引起冲突，接着是产生影响。一般情况下，总是先进的文化影响后进的文化，后进的文化接受先进文化的影响。先进文化起主导作用，后进文化容易接受先进文化中的某些因素。文化因素，既包括生活中的饮食习惯，也包括意识形态和科技知识。如果接触的双方的文化水平相差很大，高层次的文化必将对低层次的文化大量灌输。如接触双方文化层次水平相当，不相上下，它们之间则是相互吸收的关系。中国历史及世界历史都表明这个文化传播现象是普遍存在的。

贵州、云南地区，与内地交往极多，汉唐文化影响到该地少数民族文化。显而易见的如以五行学说为宇宙框架结构，以五行配五脏、五色：

> 造人从肾造，人肾水属黑。壬与癸相依。水来将木润，人肝属木青，甲与乙相依。木上能生火，人心属史红，丙与丁相依。火未就生土，人脾属土黄，戊与己相依。金木水火土，人依世世重，五行顺乃福。

《丛刻》的《治国论》讲述了汉光武时代君臣论治国之道，"君乃民主首，民乃君百体"，这很像汉代的天人感应的思想方法。《丛刻》还讲到"媒妁不作证，男女不成双"的婚嫁方式，可能只是社会上层贵族中的婚嫁方式，显然受了汉族的影响。

《丛刻》中保存的《宇宙生化总图》与道教流传的《太极图》很相似。《丛刻》保存了天干地支，《河图》的"五生十成"、《洛书》的"十生五成"。神的名称也与汉地流传相近，《离骚》有"吾令丰隆乘云"的说法。《淮南子·天文训》"季春三月，丰隆乃出"。彝族管云的神也称为"丰隆"，只是给加了姓，叫"张宏陇"。最明显的受汉族封建文化影响的是彝文的《劝善经》，它译自汉文《太上感应篇》，全文约二万二千九百字，是彝文中最系统最完整的指导生活的准则。

宗教思想中，还有受佛教因果报应思想的影响，命相合婚，婚礼歌中以鸿雁喻男女忠贞，与汉族婚礼奠雁有相通处。据十二生肖的生克，推论婚姻、命运等等，显然受汉文化的影响。《丛刻》中关于彝族来源传说及世家记载，《指路经》祝送亡灵沿着迁来时的道路，一站一站返回故乡，可以帮助了解彝族古代迁移的历史资料。

据1982年全国人口普查时统计，彝族人口为五百四十余万，现在估计应在六百万以上，这样广大人口分布在西南数省，又有自己文字的兄弟民族，对他们文化遗产的整理、研

究，不但对彝族文化是必要的，对中华民族的文化史，也有重
要意义。

中华民族的历史，是由众多兄弟民族之间互相促进，互相
借鉴的长期过程的纪录。现状是汉族占多数，其他兄弟民族是
少数。不论多数还是少数，它们都从自己的角度对中华民族做
出贡献。就其贡献的意义和作用而论，都是平等的。今后还要
在共同建设社会主义祖国的大目标下共同前进。研究彝族文化
也是祖国文化建设的一个组成部分。希望在现有的条件已打下
的基础上，继续提高。

古籍流失的反思[*]

　　鸦片战争前，有时代危机感的龚自珍，关心世界大事，记载中日学者访求佚书的交往。此后，黄遵宪、杨守敬在日本访求海外汉籍，曾引起国内学者的关注。前辈学人访求海外汉籍，他们的目光着眼于"访书"，寻访中土失传而东土现存的珍本古籍，而没有从文化交流的大局作进一步系统的探讨。看到北京大学严绍璗教授的新著书稿《日藏汉籍善本书录》，心开目明，十分欣喜。

　　作者用力之勤，功力之深，超过前人。他历时十四年，往返中日两国二十余回，利用一切的机会，遍访日本公私藏书机构，广泛接触日方的汉学家，以他在学术上的成就，博得日本汉学家们的钦重。因而能够接触到一般读者难以接触的善本、珍本。有利的外缘再加上他为探索文化交流现象的宏愿，锲而不舍的毅力，达到了文献整理的新天地。

　　中国的文化继承，有述而不作、以述为作的传统。后世学

──────────

　　*　据《竹影集》。本文系为严绍璗教授《日藏汉籍善本书录》（中华书局，2007 年 4 月版）所写的序言，曾以《心开目明览杰构——严绍璗教授〈日藏汉籍善本书录〉序》为名，发表于《中华读书报》1999 年 10 月 27 日，以《〈日藏汉籍善本书录〉序》为名，发表于《书品》2006 年第 2 期。

者为增加当时社会发展的新内容，有时故意进行篡改，使"六经注我"。越是流行和通行的古籍，其原貌改易越多。伪经伪史也往往因此而孳生。传入日本的古籍，得以当时传入的原貌保存下来，这对于我们中土学者校勘原著，具有重要的参考价值。同时，也应看到，中土典籍历经改易，也属事出有因，其失真处有时有意为之，亦自有其时代的特色与时代的价值，不能以其有失原貌而轻视其时代的价值。

旧的文献学者，如乾嘉大师们，对古代文献的整理做过杰出的贡献，但他们毕竟是古代的学者，缺乏历史发展观，也缺乏现代科学方法的训练，其缺点是就书论书，没有站在更高的角度观察日本的汉文书籍对两国文化交流的过程中蕴藏着深层的涵义。严绍璗教授编著的《日藏汉籍善本书录》体现了现代学者治学的方法，透过中日汉籍交流的现象，揭示出文化交流的脉络。读此书，不仅使人广见闻，也能助人开思路。

1982 年，国务院召开全国古籍整理出版工作规划会议，决定编辑具有中国特色的《中华大藏经》（汉文部分），以山西赵城金藏为底本，参照另外八种版本校勘，标出各本异同。八种版本中的《资福藏》，国内已佚，是杨文会由日本购得，现藏中国国家图书馆。在历代传世的《大藏经》中，又增加一个新版本。这是中日文化交流取得良好成绩的最新见证。

中华古籍流散到海外，有的出于正常渠道的公平交换，这是值得称道的；有的并不是由正常渠道，而是由于中国藏书家的不肖子孙贪图近利而被贬抑价售出的；也有一些是被掠夺出境的。就文化遗产本身来说，一切有价值的文化成果（书籍也在内）是人类共同的精神财富，应当为人类所共享。但是，身为文化的创造者和所有者，眼望着祖先的遗产流散到天涯海外，自己检寻反倒要请求别人的允许！严绍璗教授在本书中叙述了访问日本静嘉堂藏书的心情，每个爱国知识分子都会引起同感，心情复杂而沉重。这种沉重的心情只有经历过多灾多难的20世纪的中国人，才能体会出来。纂辑于15世纪的《永乐大典》，是当时最大的一部类书，1900年八国联军占据北京时遭到毁灭性的破坏。我们光有爱中华民族的热情还不够，还要有一个足以保护祖国文化遗产的强大的国力，才能保住它。

文化交流的双方，其水平的高下关系到交流的主要流向。揆诸中外史实，总是文化水平高的一方流向文化水平相对低的一方，文化低的一方则往往成为"接受者"。本书中所记，中日文化交流以隋唐为最盛。唐代的文化水平明显地高于同时代的日本。后来历经宋、元、明、清（前期），其势头不减。主要原因是当时中国的文化典籍、典章制度、哲学思想等对日本文化有可资借鉴处。鸦片战争后，中国国势不振，文化水平特别是科学技术方面，在世界文化大国中处于落后地位。中国典籍不再呈现隋唐宋元明清（前期）滚滚东流的势头，这时的知识分子反倒赴日本寻求新知识，翻译新典籍到中国来。

国际交流，有经济的、文化的、政治的三个方面。经济效益是内在的推动力。本书中指出，日本江户时期，即我国的明末和清代的前中期，中国出版的新书，有的在两三年内便在日本流通，主要的动力是经济利益推动，书商有利可图。像《太平御览》在中国是禁止出口的，却也能成套地运到日本。当时的日本政府，曾明令禁止海外贸易，但长崎的书市并未停止。只要有利，商人会主动进行。文化交流可以增进双方的了解和友谊，文化交流做得好也能促进经济交流，而政治交流则是其他交流的保障。有时，双方都有交流的愿望和要求，但政治上出现障碍，也会妨碍经济和文化的正常交流。古代的丝绸之路，欧亚文化由这里沟通，对双方都有利。由于政治原因，战争的影响，这条路有时便不通，经济和文化的交流也无从进行。中日两国文化交流有千年以上的光辉历史，有许多引起两国人民美好回忆的故事。由于近代军国主义好战分子发动侵华战争，光辉友谊的画卷一度遭到污损。

当严绍璗教授的《日藏汉籍善本书录》出版之际，作为一个亲身经历第二次世界大战，又是从中日文化交流的曲折道路上的过来人，深知战争之可憎，和平之可贵。我祝愿中日两国人民、两国的学术界以史为鉴，把中日文化交流推向健康发展的道路，两国人民共同迎接 21 世纪。前事不忘，后事之师。我们中日两国的学人共同努力，造福于全人类，责无旁贷。

《五台山古诗选注》序[*]

在九百六十万平方公里的土地上，哺育着伟大的中华民族。

世界上每个民族都有它自己的贡献，都有自己的文化，否则它就不能存在。

纵观世界，我们不难发现，有的民族在古代有过光辉灿烂的文化，而后来趋于消沉寂寥；也有的民族近代曾不可一世，而它们的古代踪迹却渺茫难考；也有的民族，曾震烁于中世纪，后来终归没落。可以说，有的民族有古而无今，也有的有今而无古。我们中华民族，亘古亘今，屹立于世界民族之林，不断前进，不断新新。虽曾几经灾难、苦厄，但它没有被摧折，而是更坚强、更成熟、更伟大。

祖国有悠久灿烂的文化和近代革命传统，又有奇伟瑰丽的名山大川。山川的自然风貌与光辉的历史遗迹荟萃于一炉，就更生动地体现中华民族的特点。五台山正是这样一个屈指可数的名山，它不止是山西人民的明珠，也是中华民族的瑰宝。

随着我国对外开放政策的贯彻，五台山年年要接纳大量中

＊　原载《五台山研究》1987 年第 1 期。

外游客。国内游人、港台同胞，登上五台山可以增加对祖国的亲切感；海外游客游览了五台山，可以抚摸到中国的民族文化。五台山深宏阔大的气势，气象万千的景观，万古常新的生命力，不啻为中华民族的缩影。

《五台山古诗选注》选编了古代部分诗人、学者登临五台山所写的一些诗篇，这都是千百年来五台山风物景观的见证。由于诗篇作者的着眼点不同，有的见解深刻，有的寓意玄远，也有一些是流连风景之作。千百年后的读者或能从中感到与前人某些心灵相贯通处。古人说，太史公历览名山大川，其文有奇气。客观事物常对人的主观思想感情发生启迪作用。景物与欣赏者，主观与客观，本来是相通的。这一部《诗选》，若能有助于开拓游人的心胸，有助于为游人增添一些历史知识，那将是我们最大的欣庆。

小题目，大手笔[*]

——怀念陈云同志

解放后，我国学术界习惯地听到"厚今薄古"的号召，革命要与一切传统思想彻底决裂。这种心态积重难返。经过"文化大革命"，极"左"的危害得到充分暴露，砸烂孔庙的碑林，却冒出了封建造神思想。人们已认识到文化是不能割断的。中华五千年文化必须了解、研究、分析、批判地继承。文化遗产是中国人民的精神财富。我们炎黄子孙有责任研究它，发展它。恰在这时，在陈云同志主持下发布了整理古籍的文件。

人们熟知陈云同志是我国最受尊重的领导人之一，长期负责工业、经济等方面的领导工作。当浮夸风泛滥，折腾得民不聊生，日子过不下去的时候，请他出来挽救危局，他对症下药，手到病除，全国受惠，功成身退，润物无声。

＊ 原载《古籍整理出版情况简报》总 412 期。曾收入凤凰出版社 2008 年 2 月出版之《古籍整理与出版专家论古籍整理与出版》。

　　"四人帮"粉碎后，他曾对古籍整理工作有过指示。经他提议，中共中央下发了37号文件，文字不多，却给古籍整理工作奠定了基础，指明了方向，古籍整理工作从此开了新生面。陈云同志从此未再过问过古籍整理工作，有似神龙见首不见尾。他领导风格令人赞叹、钦佩、怀念。

　　记得1958年，国务院科学规划委员会成立了"古籍整理出版规划小组"，由齐燕铭同志负责组织工作。1959年，北京大学创立了"古典文献"专业，设在中文系，专门培养整理古籍的青年学者。记得在北大临湖轩开会筹建，参加的有文化部的齐燕铭，北大的翦伯赞、魏建功等中文系、历史系、哲学系的几位教师，以及中华书局连同新闻媒体人员，总共近二十人。会议决定由北大调配师资，开设考据、校勘、训诂、文化史等课程，第一届招生二十名，作为试点。当时北大中文、历史、哲学系的师生们，思想改造运动刚过去，知道应该培养研究古代传统典籍的人才，抱着试试看的心态。

　　1958年全国大跃进，北大文科师生正在农村劳动，哲学系师生下放到北京大兴县劳动。老教师如冯友兰、郑昕、张岱年，还有来华进修的外国留学生也跟着下去劳动，已不上课。接着是三年困难时期。古籍整理提不上日程。

　　记得三年困难时期，中华书局出版了一部《册府元龟》，是我国宋代编辑的一部很大的工具书，在香港印刷，在北海公园某地召开一个小型会，中华书局总经理金灿然讲了编辑出版的过程，当时周一良、周祖谟和我都认为这书很有用，提议中华书局把宋代《文苑英华》《太平御览》等另外几部大书一齐出版，以应学术界的需求。金灿然苦笑着说："出这一部书还是冒着风险的，不能再出了。"周一良说："《资治通鉴》《二十四史》不是已经着手编辑出版了吗？"金灿然说："那是毛主席点名要出的书，出版这部书我是冒着风险的。"金灿然并非过虑，"文革"中他竟以积极出版古籍而遭罪。

"四人帮"粉碎后，全国拨乱反正，古籍整理工作也随着形势的变化被再度提起。1981 年 5、7 月间，陈云同志有两次指示，指出整理古籍工作极为重要，最后中共中央发布了 1981 年 37 号文件，指出"这是一项关系子孙后代的工作"，要有长期打算。恢复了古籍整理出版规划小组，直属国务院，遴选小组成员五十三人，顾问三十四人，并指定李一氓同志负责组织工作，从此古籍整理出版规划工作开了新生面。

陈云同志的指示对这一工作的开展起了决定性的作用，我感到有三点值得特别指出：

第一，时机适宜。

全国在极左风刮得最激烈的时期，经济困难，饭都吃不饱，天灾人祸伴随发生，这些困难陈云同志了解得比任何人都清楚。只有生产上去了，国家稍稍富裕了，才有可能考虑到古籍整理问题。还有一个时机问题：一批老专家健在，我们新一代青年专家逐渐成长起来，有了一定人力。

第二，用人得当。

陈云同志深知李一氓是党内精通古代文化的老同志，有领导才干，德高望重，办事有魄力，善于团结人。李一氓担任古籍小组组长是最合适的人做最合适的事。我们经常看到有的工作确实很重要，也应该做，只是用人不当，好事没有能做好，像这样令人遗憾的事古往今来太多了。李一氓同志果然不负国家的重托，出色完成了任务。

第三，建制有力。

设置古籍整理出版规划小组，直属国务院。赋予古籍办以直接调动全国人力财力的权力。比第一届古籍整理小组时期，责任、权力都有所加强。

古籍整理工作既考虑到当前的急需，又考虑到长远，不求速效，不图近利，有些大工程项目，要长期集中人力，不断由国家投入，短期的三、五年，长期的也有十年、八年才能完成的。陈云曾指出，"整理古籍是一件大事，得搞上百年"。没有宏大的胸怀，高远的视野，提不出这样切中肯綮的意见。陈云同志重视古籍整理并不只为了少数专家，而是更关心广大群众，强调提高全民的素质。他指出古籍整理要有今译；一般读者阅读有困难的，要有注释。这样的构想是为全体人民着想的。又由于古籍门类多、数量大，提出容易整理的先出版，难度较大的后来逐步解决。以中国古籍多达十几万种，期以百年这种设想是合理的。

中华秦汉以来历代有所作为的政府，建国后五十到一百年间，都是注重文化建设的时期。如汉代从文、景两代到汉武帝约七十余年，唐代从贞观到开元盛世、清朝康熙到乾嘉约一百年。参照过去，新中国建国到现在五十多年了，文化建设也正当集聚资料、准备迎接文化高潮的时期。今天中国已走向世界，中国社会主义新文化既要吸收中国的优秀成果，还要吸收外国的优秀成果；既要总结古代，又要构建现代。我们古籍整理出版事业，是建设社会主义文化的组成部分。今天的资料整理，正是为迎接建设新文化高潮准备粮草。

只就 1981 年以来的短短几十年，我们整理出版的古籍的数量已超过了前人。不是我们比古人高明，而是我们比前人占有时代赋予的有利条件，在前人基础上有所前进：我们有现代检索手段；用电脑代替手工操作，可收事半功倍之效；有丰富的出土文物与书面文献相印证；可借鉴近现代已经成熟的国际经验；有观察社会、剖析历史的历史唯物主义和社会发展观——

这些优势条件是我们前辈学人所不具备的。我们看到今天已有的成就，不能不想到陈云同志对古籍整理事业的重大贡献，其社会效益及其深远影响已大大超出整理古籍的范围。他发纵指使，为创建社会主义新文化打下基础；使我们开阔眼界，走上坦途。古人的"为而不恃，长而不宰"的境界于陈云同志的作风体现得很出色。

李一氓同志与《中华大藏经》
（汉文部分）*

　　李一氓同志是革命老前辈，名字我早已熟知，工作上的接触是在 1964 年初。那时胡愈之同志为团长（中尼文化友好代表团），去尼泊尔王国访问，我是成员之一。临行前，一氓同志约我们全体团员见了一面，谈话中，他叮嘱代表团到尼泊尔遇到有关佛教的重要资料可以买一点，钱不够，由使馆解决。当时他在国务院分工主管外事工作，除了注意政治、经济，还关心文化，给我留下了深刻的印象。这次去尼泊尔加德满都，逛书店，买了一部意大利藏学专家杜齐（Tucci）的三本书，这部书在欧洲已不易买到，现在该书充实了我们世界宗教研究所的图书馆。

　　"文化大革命"初期，有时在广安门中医研究院针灸科看病时遇到，都在困境，都在患病，打过招呼，未多谈。

　　游黄山始信峰，有一块二尺见方的石刻，是李一氓同志的作品。我对一氓同志的革命经历、文学修养又加深了一层

---

　　* 原载《古籍整理出版情况简报》总 238 期。收入《李一氓纪念文集》（中华书局，2002 年 5 月版）。

认识。

1977 年以后，我从北京大学搬到三里河南沙沟宿舍，与中央档案馆曾三同志经常过从，曾三同志谈到他与一氓同志在下放时的生活片断，我对一氓同志的严肃认真的作风又多了一分了解。

在 1981 年，国务院恢复古籍整理出版规划小组，李一氓同志主持这项工作。我与哲学组的几位同志应邀参加了这次会议，会议期间，我提出了整理、编辑《中华大藏经》汉文部分的计划。这次会议使人感到振奋、鼓舞。制订计划，不是修修补补，零敲碎打，而是有计划、按学科门类、有系统地进行整理。李一氓在会上正式提出，整理古籍，不限于传统的经史子集，佛藏、道书也是中国古籍，也要一并考虑。像他这样高瞻远瞩的见解与气魄，比清朝《四库全书》的编纂者的见解不知要高出多少倍。《四库全书》把佛、道二教典籍摒斥于传统文化圈以外，只在"子部"门类占了很小一部分。《四库全书》轻视佛、道二教的编辑原则并非首创，《隋书》载王俭的《七志》以道佛附见，合为七门。阮孝绪《七录》以佛录第六、道录第七。《隋志》则于四部之末附载道经、佛经总数，《唐志》以下，有经目而不详。这说明儒家传统观念，怀有门户偏见，认为佛、道典籍价值不大。

只有无产阶级具有宏大开阔的胸怀、不带有门户偏见，以继承全人类文化为己任，凡是有价值的文化遗产，都要重视、研究、吸收。佛、儒、道三家在中国都有千年以上的历史，释迦牟尼、孔子、老子并称"三圣"，佛教、道教的影响已深入到千家万户，它渗透到中华民族的家庭生活、社会生活、文化生活各个方面。研究中国文化，只看到儒家的经史子集，而看不到佛藏、道书就不全面。

在李一氓主持的古籍整理工作，给佛教典籍的整理工作以充分重视，体现了党的文化方针的正确。佛教典籍数量相当多，初步检查，佛书约有两千四百余种，两万三千卷以上，数量约当《四库全书》的四分之一。

会议期间，我把酝酿了多年，整理一部新编大藏经的计划写了出来，交给了大会。我根据现在世界通行的大藏经的情况，认真地考虑，觉得它们有严重缺点，编排有缺点，收录也不完备。像日本大正大藏经出版时，尚未发现山西《赵城金藏》，《房山石经》也未发现。我们新编的大藏经，要做到第一收集齐全，不使遗漏；第二要做版本精善。我们以《赵城金藏》为底本，再以《房山石经》《崇宁藏》《资福藏》、影宋《碛砂藏》《永乐南藏》《径山藏》《清藏》《高丽藏》八种版本会校。《赵城金藏》与《房山石经》都是稀世珍本，从未向世界全部公开过。这八种会校本大体上反映了从隋唐到清朝一千多年间我国大藏经的面貌。《赵城金藏》为底本的价值在于它是北宋《开宝藏》的复刻本，每版二十三行，每行十四字。在《开宝藏》散失殆尽的情况下，《赵城金藏》在校勘和版本方面都具有无比优越性。我国现存的众多大藏经中，未经传世的还有《房山石经》《辽藏》《元官版藏经》《洪武南藏》《武林藏》和《万历藏》六种。其中所收典籍均少于《赵城金藏》（《赵城金藏》近七千卷，现存有五千八百余卷）。《赵城金藏》有缺佚，可用《高丽藏》补足，这两种大藏经同是《开宝藏》体系的复刻本，版式相同。有了一部《中华大藏经》（汉文部分），等于同时拥有八种善本的大藏经。八种大藏经汇集于一编，这是过去任何公私藏书家都办不到的。

像这样一项浩大工程，整理、普查全部佛藏资料，全部典籍，如果编辑完成后，所收典籍当在二万卷以上。这项工作不但在中国，而且在世界文化史上，也是一项壮举。它反映了中华人民共和国整理古籍的新水平。

历代的大藏经的编辑，都是为皇帝祈福，为编辑者造功德。《中华大藏经》（汉文部分）第一次提出保存民族文化遗产，为科学研究提供有价值的资料，为佛教界提供完备的经典以供讽诵、供养。

古籍整理会议结束时，李一氓同志明确表示，支持《中华大藏经》（汉文部分）的上马。还笑笑说："我是禅宗的顿派"，表示要做的事，就不要拖拉。

照正常程序，开办一项较大的工程要向国家要编制，要建筑面积，要设备。我们也采取了一氓同志所说的"禅宗顿派"的作风，没有等待条件齐备了再动手工作，我们只抽调了当时世界宗教研究所佛教研究室的两三位同志，加上几个研究生，租了两间房子就工作起来。人手不足，我们从中学离退休的教师中选聘了一批热心文化又有古文字修养的，参加版本校对工作。1982 年列入国家整理古籍的项目以后，1984 年就出版了第一批大藏经，共五册。《中华大藏经》（汉文部分）从列入国家计划到出书，李一氓同志都付出了极大的精力。这样一部大书，编辑在北京，印刷、装订在上海，哪一个环节出了故障都不行。开始的两三年，工作还没有完全走上轨道，一氓同志每到一定时期，召集编辑、出版有关人员开一次会，交流情况，排除困难，协调步骤，保证了工作正常运行。一氓同志生前最后的两三年，心脏病常发作，召集大家开会的时间少了，有关大藏经的事找到他，他总是热心支持，能解决的当时解决。这部书的定计划、出版、装帧设计、题签，甚至纸张印刷、平装、精装，大大小小的事，都有一氓同志的心血。

我们原来计划这部书十年之内完成，这是按一切都顺利进行的估计，做起来往往有一些意想不到的情况，一氓同志生前只看到《大藏经》的三十七册，没有看到全书出齐，这应当是一氓同志一桩未了的心愿。最近一年多，一氓同志的健康一直没有得到恢复，时好时坏，经常住院。《大藏经》的事他还是挂在心上。他给我的一封短信中说："四月底以后，复为心脏病纠缠，精神不佳。我意以专力完成《大藏经》的正编及其目录，此项工程已算了不起。如能完成，当可告无罪于天下。至于续编及近代检索装备，只能留及后人。"这是他对《大藏经》最后的关怀。病中已不能动手写字，信是别人代笔，由他签名的。

整理《大藏经》是李一氓同志主持古籍整理工作的一部分，古籍整理只占他一生中晚年生活的一部分。一氓同志是一位坚定的革命家，从我和他的接触中，他更关心的是中国的前途、世风、学风、党风。更关心的是马克思主义哲学的前景和发展方向。他看到有些共产党人热心尊孔却不大热心学习马克思主义哲学，深感忧愤。孔子诞辰闹得鼓乐喧天，马克思诞辰过得平平淡淡。他认为这是一种颠倒。一氓同志有一次问我，有没有学哲学的朋友可以给我介绍一两位。我想，要找一两位能和一氓同志谈谈哲学的人，要有学识、有人品，仓卒间难以提得出，要仔细考虑考虑才行。这件事常记在心上，一直没办，今天想起来，又是一件极大的憾事。

中华民族的传统文化向上追溯可以回到春秋战国，再向上可以追溯到公元前二三十世纪。中华民族的向未来瞻望，可以瞻望到共产主义社会。马克思主义为骨干的新文化离不开古老的传统文化，两者不能割断。新旧文化如何衔接，衔接得自然、融洽，我从一氓同志的品格中得到启发，受到教育。

祝贺和希望*

中华书局创建九十五年了，再过几年就是"百年老店"了，百年树人，责任重大，我说几句表示祝贺和希望的话。

现在来看，中华书局在出版界、文化界应该具有很重要的地位，而且是越来越重要。因为我们这个时代是一个积累资料，迎接新的文化高潮到来的时代。现在经济走在前面了，文化高潮跟着就上来了，但是需要积累文献资料。我们的任务就是兵马未动，粮草先行，我们处在准备粮草的时代。社会主义、人民共和国的文化的系统建设，应该吸收历代和当时最先进的文化，积累起来，总和而成为一个体系。这个系统工程刚刚启动。我们中国自己还没有把原始材料凑齐，像儒家、道家、佛教等等，都有丰富而珍贵的资料，对外国的东西也很不了解，积累资料正是我们这个时代的要求。中华书局肩负古代文献整理出版的特殊责任，是继承与发扬传统文化不可或缺的，希望能把这个事情做好；做好了，对后代有好处，不仅是为后人铺路搭桥，而且对编辑本身也是锻炼和培养。编辑要讲奉献、贡献，不要总认为我是在为他人作嫁衣裳。这个观念不

＊ 原载《古籍整理出版情况简报》总第 431 期。

行，过去有的人就走歪了，认为编辑都是替别人干事，好像吃亏了，不应该这样看。我在北京大学编学报社会科学版时，看各类文稿，就长了不少知识。

出版高质量的精神产品是我们中华书局的责任。要出经典，不要出次品、废品。现在有的出版物质量不高，不可信不可靠，对后人没有什么好处。中华书局要保持特色，发扬特长，例如"佛教典籍选刊""道教典籍选刊""新编诸子集成"等，是别家出版社不能替代的，还要继续充实. 如《续高僧传》《一切经音义》的整理本，做起来有困难，但是还要做。肯定自己的长处，先站住，再扩大，一下子全面开花难。现在社会上"戏说"的东西，作为茶余饭后的休闲可以，而严肃的出版物还是不能戏说，得有根有据。还有，以前中华书局注意编校质量，但是怎样送到读者手中考虑不够，这个流通过程也要引起注意。过去培养出版人才的时候，推销发行的环节比较薄弱，也应当加强起来。文化产品更要讲社会效益，要将图书这种特殊商品送到读者手上才完成任务，印出来了，光摆在书店的架上还不行，要想方设法送到需要它们的读者手中。还有一些基本的典籍不要脱销，如《史记》《三国志》《古文观止》等。

现在比较好的一点是中华书局的领导班子比较年轻，有干劲，书局有很多年轻的编辑，重要的任务是培养编辑，要坐得住，让他们为传统文化的积累、继承与发扬，能够耐得住寂寞，同时也要放开眼光，改变只坐板凳的习惯，把编辑与策划、营销结合起来，这样中华书局就会更有生气，到百年一定会有更大的成绩。